İSTANBUL AYDIN ÜNİVERSİTESİ
HUKUK FAKÜLTESİ DERGİSİ

Yıl **4** Sayı **2** - Aralık **2018**
Year **4** Issue **2** - December **2018**

İSTANBUL AYDIN ÜNİVERSİTESİ HUKUK FAKÜLTESİ DERGİSİ ISSN 2149-5890

Sahibi
Dr. Mustafa Aydın

Sorumlu Yazı İşleri Müdürü
Zeynep Akyar

Editör
Doç. Dr. Ebru Ceylan

Yayın Kurulu
Prof. Dr. Yadigar İzmirli
Doç. Dr. Ebru Ceylan
Dr. Öğr. Üyesi Pakize Ezgi Akbulut
Dr. Öğr. Üyesi Buse Aksaray

Akademik Çalışmalar Koordinasyon Ofisi

İdari Koordinatör
Gamze Aydın

Grafik Tasarım
Elif Hamamcı

Türkçe Redaksiyonu
Şahin Büyüker

İngizce Redaksiyonu
Çiğdem Taş

Yayın Periyodu
Yılda iki sayı: Haziran & Aralık

Yayın Dili
Türkçe

Yıl **4** Sayı **2 - Aralık 2018**
Year **4** Issue **2 - December 2018**

Yazışma Adresi
Beşyol Mahallesi, İnönü Caddesi, No: 38, Sefaköy, 34295
Küçükçekmece/İstanbul
Tel: 0212 444 1 428 - 23410
Fax: 0212 425 57 97
Web: www.aydin.edu.tr
E-mail: hukukdergi@aydin.edu.tr

Baskı
Armoninuans Matbaa
Adres: Tavukçuyolu Cd. Palas Sk.
No:3 Y.Dudullu
Ümraniye - İstanbul
Tel: 0216 540 36 11
Faks: 0216 540 42 72
E-Mail: grafik2@armoninuans.com

HAKEM KURULU

İçindekiler

EDİTÖRDEN

İstanbul Aydın Üniversitesi Hukuk Fakültesi Dergisi, Aralık 2015 tarihinde yayınlanmaya başlamıştır. İlk sayısından itibaren hukuk dünyasına küçük de olsa katkımızı sunmak ve bilgilerimizi paylaşma ortamı yaratmak, en büyük amacımız olmuştur.

Bu sayımızda Prof. Dr. Halûk Burcuoğlu'nun, *"Boşanmada Kusur ve Yoksulluk Nafakası ile İlgili Gözlemler"*; Prof. Dr. Fulya İlçin Gönenç ve Dr. Öğr. Üyesi Kemale Aslanova'nın, *"Biyobankalar ve Milli DNA Veri Bankası Kanunu Tasarısı"*; Prof. Dr. Ömer Adil Atasoy ve Av. Berkay Ergün'ün, *"Anonim Şirketlerde Yönetim Kurulu Üyelerinin Görevleri Kapsamında Kurulması Zorunlu Komitelerin Faaliyetlerinden Doğan Sorumlulukları"*; Dr. Ayça Uçar'ın *"Deniz Sigorta Hukukunda, Teminat Kapsamı Dışında Bırakılan Maldaki Bozulma (Inherent Vıce) Terimi Hakkında Yeni Düzenlemeler"*; Dr. Öğ. Üyesi Nuri Erdem'in, *"Anonim Ortaklık Genel Kurul Toplantılarında Toplantı Yetersayıları Bağlamında Pay Sahibinin Toplantıdan Ayrılmasının Alınan Kararların Geçerliliğine Etkisi"* ve Ar. Gör. Oğuz Ersöz'ün, *"Suç İşleme ve Haysiyetsiz Hayat Sürme Sebebiyle Boşanma"* isimli makaleleri yer almaktadır.

Prof. Dr. Haluk Burcuoğlu'nun makalesi, İstanbul Aydın Üniversitesi Hukuk Fakültesinde 30 Eylül 2018 tarihinde düzenlenen, "Süresiz Nafakaya Adil Çözüm Sempozyumu"nda sunulan bir çalışmadır. Bu sempozyuma Sevil Kartal (Yargıtay Hukuk Genel Kurulu Üyesi), *"Nafaka Hukuku"*; Doç. Dr. Ebru Ceylan (İstanbul Aydın Üniversitesi Hukuk Fakültesi), *"Yoksulluk Nafakasının Süresiyle İlgili Yabancı Hukuklardaki Düzenlemeler"*; Avukat Serhan Gürsoy (Emekli Hâkim), *"Yoksulluk Nafakasının Süreli Olup Olmaması ve Miktarının Belirlenmesi"*; Avukat Cavit Tatlı (Hukukçular Derneği), *"TMK m.175'in Uygulanması ve Sonuçları"*; Ömer Uğur Gençcan (Y. 2. Hukuk Dairesi Başkanı), *"Aile Hukukunda Yargıtay Uygulaması"*; Prof. Dr. Haluk Burcuoğlu (İstanbul Aydın Üniversitesi Hukuk Fakültesi), *"Boşanmada Kusur ve Nafaka"*; İlknur Birsel Büyükakça (Boşanmış İnsanlar ve Aile Platformu Kurucu Başkanı), *"Mağdurlar Gözüyle Süresiz Nafaka"*; Avukat Pınar Hacıbektaşoğlu, *"Süresiz Nafakanın Toplumsal Travma Boyutu"* isimli sunumlarıyla katılmıştır. Bu Sempozyumda güncel tartışma konusu olan yoksulluk nafakasının bütün boyutlarının yanında, özellikle süresi ile ilgili görüşler üzerinde durulmuştur.

Hukuk dünyasında sorumluluğumuzun bilincinde olarak yolumuza devam edeceğiz; bütün hukukçuların dergimize katkılarını bekliyoruz. Ayrıca bu sayımızda bize destek ve katkı veren değerli yazarlarımıza çok teşekkür ederiz.

Doç. Dr. Ebru CEYLAN

BOŞANMADA KUSUR VE YOKSULLUK NAFAKASI İLE İLGİLİ GÖZLEMLER

Prof. Dr. Halûk BURCUOĞLU[1]

Öz

Önceki Medeni Kanun'da olduğu gibi, 01.02.2002 tarihinde yürürlüğe giren Türk Medeni Kanunu'nda da, çok nedenli boşanma sistemi sürdürülmüştür. Bunu nedeni zinanın zaten suç olmaktan çıkarılmasından sonra, bir de boşanma nedeni olarak zinaya yer verilmemesinin toplumda sarsıntı yaratacağıdır. Ancak boşanma sistemi nasıl olursa olsun, aslında tek bir boşanma nedeni vardır; o da, evlilik birliğinin temelinden sarsılmasıdır.

Kusurlu olan eşe boşanma davası açma yolu her ne kadar açık olsa da, "davalı az da olsa kusurlu olmalıdır" anlayışı, yasada böyle bir düzenleme yer almamasına rağmen, kusurlu "eşin boşanabilmesini, birçok halde engellemektedir.

Yoksulluk nafakası hakkındaki güncel tartışma, TMK'nin 175. maddesi uyarınca yoksulluk nafakasının süresiz olmasıdır. Eşlerin evlilik sırasında sürdürdükleri yaşamı, mümkün olduğunca boşanmadan sonra da sürdürebilmeleri yerine görülebilir. Ancak boşanma prosedürü çerçevesinde, tazminat ve özellikle mal rejiminin tasfiyesi sonucunda elde edilecek olan alacak hakkının, yoksulluğu tümden ortadan kaldırdığı durumlar göz önünde bulundurulmalıdır.

Anahtar Kelimeler: *Boşanma, Kusur, Tazminat, Yoksulluk Nafakası, Süresiz Nafaka*

---

[1] İstanbul Aydın Üniversitesi Hukuk Fakültesi Medeni Hukuk Anabilim Dalı Öğr. Üyesi.
e-posta: halukburcuoglu@yahoo.com

Observations Regarding the Defect on the Divorce and Poverty Alimony

Abstract

As in the preceding one, today's Turkish Civil Code which has entered into force on 01.02.2002, still continues to enforce the multi- reason divorce system. The reason for this is the idea that, following the decriminalization of adultery, also excluding it from the grounds for divorce would agitate the society. However, regardless of the divorce system, there is actually a single grounds for divorce; the foundations of the union of marriage to be shaken. The way to file a divorce case to the defective part is open, however, the thought that the defendant should be somewhat in error in such a situation prevents to file a case most of the time despite there is not any provision prescribed by the law. The current discussion of poverty alimony is that it is indefinite under the Article 175 of Turkish Civil Code. It may be appropriate for couples to sustain their standards that they had during marriage after the divorce. However, the circumstances within the scope of the divorce procedure which eliminate the poverty such as compensation and especially the right to claim as a result of the division of matrimonial property, should also be taken into account.

Keywords: *Divorce, Defect, Compensation, Poverty Alimony, Perpetual Alimony*

I – ÇOK NEDENLİ BOŞANMA SİSTEMİ VE KUSURUN ROLÜ

1) Çok Nedenli Boşanma Sistemi Hakkında

Boşanma davasının yürütülmesi sırasında gerek tarafları gerekse yargıcı en fazla uğraştıran ve yoran hiç kuşkusuz *kusur* olgusudur. Medeni Kanun'un yürürlüğe girmesinden başlayarak çok uzun yıllar, kusurlu eşe boşanma davası açma yolunu kapatılmıştı; uygulama bu yönde idi. Yine 04.05.1988 tarihli 3444 sayılı Kanun'un 4. maddesi ile önceki Medeni Kanun'un 134. maddesinde yapılan değişiklikten önce, hukukumuzda yasal olarak *anlaşmalı boşanma* olanağı bulunmamaktaydı. Bunula birlikte boşanma konusunda taraflar anlaştığında, tamamen evlilik birliğinin çekilmez hale geldiğine ilişkin bir senaryo yaratılıyordu. Örneğin kocanın eve her gece çok geç geldiği savı, davalı koca tarafından kabul ediliyor veya kadının ev işleri ile gereği gibi ilgilenmediği savı, davalı kadın tarafından kabul ediliyor, buna dayanılarak çekişmeli boşanma davası önceki Medeni Kanun'un 134. maddesi çerçevesinde kabul ediliyordu.

Önceki Medeni Kanun'da olduğu gibi, 01.02.2002 tarihinde yürürlüğe giren Türk Medeni Kanunu da, çok nedenli boşanma sisteminin sürdürülmesini tercih etmiştir. Çok nedenli boşanma sisteminin sürdürülmesi yönündeki en önemli gerekçelerden biri olarak, zinanın zaten suç olmaktan çıkarılmış olması söz konusu iken, bir de boşanma nedeni olarak zinaya yer verilmemesinin toplumda sarsıntı yaratacağı gösterilmektedir.[2]

Boşanma sistemimiz hakkında, nasıl hareket edersek edelim, çok nedenli boşanmayı kolay kolay doğrulayamayız. Gerçekten, aslında *bir ve tek boşanma nedeni vardır*, o da *evlilik birliğinin temelinden sarsılması*dır. Zaten uygulamada boşanma davalarının %98'e yakın kısmının yalnızca evlilik birliğinin temelinden sarsılması nedenine dayandırıldığı; diğer boşanma nedenlerine başvurulduğunda da, evlilik birliğinin temelinden sarsılması nedeninin de gündeme getirildiği görülmektedir. Bunun yanı sıra eşi tarafından devamlı surette aldatılan, hatta ondan işkence gören diğer eş, bunlara rağmen bu evliliği sürdürebileceği düşüncesinde ise boşanma davası açmayacaktır. Sağduyu sahibi ve orta zekâ düzeyindeki bir insanın, evliliğinin sürdürebileceğini kabul etmesine rağmen, boşanma davası açmasını beklemek, sağduyu ve mantıkla bağdaştırılamaz.[3]

---

[2] *Adalet Bakanlığı'nca yayımlanmış Türk Medeni Kanunu, Türk Medeni Kanununun Yürürlüğü ve Uygulama Şekli Hakkında Kanun ve Gerekçeleri, Ankara 2002, s. 295'te bu yönde şu açıklama yer almaktadır: "... bu genel boşanma sebebi dışında tasarın 161 ila 165 inci maddelerinde öngörülen özel boşanma sebeplerinin uygulamada bugüne kadar herhangi bir sorun yaratmamış olması ve özellikle zinanın özel bir boşanma sebebi olmaktan çıkartılıp genel boşanma sebebi olarak 'evlilik birliğinin temelden sarsılması' sebebi içinde değerlendirilmesinin Türk toplumunda yanlış yorumlara yol açabileceği düşüncesiyle, mevcut durumun aynen korunması görüşü ağırlık kazanmıştır."*

[3] *Boşanma konusunda çok nedenli bir sistemin benimsenmiş olması ve boşanma konusunda kusura bu denli önemli rol verilmiş olmasını hiçbir zaman içime sindiremediğimi bir kez de burada belirtmek isterim. Bu yöndeki açıklamalarım konusunda bkz. Halûk BURCUOĞLU, 1984 Türk Medeni Kanunu Ön Tasarısında Boşanma, İ.Ü. Mukayeseli Hukuk Araştırmaları Dergisi, İstanbul 1988, s. 109-127; Halûk BURCUOĞLU, Çağdaş Aile ve Sorunları (Arş. Gör. Atilla Altop ve Arş. Gör. Samim Ünan ile birlikte hazırlanmıştır) (Bu çalışma Manisa Barosu'nun açtığı yarışmada birinci olmuştur), Manisa Barosu Dergisi Kasım 1983, Sayı 7, s. 4-49; Halûk BURCUOĞLU, Alman Hukukunda Yeni Boşanma Sistemi ve Bu Sistem Işığında Türk Boşanma Hukukuna ilişkin Bazı Öneriler, İ.Ü. Hukuk Fakültesi Mecmuası 1982-1983, Sayı 1-4, s. 113-140; Halûk BURCUOĞLU, Les grandes lignes du droit de divorce selon le nouveau Code Civil Turc (Presque rien de nouveau), Journées juridiques turco-suisses 20-21 mai 2004, Université de Galatasaray, Istanbul 2004, p. 73-98; Halûk BURCUOĞLU, Etude critique du droit de divorce de l'Avant Projet du Code Civil Turc de 1984, L'évolution récente du droit privé en Turquie et en Suisse, recueil des travaux présentés aux journées juridiques turco-suisses 1985, Zürich 1987, p. 49-69; Halûk BURCUOĞLU, 4721 Sayılı Yeni Medeni Kanunun Boşanma Düzenlemesinin Eleştirisi ve Uygulamada Karşılaşılabilecek Sorunlar, Antalya Barosu Dergisi, Şubat 2004, Yıl 25, Sayı 5/51, s.40-69. Çağdaş hukuk sistemlerinde boşanmanın bir ve tek nedeninin evlilik birliğinin temelinden sarsılması olduğu gözlenmektedir. Bu sistemlerde, tarafların birlikte başvurmaları ve/veya bir süre ayrı yaşamış olmaları halinde ya da eşlerden biri tarafından açılmış olan boşanma davasının diğer eşçe kabul*

Çok nedenli boşanma sisteminin bana göre önemli bir diğer sakıncası da, hukukçu olmayanlar, yani sade vatandaşlar, hatta medya açısından, her türlü olayın boşanma nedeni olarak algılanmasıdır. Medyada sık sık ***kayınvalideye kötü sözler söylemek, evde yeterince yemek yapmamak, dedikodu yapmak***, boşanma nedeni olarak gösterilebilmektedir. Bu olguların tümü, ancak ve ancak, evlilik birliğinin temelinden sarsılmasına yol açtığında boşanma sürecinde dikkate alınabilir.

2) Boşanmada Kusurun Rolü Hakkında

1988 yılında yürürlüğe giren 3444 sayılı Kanun ile kusurlu olan eşin de, bazı şartların varlığı halinde boşanma davası açabileceği kabul edilmişti. 4721 sayılı Türk Medeni Kanunu'nun 166. maddesi de bu hükmü muhafaza etmiştir. Böylece çok önceki yıllarda kusurlu eşe kapatılan ve 1988 yılında 3444 sayılı Kanun ile açılan boşanma yolu, bugün için de açıktır.

Kusurun boşanmadaki etkisi bu suretle nispeten azaltılmış ise de, bana göre maalesef, hâlâ ağırlığını hissettirmektedir. Bugün yerleşik uygulama haline gelen ***davalı az da olsa kusurlu olmalıdır*** anlayışı,[4] yasada böyle bir düzenleme yer almamasına rağmen, kusurlu eşin boşanabilmesini birçok halde engellemektedir. Davacı eşin kusurlu, davalı eşin ise melek olması halinde, boşanma yolu kapatılmış olmaktadır. Dikkat edilirse melek olan davalı eşinden boşanamayacak olan davacının ille de potansiyel haydut olması da gerekli sayılmayacaktır. Melek davalı eşin, evlilikten hiçbir beklentisinin bulunmadığı, boşanma davasında hiçbir maddi talebi olmadığı, çocukların da ergin ve evliliğin sürdürülmesinde herhangi bir yararlarının var olmadığı, nihayet davalı eşin, modern görüşlü, yani mahalle baskısından etkilenmeyeceği saptanmış olsa bile, hafif kusurlu eşinin açtığı davayı sonuçsuz bıraktırabilecektir. Hemen vurgulamakta yarar görüyorum; bu örnekte davalının bir ve tek amacı olabilir. **Bu bir ve**

---

edilmesi halinde evlilik birliğinin temelinden sarsıldığı kabul edilmekte; çekişmeli boşanmalarda da, eşlerden biri için gerçekleşmiş çekilmezlik ispatlandığı takdirde boşanmaya hükmolunmaktadır. Bu sistemlere örnek olarak Fransız Medeni Kanunu'nun (CCF) 224 ila 246. maddeleri; Alman Medeni Kanunu'nun (BGB) 1564 ila 1568.maddeleri ve İsviçre Medeni Kanunu'nun (CCS) 111 ila 116. maddelerine göz atılması yeterli olacaktır. Alman hukukundaki boşanma düzenlemesi ile ilgili olarak bkz. Halûk BURCUOGLU, Almanya'da Yeni Boşanma Sistemi ve Bu sistem Işığında Türk Boşanma Hukukuna İlişkin Bazı Öneriler, İstanbul Üniversitesi Hukuk Fakültesi Mecmuası, 2011, cilt 48, Sayı 1-4, s. 113-140. İsviçre boşanma hukuku ile ilgili olarak özet bilgi alınması için bkz. Pascal MONTAVON, Abrégé de droit civil, 2e Ed. Lausanne 2009, s. 228-234; Jacques MICHELI/ Philippe NORDMANN/Catherine JACCOTTET TISSOT/ Joel CRETTAZ/ Thierry THONNEY/ Erica RIVA, Le nouveau droit du divorce, Lausanne, 1999, s. 33-45.

[4] Yüksek Yargıtay 2. Hukuk Dairesi'nin bu yöndeki çok sayıda kararına örnek olarak 30.11.2012 t. ve E. 2011/20038, K. 2012/28733; 23.09.2014 t. ve E. 2014/7257, K. 2014/18194; 19.04.2016 t. ve E. 2015/16407, K. 2016/7878 ve 24.01.2017 t. ve E. 2016/ 15986, K. 2017/873 sayılı kararları,

tek amaç da intikamdır. Hukukta, hele hele aile hukukunda intikama yer yoktur ve olmamalıdır.[5]

Bunun yanı sıra, gerçekten melek olan davalı, tam anlamı ile haydut olan eşinin boşanma davasına karşı çıktığında, mahkeme açılan davayı reddettiğinde, davayı kazanmış mı olacaktır? Buna kesinlikle inanmıyorum, inanamıyorum. Bu ret kararı ile melek davalı, bir haydutla kâğıt üzerinde de olsa evli kalmaya mahkûm edilmiş olmayacak mıdır?

Üzerinde durmak istediğim bir diğer nokta da, yine yerleşik uygulamada giderek yoğunlaşan, *sadakat yükü boşanma kararının kesinleşmesine kadar devam eder* anlayışıdır. Günümüzde çekişmeli boşanma davalarının, büyük şehirlerdeki süresi 4 ile 5 yıl arasında değişmektedir. Bir diğer söyleyişle davanın açılmasından 4 ile 5 yıl sonra kesinleşmiş bir boşanma davası kararı elde edilebilmektedir. Yerleşik uygulamada, davanın açılmasından ve ön inceleme aşamasından önce sadakatsizlik öğrenilmiş ise aynı davanın içerisinde bunun gündeme getirilebileceği; bu süre geçirildikten sonra sadakatsizlik ortaya çıkmış ise ayrı bir boşanma davasına konu edilebileceği ve buna dayanılarak açılan davanın, önce açılmış olan dava ile birleştirilmesi gerekeceği kabul edilmektedir. Bu görüşe de katılamıyorum. Evlilik birliği temelinden zaten sarsılmış ise eşlerden birinin sadakatsizliğinin, bu temelinden sarsılmaya etkisi mantıken olamaz. Tüm sorumluluk hukukumuzun olmazsa olmaz ilkelerinden biri, *nedensellik bağı*'dır. Bu örnekteki sadakatsizliğin evlilik

---

[5] *İstanbul 9. Aile Mahkemesi'nin 22.03.2016 t. ve E. 2014/820, K. 2016/182 sayılı davanın reddine dair kararına konu olan olay çok ilginçtir. Davacı koca, eşi ile anlaşamadıklarını, 4 yılı aşkın bir süredir ayrı yaşamakta olduklarını, bu ayrı yaşamanın müşterek çocukları tarafından kendilerine önerildiğini, davalı kadının bu ayrılık süresi boyunca, herhangi bir barışma girişiminde bulunmadığı iddiasıyla dava açmıştır. Davalı kadın, cevap dilekçesinde kocasının aşırı alkol kullanması ve başka kadınlarla gezip dolaştığını, böylece müşterek çocukların ahlakını da zedelediğini ileri sürmüş ve boşanmaya karşı çıkmıştır. Dava sırasında tanık olarak dinlenen müşterek çocuklar, tarafların hemen her gün tartıştıklarını ve yaratılan huzursuz ortam nedeniyle kendilerinin ayrı yaşamayı önerdiklerini, davalının herhangi bir barışma girişiminde bulunmadığını beyan etmişlerdir. Davalı kadının maddi ve manevi hiçbir talebi olmamıştır ve cevap dilekçesinde aynen şu açıklamaya yer verilmiştir: "davacının, uzun yıllar iyi bir halde devam eden evlilik birliğinin bir müddettir başlayan huzursuzluk nedeni ile tarafların bir arada yaşayamaz hale geldikleri beyanı doğru olup". Belirteyim ki, davacı kocanın ayrı yaşam sırasında bazı bayanlarla arkadaşlık ettiği doğrulanmıştır. Davalı kadının hiçbir şeye ihtiyacı olmadığı, modern bir yaşam sürdüğü, dolayısıyla mahalle baskısından etkilenmeyeceği, kaldı ki, tarafların İstanbul'un gözde semtlerinde yerleşmiş ve hayatlarını sürdürdükleri de sabittir. Müşterek çocuklar, ergindirler. Bu karar temyiz edilmiş, Yüksek Yargıtay 2. Hukuk Dairesi'nin 10.04.2018 t. ve E 2016/15578, K. 2018/74781 sayılı ilamı ile oybirliği ile onanmıştır. Bir diğer söyleyişle, Yüksek Daire, bu olayda, davacının kusurlu, davalının ise melek olduğunu kabul ettiği, evliliğin devamından davalının hiçbir beklentisinin olmadığını ve kocası ile barışma yönünde hiçbir girişimde bulunmadığını göz ardı ederek, anama kararını vermiş olsa gerektir. Bu olay nasıl incelenirse ve hangi gözle incelenirse incelensin, davalının boşanmaya karşı çıkmasının bir ve tek nedeni vardır: İNTİKAM.*

birliğinin temelinden sarsılmış olmasının nedeni olduğunu söylemek herhalde mümkün olmamalıdır. Öte yandan diyelim ki, 30 yaşlarında bir çift arasında boşanma davası açılmış olsun. Kararın kesinleşmesine kadar 4 ya da 5 yıl bu insanlar Katolik rahibi ve rahibesi gibi yaşamaya mahkûm edilmiş olmayacaklar mıdır? Mahkûmiyet ve ceza kavramlarının da, tıpkı intikam kavramı gibi aile hukukunda yeri yoktur, olmaz, olamaz, olabilemez, olmamalıdır.

Özetle, çok nedenli boşanma sistemi ve kusur olgusunun uygulamada hâlâ devam ettirilen etkileri aile kavramını da zayıflatmaktadır. Önemli olan, fiilen çökmüş aileyi ayakta tutmak olmamalıdır.

3) Yoksulluk Nafakası Hakkında

İlk olarak yoksulluk nafakasından ne anlaşıldığına bir göz atalım. Adı üzerinde *yoksulluk nafakası*. İsnada ister istemez bu nafakanın yoksulluk kavramı ile doğrudan bağlı olduğu izlenimini uyandırmaktadır. Boşanma kararının kesinleşmesinden sonra gündeme gelecek olan bu nafakaya genel olarak şu tanımın verildiği görülmektedir.

Ömer Uğur GENÇCAN üstadımız için yoksulluk nafakasının amacı şöyle tanımlanmış bulunmaktadır:[6] *"Yoksulluk nafakası belirlenirken amaç yoksulluk nafakası isteyenin zorunlu geçim gereksinimlerini karşılamak olduğu için, hâkim yükümlünün malî gücü ile nafaka isteyen eşin zorunlu gereksinimi arasında bir denge kurmaya çalışacaktır. Ancak belirlenecek nafaka, nafaka isteyen eşi yoksulluktan kurtaracak miktarı kesinlikle geçmemelidir"* (Vurgulama tarafımdan yapılmıştır).

Mecit DEMİR[7] de yoksulluk nafakası konusunda benzer şu açıklamalarda bulunmuştur: "Bunun aksine, nafaka yükümlüsünün varlıklı olması, onun talep edenin yoksulluğunu giderecek miktardan daha fazla ödemesine karar verilmesine esas olamaz. **Borçlu ne derece zengin olursa olsun yoksulluk nafakası, ancak nafaka alacaklısının zorunlu ihtiyaçları karşılayacak miktarda olmalıdır**" (Vurgulama tarafımdan yapılmıştır).[8]

---

[6] *Boşanma, Tazminat ve Nafaka Hukuku, Ankara 2010, s. 1002.*

[7] *Türk Medeni Hukuk Öğreti ve Uygulamasında Yoksulluk Nafakası, Ankara 2018, s. 74: "Bunun aksine, nafaka yükümlüsünün varlıklı olması, onun talep edenin yoksulluğunu giderecek miktardan daha fazla ödemesine karar verilmesine esas olamaz. Borçlu ne derece zengin olursa olsun yoksulluk nafakası, ancak nafaka alacaklısının zorunlu ihtiyaçları karşılayacak miktarda olmalıdır."*

[8] *Benzer tanımlar için ayrıca bkz. Ahmet M. KILIÇOĞLU, Aile Hukuku, Ankara 2015, s. 170; Turgut AKINTÜRK/ Derya ATEŞ KAHRAMAN, Türk Medeni Hukuku, İkinci Cilt, Aile Hukuku, 16. Baskı, İstanbul 2014, s. 303-304.*

Güncel olan tartışma, esas itibariyle TMK.'nin 175. maddesi uyarınca yoksulluk nafakasının *süresiz* olmasıdır. Burada herkesçe bilinen bir Anayasa Mahkemesi Kararı ile başlamakta yarar görmekteyim. Aile Mahkemesi sıfatıyla Kestel Asliye Hukuk Mahkemesi, *"Bir kişinin sürekli olarak kan bağı ile akraba olmadığı boşandığı eşine sürekli, yani ömür boyu nafaka bağlanmasının insan haklarına aykırı olduğunu, bunu hüküm altına alan Türk Medeni Kanununun 175. maddesinin 2. fıkrasının Anayasamızın devletin niteliklerini açıklayan ve devletimizin insan haklarına saygılı bir devlet olduğu 2. maddesine aykırı olduğu"* gerekçesiyle, maddenin bu hükmünün iptali istemi ile Anayasa Mahkemesi'ne başvurmuştur. Anayasa Mahkemesi 17.05.2012 t. ve E. 2011/136, K. 2012/ 72 sayılı kararı[9] ile TMK.'nin 175. maddesindeki *süresiz* sözcüğünün Anayasa'ya aykırı olmadığı düşüncesiyle başvuruyu reddetmiştir.

Anayasa Mahkemesi'nin sözü geçen kararının bana göre iki temel gerekçesi olmuştur: İlki, yoksulluk nafakasının zorunlu yaşam gereksinimlerini karşılamanın ötesine gitmeyeceği; ikinci ise TMK.'nin 176. maddesi bağlamında, tarafların durumundaki değişiklerin dikkate alınması suretiyle, yoksulluk nafakasının indirilebileceği veya kaldırılabileceğidir.

Yeni zamanlara kadar yoksulluk nafakası, anlaşmalı boşanmalar dışında, gerçekten, yoksulluğu giderecek sınırda tutulmuştur. Ancak yenilerde, yoksulluk nafakasındaki *yoksulluk* sözcüğünün giderek silinmeye, hatta bütünüyle ortadan kaldırılmaya başlandığı gözlenmektedir.

Bu gözlemin ortaya konulması için, çok yeni bir karar üzerinde duracağım. İstanbul 1. Aile Mahkemesi'nde görülen çekişmeli boşanma davasında, ilk olarak davacı kadın lehine 2.000.000 TL maddi ve 1.500.000 TL manevi tazminat ile 9.500 TL/ay yoksulluk nafakasına hükmedilmiştir.[10] Karar davalı koca tarafından temyiz edilmiş ve Yüksek Yargıtay 2. Hukuk Dairesi 15.03.2013 t. ve E. 2012/15803, K: 2013/7026 sayılı ilam ile kararı bozmuştur. Bozma hükmü ile asıl vurgulanan, tazminat ve yoksulluk nafakası miktarlarının yüksek olduğudur.

Dosya Mahkemesi'ne döndükten ve arada başka evrelerden de geçtikten sonra, İstanbul 1. Aile Mahkemesi'nde 2016/500 esas sayısını almış ve

---

[9] *Karar için bkz. 26.06.2012 t.li ve 28335 sayılı Resmi Gazete.*
[10] *İstanbul 1. Aile Mahkemesi'nin bu kararı 22.03.2012 (16.04.2012 yazı) tarihli ve E. 2010/66, K. 2012/209 sayılıdır.*

bu kez Sayın Mahkeme 22.11.2016 tarihli ve E. 2016/500, K. 2016/810 sayılı kararı ile maddi tazminat miktarını 600.000 TL'ye manevi tazminat miktarını da 500.000 TL'ye, yoksulluk nafakasını da 8.000 TL'ye indirmiştir.

Bu karar da davalı koca tarafından temyiz edilmiş, Yüksek Yargıtay 2. Hukuk Dairesi 06.02.2018 t. ve E. 2017/248, K. 2018/1451 sayılı ilamı ile, **lütfen dikkat buyurulsun**, kararı davacı kadın lehine bozmuştur. Yüksek Daire'nin Sayın Başkan ve Üyeleri, önceki bozma ilamlarında, ilk kararda hükmolunan 2.000.000 TL maddi ve 1.500.000 TL manevi tazminat miktarlarını fahiş buldukları için bozduklarını bir kez daha vurguladıktan sonra, *"Ancak, tazminatlar yönünden yeniden verilen hüküm, bozma ile güdülen amaca uygun olmayıp, hükmedilen maddi ve manevi tazminat az olmuştur ... davacı kadın yararına uygun miktarda maddi ve manevi tazminata hükmedilmesi gerekir"* gerekçesiyle, kararı bozmuşlar, bu arada, Sayın Başkanın ayrık oyu nedeniyle oyçokluğu ile aylık 8.000 TL yoksulluk nafakasını da uygun bulmuşlar ve kararın bu kısmını onamışlardır.

Az bulunan toplam 1.100.000 TL tazminatı şimdilik bir yana bırakalım. Yüksek Daire'nin çoğunluk üyelerine göre, 8.000 TL/ay tutarındaki nafaka, davacının zorunlu ihtiyaçlarını karşılamaya ancak yeterli olabilecektir. Ancak bu para ile davacı yoksulluktan kurtulabilecektir. Yüksek Daire'nin çoğunluk üyelerinin, en azından benden farklı bir ülkede yaşadıklarını düşünmekteyim. Ülkemizde yoksulluk sınırı 8.000 TL olmalı ve bu yoksullun ancak ve ancak 8.000 TL ile giderilebilir olmalıdır ki, çoğunluk üyeleri haklı olabilsin. Çoğunluk üyelerinin bu görüşlerini, ilerisi için bir temenni olarak niteliyor ve bir gün ülkemizde de en az kazancın aylık 8.000 TL olmasını elbette ki ümit ediyorum.

Aylık 8.000 TL yoksulluk nafakasına hak kazandığı kabul edilen davalı, bu karar ile toplam 1.100.000 TL üzerinde tazminata da hak kazanmış olacaktır. Şimdi hangi düşünce ve gerekçe ile örneğin toplam 1.500.000 TL tazminata hak kazanan bir kişinin yoksul olduğu söylenebilecektir. 1.500.000 TL toplu paranın, para işlerinden pek anlamam, ama asgari 20.000 TL aylık faiz getirdiği düşünülürse, olayımızdaki davacı, aylık 20.000 TL elde edecek olmasına rağmen, yoksul kabul edilecek, hem de öyle bir şekilde kabul edilecek ki, aylık bir de 8.000 TL alacaktır.

Bu karar ile ilgili olarak, daha önce de belirttiğim gibi, Sayın Başkan Ömer Uğur Gençcan'ın ayrık oyu vardır. Ayrık oyun içeriği aynen şöyledir: *"Yoksulluk nafakasının niteliğine ve felsefesine günün ekonomik koşullarına göre davacı kadın yararına takdir edilen yoksulluk nafakası pek çoktur. Mahkemece Türk Medeni Kanununun 4. maddesindeki hakkaniyet ilkesi de dikkate alınarak daha uygun miktarda yoksulluk nafakasına hükmedilmesi gerekir. Farklı düşünüyorum."*

Burada özellikle vurgulamak istediğim bir konu da, eş lehine hükmolunan tazminatın, onu yoksulluktan kurtarıcı düzeyde olmasına bağlanacak sonuçtur. Yargıtay'da egemen olan görüş, tazminat ve yoksulluk nafakasının nedenlerinin farklı olmasından hareketle, tazminatların yoksulluk nafakasını devre dışı bırakamayacağı görüşüdür.[11] Öğretide baskın görüş ise aksi yöndedir.[12]

---

[11] Y. HGK'nin 16.05.2007 t. ve E. 2007/2-275, K. 2007/ 275 sayılı kararında YHGK'nin çoğunluk üyelerinin, davacının yoksulluk nafakası talebinin reddedildiği mahkeme kararının, temyiz aşamasında bozulduğu; ancak mahkemenin bozma ilamına direnmesi üzerine Y. HGK'ce da özel daire bozma ilamının benimsendiği görülmektedir. Özel daire bozma ilamının gerekçelerinden biri şöyle formüle edilmiştir. "Öte yandan davacı kadın yararına hükmedilen tazminatların hukuksal dayanağı, yoksulluk nafakasından farklıdır. Türk Medeni Kanununun 175. madde koşulu davacı kadın yararına oluşmuştur". Y. HGK.'nin oyçokluğu ile alınmış kararına **Ömer Uğur GENÇCAN** tarafından son derece ayrıntılı bir karşı oy yazılmıştır. Bu karşı oy yazısında GENÇCAN, kesinleşen 150.000 TL maddi ve 150.000 TL manevi tazminatın yoksulluğu kaldıracağını belirtmiştir. Aynı karşı oy yazısında, mal rejiminin tasfiyesi sonucunda elde edilecek olan alacağın da yoksulluğu kaldırabileceğine de yer verilmiştir. Y. HGK'nin 25.11.2009 t. ve E. 2009/2-500, K. 2009/557 sayılı kararında Y. HGK.'nin 16.05.2007 t. ve E. 2007/2-275, K. 2007/ 275 sayılı kararına yollamada bulunularak, çok daha net biçimde, tazminat ve başkaca getirilerin yoksulluk nafakasını engellemeyeceği görüşü benimsenmiştir: "4721 sayılı Türk Medeni Kanunu'nun 174. maddesine göre, mevcut veya beklenen menfaatleri boşanma yüzünden zedelenen kusursuz veya daha az kusurlu tarafın, kusurlu taraftan uygun bir maddi tazminat isteyebileceği, boşanmaya sebep olan olaylar yüzünden kişilik hakkı saldırıya uğrayan tarafın, kusurlu olan diğer taraftan manevi tazminat olarak uygun miktarda bir para ödenmesini isteyebileceği öngörülmüştür. Yine aynı Kanun'un 175. maddesinde ise, boşanma yüzünden yoksulluğu düşecek tarafın kusuru daha ağır olmamak koşuluyla, geçimi için diğer taraftan mali gücü oranında süresiz olarak nafaka isteyebileceği, nafaka yükümlüsünün kusurunun aranmayacağı açıklanmıştır. Görüleceği üzere davacı kadın yararına hükmedilen maddi ve manevi tazminatların hukuksal dayanağı ile yoksulluk nafakasının hukuksal dayanağı birbirinden farklıdır. Biri diğerinin yerine ikame edilemeyeceği gibi, birini alanın diğerini alamayacağının ileri sürülmesi yasal mevzuat karşısında mümkün gözükmemektedir".

[12] GENÇCAN, age, s. 1003 – 1004'teki şu açıklamalarına aynen katıldığımı belirtirim: "Maddi tazminatın maddi koşullarını açıklarken belirttiğimiz üzere zarar unsuru kocanın desteğini yitirmekten dolayı hem var olan hem de beklenen yararları kapsamaktadır. Yoksulluk nafakası ise var olan yararlardan sadece zorunlu gereksinimleri kapsar. Dolayısıyla maddi tazminatın içeriğinde yoksulluk nafakasının kapsamına giren çıkarlar zorunlu olarak yer alır. Üstelik hâkim maddi tazminatı belirlerken kadının ortalama yaşama süresini de, bu zorunlu gereksinimlerin de yer aldığı karşılığı belirlemek için dikkate almak zorundadır. Yargıtay maddi tazminatın kapsamını şu şekilde açıklamaktadır: "Maddi tazminat irat şeklide verilmeyip peşin olarak verildiğinde bu paranın peşin sermaye değerini göz önünde tutmak ve somut verilere dayanmak zorundadır. Kadının kocası ile oturduğu sırada kocanın temin ettiği hayat düzeyine yakın geçim koşullarının yaratılmasına da özen gösterilmelidir". Aslında Yargıtay, maddi tazminatı belirleyecek olan hâkime üzeri örtülü olarak kadına kocası ile oturduğu sırada kocasının temin ettiği hayat düzeyine yakın geçim koşullarını yaratacak şekilde maddi tazminat vermek zorunda olduğunu söylediğine göre yoksulluk nafakasının zorunlu gereksinimleri zaten karşılamış olursun". Aynı doğrultuda bkz. Selâhattin Sulhi TEKİNAY, Türk Aile Hukuku, s. 275); Mehmet ERDEM, Aile Hukuku, Ankara 2018, s. 200; Mustafa DURAL/Tufan ÖĞÜZ/Mustafa Alper GÜMÜŞ, Türk Özel

Sayın Başkan Ömer Uğur Gençcan, gerek eserinde, gerekse kararlarda yer verdiği ayrık oy yazıları ile eş lehine hükmolunan tazminatın yoksulluk nafakası için de belirleyici olması gerektiği hakkındaki tamamen katıldığım görüşünü, burada irdelenmeye çalışılan bozma ilamında da sürdürmesini beklerdim. Davacı lehine hükmolunacak tazminat miktarının 1.100.000 TL'den fazla olması gerektiği kabul edildiğine göre, acaba örneğin toplam 1.500.000 TL tazminat artık yoksulluğu ortadan kaldırmayacak mıdır? Sayın Başkan'ın ayrık oy yazısında *"yoksulluk nafakası pek çoktur"* yerine, *"bu koşullarda yoksulluk nafakasına yer yoktur"* demesi çok daha isabeti olurdu kanısındayım.

Son olarak yoksulluğun yalnızca tazminat tutarlarıyla değil, mal rejiminin tasfiyesi sonucunda elde edilecek alacak hakkı ile de ortadan kalkabileceği de gözden kaçırılmamalıdır, kanısındayım. Mal rejiminin tasfiyesi kararı, boşanma kararının kesinleşmesinden sonra verilebildiği için, boşanma davasında yoksulluğu saptanan eşe, boşanma hükmünde belki yoksulluk nafakası takdir olunabilir. Ancak, mal rejiminin tasfiyesi sonucunda, bu eşin elde ettiği alacak yoksulluğunu ortadan kaldıracak düzeye ulaşır ise, aleyhine nafakaya hükmolunan eş, TMK.'nin 176. maddesi uyarınca, yoksulluk nafakasının kaldırılmasını talep edebilmelidir.

Sonuç

Uygulamada giderek yerleşmekte olan yoksulluk sözcüğünün rafa kaldırıldığı yoksulluk nafakası anlayışı düşünüldüğünde, yoksulluk nafakasının süresiz olması bir yana, mevcut olması dahi sıkıntı yaratabilecektir. Boşanma sonucunda eşe tanınacak olan nafakanın yoksulluk nafakası olarak adlandırılması, belki doğru görülmeyebilir. Eşlerin evlilik sırasında sürdürdükleri yaşamı mümkün olduğunca boşanmadan sonra da sürdürebilmeleri yerinde görülebilir. Ancak, TMK'nin 175. maddesi bu nafakayı yoksulluğu giderici olarak nitelendirdiği sürece, buna olanak bulunmamaktadır. Nihayet boşanma prosedürü çerçevesinde,

---

Hukuku, Cilt III, Aile Hukuku, 3. Bası, İstanbul 2010, s, 148; Ayrıntılı bir diğer araştırma için İzzet DOĞAN, Boşanmanın İkinci Derece Sonuçlarından Yoksulluk Nafakası, http://www.turkhukuksitesi.com/art_showarticle. php?id=1884, 11.01. 2016, s. 1-9. Öğretide Yargıtay'daki egemen görüşe katılan yazar olarak Mine UZUN örnek gösterilebilir. Yazar, Yargıtay Kararları Kapsamında Yoksulluk Nafakası, (İstanbul 2013) adlı eserinin, 46. sayfasında, tazminat ve nafaka hükümlerinin birbirlerinden bağımsız olduğunu, bu nedenle, tazminat ve nafaka istemlerinin birlikte istenilebileceğine ilişkin şu açıklamalara yer vermiştir: "Bununla birlikte, kanun koyucu bu yönde herhangi bir düzenleme getirmemiş, maddi/manevi tazminat hükümleri ile yoksulluk nafakası hükmünü, aynı ve bağımsız hükümler olarak kaleme almıştır. Belirtilen nedenlerden, yasal hükümlerin açıklığı karşısında, maddi ve manevi tazminat alacaklısı olan kişinin aynı zamanda yoksulluk nafakası alacaklısı da olmasına bir engel yoktur".

tazminat ve özellikle mal rejiminin tasfiyesi sonucunda elde edilecek olan alacak hakkının, yoksulluğu tümden ortadan kaldırabileceği de kesinlikle göz ardı edilmemelidir.

Kaynakça

[1] AKINTÜRK Turgut / ATEŞ KAHRAMAN Derya, *Türk Medeni Hukuku*, İkinci Cilt, Aile Hukuku, 16. Baskı, İstanbul, 2014.

[2] BURCUOĞLU Halûk, 1984 Türk Medeni Kanunu Ön Tasarısında Boşanma, İ.Ü. Mukayeseli Hukuk Araştırmaları Dergisi, İstanbul 1988, s. 109-127.

[3] BURCUOĞLU Halûk, 4721 Sayılı Yeni Medeni Kanunun Boşanma Düzenlemesinin Eleştirisi ve Uygulamada Karşılaşılabilecek Sorunlar, Antalya Barosu Dergisi, Şubat 2004, Yıl 25, Sayı 5/51, s.40-69.

[4] BURCUOĞLU Halûk, Alman Hukukunda Yeni Boşanma Sistemi ve Bu Sistem Işığında Türk Boşanma Hukukuna ilişkin Bazı Öneriler, İ.Ü. Hukuk Fakültesi Mecmuası 1982-1983, s. 113-140.

[5] BURCUOĞLU Halûk, Almanya'da Yeni Boşanma Sistemi ve Bu sistem Işığında Türk Boşanma Hukukuna İlişkin Bazı Öneriler, İstanbul Üniversitesi Hukuk Fakültesi Mecmuası, 2011, cilt 48, Sayı 1-4, s. 113-140.

[6] BURCUOĞLU Halûk, Çağdaş Aile ve Sorunları (Arş. Gör. Atilla Altop ve Arş. Gör. Samim Ünan ile birlikte hazırlanmıştır), Manisa Barosu Dergisi Kasım 1983, Sayı 7, s. 4-49.

[7] BURCUOĞLU Halûk, Etude critique du droit de divorce de l'Avant Projet du Code Civil Turc de 1984, L'évolution récente du droit privé en Turquie et en Suisse, recueil des travaux présentés aux journées juridiques turco-suisses 1985, Zürich 1987, p. 49-69.

[8] BURCUOĞLU Halûk, Les grandes lignes du droit de divorce selon le nouveau Code Civil Turc (Presque rien de nouveau), Journées juridiques turco-suisses 20-21 mai 2004, Université de Galatasaray, Istanbul 2004, p. 73-98.

[9] DEMİR Mecit, Türk Medeni Hukuk Öğreti ve Uygulamasında Yoksulluk Nafakası, Ankara 2018.

[10] DOĞAN İzzet, Boşanmanın İkinci Derece Sonuçlarından Yoksulluk Nafakası, http://www.turkhukuksitesi.com/art_showarticle.php?id=1884, 11.01. 2016, s. 1-9

[11] DURAL Mustafa / ÖĞÜZ Tufan / GÜMÜŞ Mustafa Alper, *Türk Özel Hukuku*, Cilt III, Aile Hukuku, 3. Bası, İstanbul 2010.

[12] ERDEM Mehmet, *Aile Hukuku*, Ankara 2018.

[13] GENÇCAN Ömer Uğur, *Boşanma, Tazminat ve Nafaka Hukuku*, Ankara 2010.

[14] KILIÇOĞLU Ahmet M., Aile Hukuku, Ankara 2015;

[15] MICHELI Jacques / NORDMANN Philippe/ JACCOTTET TISSOT Catherine/ CRETTAZ Joel / THONNEY Thierry / RIVA Erica, Le nouveau droit du divorce, Lausanne, 1999, s. 33-45.

[16] MONTAVON Pascal, Abrégé de droit civil, 2e Ed. Lausanne 2009, s. 228-234

[17] TEKİNAY Selâhattin Sulhi, *Türk Aile Hukuku*, 7. Bası, İstanbul 1990.

[18] UZUN Mine, Yargıtay Kararları Kapsamında Yoksulluk Nafakası, İstanbul 2013.

Diğer Kaynaklar
[1] Adalet Bakanlığı'nca yayınlanmış Türk Medeni Kanunu, Türk Medeni Kanunun Yürürlüğü ve Uygulama Şekli Hakkında Kanun ve Gerekçeleri, Ankara 2002

BİYOBANKALAR VE MİLLİ DNA VERİ BANKASI KANUNU TASARISI

Prof. Dr. Fulya İlçin GÖNENÇ*
Dr. Öğr. Üyesi Kemale Aslanova**

Öz

Biyobankalar, biyolojik materyallerin ve bunlara ait bilgilerin toplandığı, depolandığı, işlendiği ve dağıtıldığı organizasyonlardır. 1990'ların sonundan günümüze kadar biyobankalar, genetik ve kişiselleştirilmiş tıp gibi birçok güncel araştırmayı destekleyen tıbbi araştırmalarda önemli bir kaynak haline gelmiştir. Biyobanka terimi, insan örnekleri de dahil olmak üzere bitki ve hayvan koleksiyonlarını kapsar. Biyobankaların hastalık merkezli, popülasyon bazlı, genetik veya DNA/RNA merkezli, doku bankaları, ticari ve sanal biyobankalar gibi birçok türü bulunmaktadır. Biyobankaların teşhis, farmakoloji veya araştırma gibi çeşitli amaçları vardır. Biyobankalar belirli kişisel bilgileri içerir, depolar ve işler. Biyobankalar 21'inci yüzyılda biyomedikal araştırma sürecinin tamamında yenilikçi potansiyele sahiptir. Günümüzde birçok ülkede ulusal biyobanka oluşturulması ve biyobankaların birbirleriyle uyumlu hale getirilmesi çalışmaları yaygınlık kazanmaktadır.

Anahtar Kelimeler: *Biyobankalar, Biyobankaların Rolü, Etik ve Yasal Konular*

---

* İstanbul Medipol Üniversitesi Hukuk Fakültesi. e-posta:figonenc@medipol.edu.tr
** İstanbul Aydın Üniversitesi Adalet MYO. e-posta: kemaleaslanova@aydin.edu.tr

Biobanks and National DNA Databank Law Draft

Abstract

A biobank is a type of biorepository that stores biological samples for use in research. Since the late 1990's, biobanks have become an important resource in medical research, supporting many types of contemporary research like genomics and personalized medicine. The term biobank covers collections of plant and animal, including human specimens. There are several types of biobanks including those that are disease-centric, population-based, genetic or DNA/RNA, tissue type biobanks, commercial and virtual biobanks. The popularity of biobanks has increased during the last decade, both in variety and capacity, from small collections of samples to large-scale national or international repositories. There are various purposes of biobanks, such as diagnostics, pharmacology, or research. Biobanks involve, store, and operate with specific personal information. Biobanks have innovative potential in the whole process of biomedical research in the 21st century. Nowadays, national biobank formation and biobanks are becoming widespread in many countries.

Keywords: Biobanks, Role of Biobanks, Ethical and Legal Issues

Giriş

Biyobanka tanımı üzerinde kesin bir görüş birliği sağlanamamış olsa da, araştırma amaçlı kullanılan her türlü biyolojik örnek veya insan genetik bilgi koleksiyonlarını tanımlamak amacıyla "biyobanka" teriminin, bir şemsiye terim olarak kullanıldığını görmekteyiz[1].

En genel tanımıyla biyobanka, biyolojik materyallerin ve bunlara ait bilgilerin toplandığı, depolandığı, işlendiği ve dağıtıldığı organizasyonlara denilmektedir. Ekonomik Kalkınma ve İşbirliği Örgütü'nün (The Organization for Economic Cooperation and Development) (OECD) tanımına göre biyobanka, bir popülasyona veya belirli bir hastalığa özel olarak, düzenli bir sistem çerçevesinde toplanmış biyolojik örnekleri ve bunlarla ilişkili veri ve bilgileri kapsayan birimdir.[2] Biyobankalar ile diğer biyolojik materyal koleksiyonları arasındaki temel fark, biyobankalardaki

---

[1] *Australian Government The National Health and Medical Research Council (NHMRC). Biobanks Information Paper. 2010; Kurtoğlu, Ayşe ve Berna Arda. Etik Açıdan Biyobankacılık Kavramı, Turkiye Klinikleri (Journal of Medical Ethics) 2015: 23(1): 28-39.*
[2] *https://www.oecd.org/sti/biotech/44054609.pdf (E.T. 10.11.2018)*

örneklerin belirli bir sistematik içerisinde biriktirilmesidir. Biyobankalarda genellikle insana ait kan ve doku örnekleri gibi biyolojik materyal toplanmakta, ancak bununla birlikte diğer canlılara ait dokular veya çevreden alınan örnekler de depolanabilmekte; bu örneklerden elde edilen her türlü veri işlenmekte ve saklanmaktadır.

Biyobankalar bilimsel amaçlı araştırmalarda hastalıkların teşhis ve tedavisine hizmet etmek amacıyla kullanılırlar.[3] Biyobankalar, genetik araştırmalar için yeteri miktarda örnek elde edilmesi ve yeniden örnek alınmasına gerek kalmaksızın araştırma yapılabilmesine imkân yaratmaktadır.

Günümüzde biyobankaların sayısının artmasıyla birlikte, saklanan örneklerin sayı ve türleriyle, elde edilen verilerin ve üzerinde çalışılan hastalıkların da arttığı gözlemlenmektedir. Artık biyobankalar arasındaki veri transferleri de kolaylaştıkça, örneklerin kullanımı sadece o biyobankadaki araştırmalarla sınırlı kalmayıp, başka merkezlerde yapılan bilimsel araştırmalarda da kullanılması mümkün olabilmektedir. Biyobankacılığı, hukuki açıdan özellikli kılan koşullar aşağıdaki gibi sıralanabilir:[4]

* Örneklerin, ilgilinin rızası olmadan kolayca elde edilebilmesi,

* Örneklerin alınma amaçları dışında kolaylıkla kullanılabilmesi,Elde edilen genetik verilerin kalıcı bilgiler olması,

* İlgilinin hayatı için çok önemli verileri içermesi,*

* İlgilinin ailesi ve ait olduğu gruba ait bilgileri de içermesi,

* Verilerin ayrımcılık amacıyla kullanılma potansiyeli taşıması,

* Verilerin başkalarınca kullanımının bilimsel ve ticari olanaklar yaratması,

* Kötüye kullanılmaları durumunda kişilik haklarının zedelenmesi

---

[3] Büyükay, Yusuf. *Biyolojik Veri Bankaları, Hukuki Perspektifler Dergisi*, 2009, S:6. s. 178; *A Compilation of External Resources on Biobanks*,
www.labautopedia.org/mw/index.php/Biobank_information_sites#A_compliation_of_external_resources_on_biobanks (E.T.: 10.05.2018).

[4] Salvaterra, E., Giorda, R., Bassi, M.T., Borgatti, R., Knudsen, L.E., Martinuzzi, A. ve diğerleri. *Pediatric biobanking: A Pilot Qualitative Survey of Practices, Rules, and Researcher Opinions in Ten European Countries. Biopreservation and Biobanking*, 10 (1), 2012, s. 29-36.

olasılığı.

İnsan Genom Projesi'nin tamamlanmasıyla daha fazla gündeme gelmeye başlayan biyobankalar, birtakım etik sorunları da beraberinde getirmiştir. Bu tartışmalar genel olarak, aydınlatılmış onam, gizlilik ve mahremiyet gibi konulardır.

I. Biyobanka Türleri

Biyobankalar amaç ve işleyişleri bakımından çeşitli gruplara ayrılırlar. Günümüzde doku örneklerinin saklandığı oluşumlar genellikle biyobanka olarak adlandırılmaktadır. Ancak bu kavram dışında, "Doku Bankası", "İnsan Genetik Araştırma Veri Tabanı" ve "Popülasyon Genetik Veri Tabanı" deyimlerinin de kullanıldığı görülmektedir. Avrupa Konseyi Bakanlar Kurulu, ilgili tavsiye kararlarında "Biyobanka" deyimini kullanmaktadır.

Bir biyobankayı araştırma amaçlı örnek biriktirmekten ayıran en temel fark, biyobankaların örnekleri ve verileri başkalarının da bu kaynaklara ulaşımını sağlayan bir sistematik içinde yapılandırmış olmalarıdır.[5] Zira biyobankalarda insan kaynaklı doku, hücre, kan veya DNA gibi örnekler saklanabilmektedir. Örnekler hastalık tabanlı olarak saklanabileceği gibi, toplum tabanlı olarak da saklanabilmektedir. Aynı zamanda örnekler yaş gruplarına göre (küçükler veya yaşlılar gibi) gruplandırılmış da olabilmektedir.

Küçük kapsamlı biyobankalar daha çok vaka-kontrol çalışmaları gibi belirli çalışma projeleri için yapılandırılırken, büyük ölçekli biyobankalar ise boylamsal moleküler biyolojik araştırma projelerinin yapılmasına olanak sağlamaktadır.[6] Avrupa'daki büyük ölçekli biyobankalara, İngiltere (UK Biobank), İzlanda (deCode-associated Iceland Biobank), Estonya (the Estonian Biobank) ve Avusturya'da (Genome Austria Tissue Bank) bulunan biyobankalar örnek gösterilebilir.[7]

Hastalığa Özgü Biyobankalar: Belirli hastalıklarla ilgili araştırmalar yapılabilmesi amacıyla kurulmaktadır. Toplum temelli biyobankalardan

---

[5] *Emir, Murat. Hukuki ve Etik Yönleri ile Biyotıp Araştırmalarında Biyobankalar. Doktora Tezi, Ankara Üniversitesi, 2013, s. 27.*

[6] *Asslaber, M.,Zatloukal, K. Biobanks: Transnational, European and Global Networks. Briefings in functional genomics & proteomics, 6 (3), 2007, s. 193- 201.*

[7] *Emir, s. 28.*

farklı olarak, bu tip biyobankalarda toplanan biyolojik materyaller, hasta insanlardan alınmaktadır. Hastalığa özgü biyobankaların oluşturulması ve örnek toplanması nispeten kolay olduğundan, çok sayıda bu tip biyobanka bulunmaktadır. Örneğin Hacettepe Üniversitesi DNA/Doku Bankası da kalıtsal hastalıklarda DNA ve doku arşivlemesi amacıyla kurulmuştur.[8] 2009 yılı itibarıyla bu bankada 18.500 DNA örneği ve 1.200 hücre veya doku arşivlendiği bildirilmektedir.[9]

Ticari Amaçlı Biyobankalar: Dünyada, özellikle Amerika Birleşik Devletleri başta olmak üzere, birçok ülkede yaygın olan biyobankalardır. Bu biyobankalar ilaç endüstrisine hizmet etmek üzere kurulmuş, ticari amaç taşıyan yerlerdir.

Toplum Temelli Biyobankalar: Toplum temelli biyobankaların en belirgin özelliği, belirli bir bölgeyi, etnik grubu veya ülkeyi temsil eden sağlıklı vericilerden alınan örneklerden oluşturulması ve ölçeğinin büyük olmasıdır.[10] Toplum temelli biyobankalar, çok geniş miktarda biyolojik materyal ve bilgi saklamaktadırlar. Bu nedenle gelecekte yapılabilecek her türlü araştırma, bu biyobankalar sayesinde olanaklı olmaktadır. Bu tip biyobankalar, genetik olarak belirli bir hastalığa olan yatkınlığın bulunmaya çalışıldığı araştırmalarda, özellikle prospektif moleküler epidemiyolojik araştırmalarda yararlıdırlar,[11] Toplum temelli biyobankaları her ülke kendine özgü bir modelle ve yasal düzenlemelerle yapılandırmaktadır.[12] Bu biyobankalar oluşturulurken konunun toplumda tartışılması, kamuoyunun taleplerinin belirlenmesi ve bunlar yanında uluslararası kılavuzların da öngördüğü yasal düzenlemelerin yapılması önerilmektedir.[13]

Doku Bankaları: Genellikle hastane ortamında alınan çeşitli patolojik materyalin saklanması ile oluşturulan biyobankalardır. Bankalanan materyalle birlikte materyalin alındığı hastayla ilgili birçok bilgi de veri tabanına eklenebilmektedir. Bu veri tabanı hastalığın izlenmesi aşamasında elde edilen sonuçların da eklenmesiyle birlikte, geniş

---

[8] Özgüç, M.,Yüzbaşıoğlu, A. *Biyobankalar ve Etik.* İKU Dergisi, 2009, 22, s. 14; Emir, s. 32.

[9] Özgüç ve Yüzbaşıoğlu, s. 14.

[10] http://www.austlii.edu.au/au/journals/JlLawInfoSci/2010/5.html ; Emir, s. 28.

[11] Emir, s. 29.

[12] Deschenes, M.,Sallee, C. *Accountability in Population Biobanking: Comparative Approaches.* The Journal of Law, Medicine & Ethics, 2005, 33 (1), s. 40-53.

[13] Critchley, C.R., Nicol, D., Otlowski, M.F.,Stranger, M.J. *Predicting Intention to Biobank: A National Survey.* The European Journal of Public Health, 22 (1), 2012, s. 139-144.

klinik araştırmaların yapılmasına imkân yaratmaktadır.[14] Tabii ki bu araştırmaların yapılabilmesinin en önemli koşulu, araştırmalara hastanın onam vermiş olmasıdır.[15]

II. Genetik Bilgilerin Biyobankalarda Saklanması

Genetik bilgi kişiye ait diğer bilgilerden farklı özellikler taşımaktadır. İnsan Genetik Verileri Uluslararası Bildirgesi'nin 4. maddesinin a fıkrasında, genetik verilerin özel konumda olması,

"… insan genetik verileri özel bir konuma sahiptir çünkü:

i) Bireylerin genetik yatkınlıkları hakkında tahminde bulunmayı sağlayabilirler,

ii) Bazı durumlarda söz konusu kişinin ait olduğu tüm topluluk üzerinde ve nesiller boyu aile ve çocuk için önemli bir etkiye sahip olabilir,

iii) Biyolojik örnekler, toplandığı zaman diliminde önemi anlaşılamayan 106 bilgiler içerebilir,

iv) Bireyler ve topluluklar için kültürel bir öneme sahip olabilir." şeklinde ifade edilmektedir.

Genetik bilgi kişinin gelecekteki sağlık durumunun ne olabileceğine dair ipuçları taşımaktadır ve sadece bireyi değil kişinin ailesini, kan hısımlarını da ilgilendiriyor olması dolayısıyla önem arz etmektedir. Biyobankalar ise insan bedenine ilişkin bahsi geçen genetik bilgileri taşıyan ve gerektiğinde vericisi ile ilişkilendirilebilen hücre, uzuv, kan veya DNA gibi örneklerin toplandığı bankalardır.[16] Örneklerin belirli bir sistematik içerisinde biriktiriliyor olması, biyobankaları diğer biyolojik materyal koleksiyonlarından ayırmaktadır. Biyobankalarda genellikle insana ait kan ve doku örnekleri gibi biyolojik materyal toplanmakla birlikte, diğer canlılara ait dokular, bakteri kültürleri veya çevreden alınan örnekler de depolanabilmekte ve biyolojik materyallerin yanı sıra bu örneklerden elde

---

[14] *Emir, s. 33.*

[15] *Tıbbi araştırmalarda kullanılan onam biçimleri biyobankalar bakımından yetersiz kalmaktadır. Örneklerin alınması, verilerin saklanması ve kullanılması hususunda katılımcılardan alınan onamın nasıl olması gerektiği günümüzde daha çok tartışılan bir konu haline gelmiş bulunmaktadır.*

[16] *Compliation of External Resources on Biobanks, www.labautopedia.org/mw/index.php/ Biobankinformationsites#A_compliation_of_external_resources_on_biobanks (E.T.: 10.11.2018); Büyükay, Yusuf. Gen Analizleri ve Mukayeseli Hukuktaki Düzenlemeler. AÜHFD, C.IX, S.3, 2005, s. 345.*

edilen her türlü veri de işlenmekte ve saklanmaktadır.[17] Biyobankaların amacı, hem kişilerin genetik bilgilerini heme sağlık ve yaşam tarzı bilgilerini bu örneklerle ilişkilendirmektir.[18]

Biyobankalar vasıtasıyla yapılan çalışmalarda birçok insanın tam olarak gen haritası çıkarılarak hastalıkların nedenleri tespit edilmeye çalışılmaktadır.[19] Bu anlamda biyobankalar yeni tıbbi araştırma imkânları ortaya çıkararak olumlu sonuçlar ortaya koymaktadır. Ancak elbette ki, örnek ve verilerin kontrolsüz kullanımı, insanların korku ve endişeye kapılmasına neden olabilmektedir.[20] Bu nedenle birçok ülkede tıbbi ve genetik verilerin korunması için özel yasalar yürürlüğe konmuştur. Örneğin İzlanda, 1998 yılında tıbbi verilere ilişkin özel bir yasal düzenleme yapmıştır.[21] Estonya da 2000 yılında İnsan Genleri Araştırma Yasasını çıkarmıştır[22] (Human Genes Research Act). ABD'nin Oregon Eyaleti ise 1997 tarihli Oregon Genetik Gizlilik Yasası'nı (Oregon Genetic Privacy Act) yürürlüğe koymuştur.

Biyobankalardaki kişisel verilerin, kişilerin özel hayatına dahil olması sebebiyle korunması ve saklanması gerekmektedir. Bu bağlamda, "DNA Verileri ve Türkiye Milli DNA Veri Bankası Kanunu Tasarısı[23] Genel Gerekçesinde" özel hayatın gizliliği konusunda şu ifadeler yer almaktadır: "Bilindiği üzere DNA verileri, ait olduğu kişiyle ilgili kalıtsal pek çok bilgiyi de içermektedir. Bu bakımdan Anayasanın 20. maddesi ile ülkemizin de taraf olduğu, Avrupa İnsan Hakları Sözleşmesinin 8'inci maddesinde koruma altına alınan *özel hayatın gizliliği* ile ilgili bir husustur. Hür ve

---

[17] *Emir, s. 24.*

[18] *The Importance of Biobanking, www.biobankcentral.org/importance/what.php (E.T.: 10.11.2018)*

[19] *O'Brien, Stephen. Stewardship of Human Biospecimens, DNA, Genotype and Clinical Data in the GWAS Era. Annual Review Genomics and Human Genetics. Vol. 10, 2009, s. 193-194.*

[20] *Büyükay, Biyolojik Veri Bankaları, s. 178.*

[21] *Act on Health Sector Database. No:139, 1998. Yasanın 4. maddesine göre biyobankaların açılması ve işletilmesi, biyolojik örneklerin toplanması, depolanması ve kullanılması konusunda sadece Kamu Sağlığı Genel Direktörlüğü ve Ulusal Biyoetik Komitesinin görüşleri alınmak suretiyle Bakanlık tarafından verilen lisansa sahip kişilerin yetkili olduğu belirtilmektedir. Biyobankaların çalışma usulleri hakkındaki düzenlemeler Yasa'nın "Lisans Şartları" başlıklı 5. maddesinde düzenlenmektedir. Bu maddeye göre kurulacak olan biyobankalar İzlanda'da bulunacaktır ve (m. 5/2) işletme esasları da açıkça belirlenecektir (m. 5/3). Gerekli diğer düzenlemeler Yasaya dayanılarak çıkartılan hükümet kararnameleri eliyle gerçekleştirilecektir. www.eng. heilbrigdisraduneyti.is/laws-and-regulations//nr/659 (E.T.: 10.11.2018)*

[22] *2000 yılında Estonya Parlamentosu'nun çıkarmış olduğu İnsan Genleri Araştırma Yasası'yla birlikte, nüfusu 1.5 milyon civarında olan ülkede genetik ve tıbbi bir veri tabanı oluşturulmaya çalışılmıştır. Deschenes, Mylene, Sallee, Clementine. Accountability in Population Biobanking: Comparative Approaches. Journal of Law, Medicine and Ethics. Vol. 33, 2005, s. 41-42.*

[23] *Milli DNA Veri Bankası Kanunu Tasarısı için bkz. http://www.kgm.adalet.gov.tr/gg/dna.pdf. (E.T.: 10.11.2018)*

demokratik bir toplumda kişi dokunulmazlığı, hem devletin hem kişi ve organizasyonların kişinin özel hayatına girmesinin önünde bir engeldir. Günümüz teknolojisiyle tamamen olmasa da bilim ve teknikteki gelişmelere bağlı olarak, DNA verilerinden örneğin kişinin saç rengi, göz rengi, yapısı, hastalıkları, etnik kökeni, diğer özellikleri, kardeşi, çocukları veya anne babasının tespit edilmesinin mümkün olabildiği düşünüldüğünde, verilerin elde edilmesi, saklanması ve kullanılmasının sıkı yasal koşullara bağlanması zorunluluğunu ve ihtiyacını ortaya çıkmaktadır."

Günümüzde hem biyobankaların sayısı hem biyobankalarda saklanan örneklerden elde edilen veriler ile üzerinde çalışılan hastalıklar artmaktadır. Biyobankalarda saklanan örnekler yalnızca tıbbi verilerle ilişkili olarak değil, çevresel veriler, yaşam tarzı ve mesleki bilgileri de kapsayacak biçimde saklanabilmektedir.[24] Böylece biyobankalardan gelecekte yapılacak araştırmalar için de yararlanılabilmesi sağlanmaktadır.

Biyobankalarda gizlilik ve kişilerin mahremiyetinin sağlanması önem arz eden konulardandır. Gizlilik ve mahremiyet kavramları, her ne kadar birbirinin yerine kullanılsa da, katılımcıların sağlık bilgilerinin üçüncü kişilerden korunması kapsamında iki farklı kavramdır.[25] Gizlilik, öncelikli olarak kişisel verilerin toplanması ile ilgili iken; mahremiyet, bu verilerin üçüncü kişilere açıklanmasına odaklanmaktadır.[26] Genetik veriler, gizlilik ve mahremiyet konularında, sadece bireyin kendisini değil, aynı zamanda birey ile bağlantılı aile, grup ya da toplumu da ilgilendiren özel bir öneme sahip hassas verilerdir. Söz konusu bu verilerin, izinsiz bir şekilde açıklanması ya da bu verilere erişim, veri sahibi bireyler için ayrımcılık ve damgalanma riski taşımaktadır.[27]

Biyobankalarda, katılımcıların kişisel verilerini korumak amacıyla esas olarak kodlama ya da anonimleştirme yöntemlerinden biri kullanılmaktadır. Kodlama yönteminde, katılımcının verileri ile kimliği arasında bir kod ile bağ kurulmaktadır. Katılımcılar ile verilerine bir kimlik numarası verilerek, bu kod, güvenli bölgelerde depolanmakta ve sadece yetkili

---

[24] *Emir, s. 26.*
[25] *Kurtoğlu ve Arda, s. 34.*
[26] *Kurtoğlu ve Arda, s. 34.*
[27] *Office of Biorepositories and Biospecimen Research, National Cancer Institute. NCI Best Practices for Biospecimen Resources. 2011; Australian Government The National Health and Medical Research Council (NHMRC). Biobanks Information Paper. 2010.*

kişilerin erişimine açık tutulmaktadır.[28] Kodlama yöntemi, veri sahibi ile yeniden bir bağlantı kurabilmeye imkân vermesi sebebiyle avantajlı sayılmaktadır. Anonimleştirmede ise biyolojik örneklerin ve bunlarla ilişkili verilerin geri dönüşümlü ya da geri dönüşümsüz bir biçimde katılımcılar ile arasındaki bağ ortadan kaldırılmaktadır.[29] Anonimleştirme yöntemi, katılımcıların tanımlanamaması bakımından etik ve yasal olarak daha elverişli sayılmaktadır.

Mahremiyetin sağlanması amacıyla biyobankalarda katılımcıların kimliği şifrelenerek anonimleştirilmelidir. Ancak belirli koşullar altında ve klinik olarak anlamlı sonuçlar doğurabilecek neticelere ulaşıldığında, vericiye geri bildirim yapabilmek amacıyla kimlikler tekrar tanımlanabilecek şekilde saklanmalıdır.[30] Nitekim mahremiyetinin yeteri kadar korunamayacağı korkusu, katılımcının örnek bağışlama isteğini azaltmakta, hatta yok edebilmektedir. Bu nedenle biyobankalar mahremiyetin korunmasını en üst seviyede garanti altına almak zorundadırlar.[31] Avrupa Konseyi de 2006 yılında yayınladığı direktifinde biyolojik materyalin kullanımı ve saklanması sırasında güvenlik ve mahremiyetin sağlanması gerektiğini belirtmektedir.[32]

III. Biyobankalarda Aydınlatılmış Onam

Biyobankalarda katılımcıların gönüllü olması önemli bir koşuldur. Gönüllük ise aydınlatılmış onam ile mümkün olabilmektedir. Aydınlatılmış onam, bireylere araştırmalarda kullanılacak olan materyal ve bu materyalle bağlantılı verilerin kullanıp kullanılamaması veya nasıl kullanacağına karar verilmesi olanağı sağlamaktadır. Bununla beraber araştırmaya katılan bireylerin kötü muamele görmesini önlemek, bireylerin özerkliği ile yararlılık ilkelerini gerçekleştirmek ve araştırma ile ilgili kamu güvenini sağlamak gibi çeşitli nedenlerle de araştırmaya katılanlardan onamları alınmaktadır.[33] Konu ile ilgili yararlar ve varsa olası riskler; toplanacak örneklerin ve verilerin türü; araştırmanın amacı ve bu araştırmadan elde edilecek sonuçlar; diğer taraflarca sonuçların veya örneklerin paylaşımı ile

---

[28] *Swede H., Stone CL, Norwood AR. National population-based biobanks for genetic research. Genet Med 2007: 9(3):141-9.*

[29] *Kurtoğlu ve Arda, s. 35.*

[30] *Otlowski, M., Nicol, D.,Stranger, M. (2010). Biobanks Information Paper. JlLawInfoSci 5: 20 11 Ocak 2013, kaynak: http://www.austlii.edu.au/au/journals/JlLawInfoSci/2010/5.html*

[31] *Hansson, M.G. The Need to Downregulate: A Minimal Ethical Framework for Biobank Research. Methods in Biobanking, Springer, 2011, s. 39-59.*

[32] *http://www.coe.int/t/dghl/standardsetting/family/Achievements 08_08.pdf*

[33] *Kurtoğlu ve Arda, s. 30.*

ilgili prensipler; katılımcılarla yeniden temasa geçilmesi ile ilgili işlemler; araştırma sonuçlarının geri bildirimi; örneklere ve verilere uygulanacak isimsizleştirme yöntemleri; katılımcıların gizliliği ve mahremiyetlerinin korunması ile ilgili düzenlemeler; araştırmadan çekilme hakkı ve yararların paylaşımı gibi konular onam formlarının genel olarak içeriğini oluşturmaktadır.[34]

Aydınlatılmış onamların büyük kısmı etik açıdan tam olarak kabul edilebilirliğe sahip değildir.[35] Genetik bilgi, bireyin gelecekteki hastalıklarının tanımlanabilmesi ve ayrımcılığa yol açabilmesiyle birlikte, aile üyeleri ve toplumun da genetik bilgilerini içermesi dolayısıyla diğer sağlıkla ilgili bilgilerden farklılaşmaktadır.[36] Kişinin DNA'sı incelenerek olası hastalık riskleri ve duyarlılıkları saptanmakla kalmayıp, ailesi veya ait olduğu popülasyonla da ilgili birtakım bilgilere ulaşılabilmektedir. Genetik materyal üzerinde yapılan çalışmalar için onam alınması söz konusu olduğunda, bu materyal üzerinde aynı genetik özelliği taşıyan diğer aile bireylerinin ve toplumun belirli bir oranda hakkı olduğu kabul edilmektedir.[37] Bu nedenle genetik materyal üzerinde araştırma yapılırken verilmesi gereken onamın, bireyin varsayımsal onamından farklı olarak daha somut bir irade beyanına dayanması gerektiği savunulmaktadır.[38]

Tıbbi müdahaleler öncesinde hasta daha zor durumdadır ve vereceği kararla belirli riskleri göze almaktadır. Bu nedenle aydınlatılmış onamın mutlaka belirli kriterlere uygun olarak verilmiş olması gerekmektedir.[39] Buna karşın biyobanka katılımcısının hastalıklı veya korunma ihtiyacı gibi bir durumu söz konusu olmadığından, biyobankalarda aydınlatılmış onam klinik uygulamadakilere nazaran daha esnek olabilmektedir.

Biyobanka araştırmalarında temel amaç tedavi olmayıp, daha çok bilimsel bilginin artırılması amaçlanmaktadır. Bu nedenle onam sırasında

---

[34] *Kurtoğlu ve Arda, s. 38.*
[35] *Chadwick, R., Berg, K. Solidarity and equity: new ethical frameworks for genetic databases. Nature Reviews Genetics, 2 (4), 2001, s. 318-321.*
[36] *Clayton, E.W.Informed consent and biobanks. The Journal of law, medicine & ethics, 33 (1), 2005, s. 15-21.*
[37] *Everett, M. The social life of genes: privacy, property and the new genetics. Social science & medicine, 56 (1), 2003, s. 53-65.*
[38] *Annas, G.J. Rules for research on human genetic variation-lessons from Iceland. The New England journal of medicine, 342 (24), 2000, s. 1830-1833.*
[39] *Hofmann, B., Solbakk, J.H.,Holm, S. Consent to biobank research: one size fits all? The ethics of research biobanking, 2009, s. 3-23.*

katılımcıya anlatılabilecek belirgin bir yarardan da söz etmek mümkün değildir.

Biyobanka uygulamasında, onam formlarının nasıl olması gerektiği üzerinde geniş bir tartışma bulunmaktadır. Kendi önerdikleri onam formunun evrensel ve standart onam formu olmasını savunan yazarlar bulunmakla beraber, bu konuda henüz bir görüş birliği mevcut değildir.

Biyolojik örnekler ve bunlarla ilişkili genetik bilgileri içeren biyobankaların, etik ve hukuksal çerçevede korunması gerekmektedir. Biyobankalamada gönüllü bireylerden, Aydınlatılmış Onam Formu alındıktan sonra örnek kabulünün yapılması önem arz etmektedir. Aydınlatılmış Onam Formu'nda şu hususların bulunmasına dikkat edilmelidir:

* Örnek vermenin getirebileceği fayda ve zararlar,

* Örneklerin ne kadar süre ile saklanacağı,

* Örneklerin nasıl alınıp işleneceği,

* Örneklere veya bunlara ait bilgilere kimlerin hangi koşullarda ulaşabileceği,

* Örneklerin ileride başka bir araştırma ya da analiz amacı ile kullanılıp kullanılamayacağı,

* Gönüllülerin istedikleri zaman örneği ve örneğe ait bilgileri bankadan çekebilecekleri bilgileri.

Şunu önemle ifade etmek gerekir ki kişinin daha önce vermiş olduğu onamını geri alabilme hakkı her zaman için mevcuttur. Bu imkân, kişilik haklarının korunabilmesi açısından önem taşımaktadır. Uluslararası kılavuzlar, bireyin araştırmanın herhangi bir safhasında onamını geri çekme hakkı bulunduğunu ve geri çekilme durumunun kişinin tıbbi bakımına ilişkin olarak herhangi olumsuz bir sonuç doğurmaması gerektiğini kabul etmiştir. Ancak burada önem arz eden husus, onamın geri çekilmesinden sonra biyobankada hâlihazırda depolanmış olan biyolojik materyale ve onamın geri çekildiği ana kadar üretilmiş olan veriye ne olacağı hususudur. UNESCO, insana ilişkin genetik bilgi üzerine yayımlamış olduğu uluslararası bildirgenin dokuzuncu maddesinde, kişi onamını geri çektikten sonra, "Kişiye ait genetik veriler ile biyolojik örneklerin geri dönüşümsüz bir şekilde kişiyle bağlantısı kesilmemişse, kullanılmamalıdır" ifadesine yer vermektedir.[40] Hatta veri ve örneklerin geri dönüşümsüz bir şekilde kişiyle bağlantısı kesilmemişse, yok edilmesini de önermektedir.

Biyobanka katılımcısı açısından, hassas bilgilerinin uygunsuz kullanımı gerçekleşebilecek en önemli risklerdendir. Biyobankada yapılan araştırmaların katılımcı tarafından insanlık onuruna uygun bulunmaması, politik nedenlerle katılımcının bazı araştırmaları onaylamaması veya araştırmanın ticari amaçlara hizmet ediyor olması, uygunsuz kullanıma örnek olarak gösterilebilir.[41] Verilerin katılımcının onaylamayacağı biçimlerde kullanımı, mahremiyetinin zarar görmesi ve hatta damgalanma veya ayırımcılığa maruz kalmasına sebebiyet verebilecektir.

Biyobanka araştırmalarında katılımcının göze aldığı risk, kişisel bilginin istenmeyen bir biçimde paylaşımıdır. O halde biyobanka katılımcısı onam verirken, mahremiyetiyle ilgili olarak da bir tasarrufta bulunmakta ve veri güvenliğinin sağlanacağına ve uygun amaçlarla kullanılacağına dönük bir güven göstermektedir.[42] Verilere ulaşımın sıkı kurallara bağlı olması yanında, katılımcı ile veri arasındaki bağ zayıflatıldığı ölçüde mahremiyetin korunması mümkün olacak ve katılımcılar olası risklerden korunmuş olacaklardır.[43]

Sonuç olarak şunu ifade etmek gerekir ki biyobankalarda saklanmak üzere örnekler elde edildiğinde katılımcılar açısından herhangi bir fiziksel risk söz konusu olmamakla beraber, örneklerden elde edilen verilerin işveren ya da sigorta şirketleri ile paylaşımları, katılımcıların zarara uğramasına neden olabilecektir. Bu nedenle araştırmaya katılanların uğrayabileceği zarar ile araştırmanın bilimsel değeri arasındaki dengenin sağlanması önem arz etmektedir. Biyobankalarda arşivlenmiş örneklerin ve örneklerle ilişkili verilerin kullanıldığı araştırmalar için aydınlatılmış onam hususunda genel kanaat, yapılacak araştırmanın etik kurul tarafından onaylanması ve örneklerin isimsizleştirilmesidir (anonimleştirme).

---

[40] UNESCO (2003) *International Declaration on Human Genetic Data. UNESCO Uluslararası İnsan Genetik Verileri Bildirgesi*, Ağ Sitesi:
http://www.unesco.org/new/fileadmin/MULTIMEDIA/HQ/SHS/pdf/HumanGenetic-Data_Turc.pdf
[41] *Emir, s. 105.*
[42] *Emir, s. 106.*
[43] *Emir, s. 106.*

IV. DNA Verileri ve Milli DNA Veri Bankası Kanunu Tasarısı

Milli DNA Veri Bankası Kanunu Tasarısının gerekçesinde, "DNA kişi ile ilgili pek çok bilgiyi içeren kişisel bir veri olup, bu verilerin kullanmasında ve korunmasında ülkemizin tarafı olduğu uluslararası sözleşmelere uyulması, Anayasamızda tanımlanan kişilikle ilgili hakların ihlal edilmemesine özen gösterilmesi büyük önem taşımaktadır"[44] denilmektedir.

Teknolojik gelişmelere bağlı olarak günümüzde DNA'nın sadece kan, tükürük, doku, kemik, tırnak, saç gibi biyolojik örneklerden değil; kapı kolu üzerinde kalan bir parmak izinden, bir bardakta veya sigarada kalan eser miktardaki biyolojik materyalden de tespiti mümkündür.[45] Gerek ceza ve medeni yargılamada gerekse de kimliklendirme amacıyla kullanılması sebebiyle, DNA verilerinin bir sisteme kaydedilmesi gerekli görülmektedir.[46]

Avrupa ülkelerinde genellikle biyobankalara özgü yasal düzenleme yapılmadığı ve çoğunlukla biyomedikal araştırmaları düzenleyen kuralların biyobankacılık alanında da uygulandığı gözlenmektedir. Birçok ulusal ve Avrupa Birliği düzeyinde oluşturulmuş olan hukuki düzenlemeler ve üst denetleyici organizasyonların yanında, yerel düzeyde çıkarılmış olan mesleki yönergeler ve genel kabul görmüş uygulama biçimleri de biyobankacılık alanında işlev gören kurallar arasındadır.[47]

DNA verileri ve Türkiye Milli DNA Veri Bankası Kanunu Tasarısı, kimlik saptanması veya adli amaçlarla DNA örneklerinin alınması, analiz edilmesi, verilerin saklanması ve verilerden yararlanılması amaçları ile bir kamu kurumu kurulması amacıyla hazırlanmış, sekiz bölüm ve 44 maddeden oluşan bir tasarıdır. Tasarı, banka niteliği taşıyacak bir kurumun oluşturulmasını öngörmüş; kuruluşu, yapılanması, yetkileri ve bütçesini düzenlemiştir.

Tasarıda sadece adli amaçlarla DNA profili eldesi ağırlıklı önem taşımaktadır. Tasarının 2. maddesinde Biyolojik Örnek, DNA, DNA Analizi, DNA Profili ve DNA Veri Tabanı tanımlarına yer verilmiştir.[48]

---

[44] *DNA Verileri ve Milli DNA Veri Bankası Kanunu Tasarı Taslağına İlişkin Türk Tabipler Birliğinin Görüşleri, http://www.ttb.org.tr/index.php/hukuk/473-tye-milli-dna-veri-banka-snunu-tasarı (E.T.: 15.11.2018)*

[45] *Hakan Hakeri, "DNA Verileri ve Milli DNA Veri Bankası Kanunu Tasarısı", Güncel Hukuk Dergisi, Ekim 2010, S. 10-82, s. 22.*

[46] *Hakeri, "DNA Verileri ve Milli DNA Veri Bankası Kanunu Tasarısı", s. 22.*

[47] *Emir, s. 133.*

[48] *Madde 2- Tanımlar (1) Bu Kanunda geçen:*
a) Banka: Türkiye Milli DNA Veri Bankasını,
b) Başkanlık: Türkiye Milli DNA Veri Bankası Başkanlığını,

Tasarının "Temel İlkeler" başlığı altında DNA verileri ile ilgili temel ölçütler ortaya konmuştur. Buna göre madde 4, DNA verilerinin:

a) Hukuka ve dürüstlük kurallarına uygun işlenmesi,

b) Kanunların belirtmiş olduğu meşru amaçlar için toplanması ve bu amaçlara aykırı olarak kullanılmaması ve aktarılmaması,

c) Toplandıkları amaçla bağlantılı, yeterli ve orantılı olması,

ç) Kanunlarla belirtilen süre sonuna kadar saklanması,

d) Doğru olması ve gerektiğinde güncellenmesi gerekmektedir.

Tasarı uyarınca DNA analizi; 5271 sayılı Ceza Muhakemesi Kanununda belirlenen esas ve usuller çerçevesinde vücuttan, bir suç sebebiyle olay yerinden, kim olduğunu tespit etmek amacıyla, hukukî ve fiilî sebeplerle kimliği tespit edilemeyen kişiler ile vücut parçalarından ve ölmüş kişilerden, görevleri sebebiyle hayati risk taşıyanlardan ve gönüllü kişilerden alınan biyolojik örnekler üzerinde yapılabilir (m. 5). Madde hükmünde kim olduğunu tespit etmek amacıyla, hukukî ve fiilî sebeplerle kimliği tespit edilemeyen kişiler ile vücut parçalarından ve ölmüş kişilerden ve ayrıca görevleri sebebiyle hayati risk taşıyanlardan DNA analizi yapılmak üzere biyolojik örnek alınmasının ancak Cumhuriyet savcısının gözetimi altında mumkun olabileceği düzenlenmiştir. Yine anılan maddede, DNA analizi yapılmak üzere laboratuvara gönderilen biyolojik örneklerin kime ait olduğunun, analizi yapacak olan görevlilerden "kodlanmak" suretiyle gizli tutulacağı belirtilmiştir.

Tasarıda, Gönüllülüğe İlişkin Esaslar ve Aydınlatma Yükümlülüğü başlığı altında aydınlatma hususuna da önemle yer verildiği görülmektedir. Şöyle ki madde 9/1 uyarınca, gönüllü kişiden örnek alınmadan önce, bu örnekler

---

c) Başkan: Türkiye Millî DNA Veri Bankası Başkanını,
ç) Biyolojik örnek: Kaynağını insan vücudundan alan, DNA profili elde etmeye uygun, kan, tükürük, doku, kemik, tırnak, saç ve benzeri oluşumları,
d) DNA: Deoksiribonükleik asidi,
e DNA analizi: DNA profili elde etmek amacıyla DNA örneği üzerinde yapılan bilimsel testi,
f) DNA profili: Bir kişiyi diğerlerinden ayırt eden DNA karakteristiklerinin tümünü,
g) DNA veri tabanı: DNA analizi sonucu elde edilen kişiye özgü DNA profillerinin kodlandırıldığı bilgilerin tutulduğu veri tabanını,
h) Gönüllü: Kendi rızasıyla DNA profili elde etmeye yönelik biyolojik örnek veren kişiyi,
ifade eder.
431 Madde 3 - Kanunîlik ilkesi
(1) DNA analizi, ancak bu Kanunda ve diğer kanunlarda öngörülen hallerde yapılabilir.
(2) Bu Kanunda ve diğer kanunlarda öngörülen esas ve usullere uygun olarak ve ancak meşru amaçlarla ilgili kişinin açık rızasıyla da DNA analizi yapılabilir.

üzerinde ne türlü işlemler yapılacağı, nerede ve ne şekilde saklanıp kullanılacağı, kimlere aktarılabileceği konusunda aydınlatılması, haklarının anlatılması ve bu hususun tutanakla tespit edilmesi gerekmektedir. Gönüllünün yapılacak işlemin hukukî anlam ve sonucunu algılayabilecek durumda olmaması halinde, kanunî temsilcisinin onayının alınacağı düzenlenmiştir. Kanunî temsilcisinin olmaması veya tespit edilememesi durumunda ise hâkim kararı aranacağı hükme bağlanmıştır. Gönüllü, kendisine ait profillerin silinmesini isteyebileceği gibi, kendisinden elde edilen profillerin kullanılmasından ve saklanmasından da her zaman vazgeçebilmektedir. Gönüllünün, kendisine ait profillerin silinmesi talebinin bankaya bildirilmesinden itibaren en geç 15 gün içinde bu kişiye ait profiller silinerek, kendisine bu konuda bildirim yapılacağı düzenlenmiştir. Önemle vurgulanması gereken husus, gönüllülerden elde edilen DNA profillerinin belirtilen amaç dışında kullanılamayıp, başka bir yere aktarılmasının da yasaklanmış olduğudur.

Tasarının 12. Maddesi, DNA Veri Tabanı başlığı altında biyobankacılık açısından önemli bir hükmü içermektedir: "Bu Kanun hükümlerine göre örnekler üzerinde yapılan laboratuvar analizleri sonucunda elde edilen DNA profilleri, Banka bünyesinde oluşturulan sisteme kodlanarak kaydedilir. DNA veri bankası sistemi, adlî amaçlı ve diğerleri olmak üzere iki ana dizinden oluşur. Sisteme veri girişi; Adlî Tıp Kurumu, Jandarma Genel Komutanlığı Kriminal Dairesi Başkanlığı ve Emniyet Genel Müdürlüğü Kriminal Dairesi Başkanlığı tarafından yapılır. Laboratuvarlar tarafından elde edilen DNA profilleri ile adlî merciler tarafından sisteme kaydedilmesi istenen DNA profilleri, Cumhuriyet savcısının talebi ile Banka tarafından sisteme kaydedilir."

Analizi yapma yetkisinin kolluk dışındaki kuruluşlara verilmesinin tarafsızlık açısından daha uygun olacağı kanaatindeyiz. Bu yetkinin kollukta olması, savcı ya da kolluk işlemlerinin hızlanmasını sağlamaktadır, ancak devletin bir ajanı olan kolluk mensuplarından ya da onun emrinde çalışan kişilerden oluşan laboratuvarlarda bu incelemenin yapılması delillerin tarafsız değerlendirilmesi ilkesi ile de çelişmektedir.[49]

Tasarıya göre DNA analizine tabi tutulan kişi, analizi yapan kurumdan veya laboratuvardan yapılan işlemin sonuçları hakkında bilgi almak,

---

[49] *Aynı yönde bkz. Ülkü Çınar, "DNA Verileri ve Türkiye Milli DNA Veri Bankası Kanunu Tasarısı Üzerine Bir Değerlendirme ve Öneriler", Terazi Hukuk Dergisi, Mayıs 2008, S. 21, s. 147-156, s. 152-153.*

bunlara ilişkin kayıtların düzeltilmesini veya güncelleştirilmesini istemek hakkına sahip olup, bu istemin yazılı olarak yapılması gerekmektedir.[50] Banka bünyesinde kayıtlı olan DNA profillerinden ancak bir soruşturma, kovuşturma veya özel hukuk uyuşmazlığında gerçeğin ortaya çıkarılabilmesi veya kimlik tespiti amacıyla yararlanılabilmektedir.

DNA Verileri ve Millî DNA Veri Bankası Kanunu Tasarısı'na aykırı olarak DNA analizi için biyolojik örnek alanlar ile, DNA analizi yapmaya yetkili olmadığı halde DNA analizi yapanların, 5237 sayılı Türk Ceza Kanunu'nun m. 135/1 fıkrası hükmüne göre 6 aydan 3 yıla kadar hapis cezası ile cezalandırılması öngörülmüştür. Hukuka aykırı olarak DNA verilerini açıklayan, yayan, bir başkasına veren, ele geçiren veya aktaranlar için ise TCK'nin 136. maddesi hükmüne göre 1 yıldan 4 yıla kadar hapis cezası düzenlenmiştir. Yine Tasarıda biyolojik örneklerin saklanması veya yok edilmesine ilişkin hükümlere aykırı hareket edenlerin, TCK'nin 138. maddesi hükmüne göre 6 aydan 1 yıla kadar hapis cezası ile cezalandırılması öngörülmektedir.

Sonuç

Hukukumuzda biyobankalara özgü özel bir düzenleme bulunmamaktadır. Türkiye'de biyobankaların kurulmasını ve uluslararası standartlara uygun bir şekilde faaliyette bulunmasını sağlamak üzere yasal bir altyapı oluşturulması gerekmektedir. Biyobanka araştırmaları, geleneksel tıbbi araştırmalardan oldukça farklılık arz etmektedir. Bu nedenle bu araştırmaların kendine özgü kurallar içerisinde değerlendirilmesi daha doğru olacaktır. Biyobankacılıkla ilgili özel bir yasal düzenleme yapılırken, kişi hak ve özgürlüklerinin ihlal edilmemesi gözetilmelidir. Yasanın özellikle Avrupa Birliği direktifleri çerçevesinde, tüm taraflar açısından kapsayıcı, açık, anlaşılabilir olması gerekmektedir.

Biyobankalarda saklanan genetik bilgiler işveren, sigorta şirketleri ve bankalar gibi üçüncü kişilerin eline geçmemelidir. Bu anlamda mahremiyet

---

[50] *Bilgi alma ve düzeltme hakkı MADDE 7-*
(1) DNA analizine tâbi tutulan kişi, analizi yapan kurumdan veya laboratuvardan yapılan işlemin sonuçları hakkında bilgi almak, bunlara ilişkin kayıtların düzeltilmesini veya güncelleştirilmesini istemek hakkına sahiptir. Bu istem yazılı olarak yapılır.
(2) İlgili kurum veya laboratuvar, bu yoldaki istemlere on beş iş günü içinde cevap vermek zorundadır. Kurumun veya laboratuvarın ilgili kişiye süresi içinde cevap vermemesi, cevabın olumsuz olması veya yeterli olmaması hâllerinde ilgili on beş gün içerisinde Başkanlığa başvurabilir. Başkanlık istemi on beş gün içerisinde sonuçlandırır ve on beş gün içinde kararını istemde bulunana ve gereği yapılmak üzere de ilgili kuruma bildirir.
(3) Suç soruşturulması ve kovuşturulmasına ilişkin hükümler saklıdır.

hakkı ve gizlilik ilkesi oldukça büyük öneme sahiptir. Biyobankaların gönüllülerin mahremiyet hakkını koruyacakları ve gizlilik ilkesine uyacakları konusunda garanti vermesi gerekmektedir.

İncelememize konu Tasarı bağlamında, mağdurun DNA profilinin nerede saklanacağı ve sonuçta ne olacağı sorusunun yanıtsız kaldığına dikkat çekmek gerektiği kanaatindeyiz. Herhangi bir adli olayda mağdura ilişkin profilin, davanın düşmesi ya da sanığın aklanması durumunda ne yapılacağına ilişkin detaylı bir açıklamaya ihtiyaç olduğu aşikârdır.

Tasarının, Gönüllülüğe İlişkin Esaslar ve Aydınlatma Yükümlülüğü bölümünde, konunun etik ile ilgili yönlerine yapılan vurgunun yeterince belirleyici ve kapsayıcı olduğu görülmektedir. Bu noktada önemle ele alınması gereken husus ise ilgili taslağın, kurulması istenen bankanın sadece kimlik tespiti ve adli amaçlarla DNA verilerini toplayabileceği, analiz edebileceği, ama elindeki bilgilerin her hangi bir hastalığın teşhisi ve tedavisi ile bilimsel araştırma ve deneylerin yapılması amacıyla kullanılmasına izin vermeyeceğini açıkça vurgulamış olmasıdır.

Gönüllü kişi kendisinden örnek alınmadan önce, bu örnekler üzerinde ne türlü işlemler yapılacağı, nerede ve ne şekilde saklanıp kullanılacağı, kimlere aktarılabileceği hususunda aydınlatılıp, haklarının anlatılacağı ve bu hususun tutanakla tespit olunacağı yönündeki düzenleme yerindedir. Gönüllünün yapılacak işlemin hukukî anlam ve sonucunu algılayabilecek durumda olmaması halinde, kanunî temsilcisinin onayının alınacağı düzenlenmiştir. Kanunî temsilcisinin olmaması veya tespit edilememesi durumunda ise hâkim kararı aranacağı hükme bağlanmıştır. Önem arz eden diğer bir husus da gönüllünün, kendisine ait profillerin silinmesini isteyebileceği gibi, kendisinden elde edilen profillerin kullanılmasından ve saklanmasından her zaman vazgeçebileceğinin düzenlenmesidir. Yine gönüllünün, kendisine ait profillerin silinmesi talebinin bankaya bildirilmesinden itibaren en geç 15 gün içinde bu kişiye ait profiller silinerek, kendisine bu konuda bildirim yapılacağı düzenlenmiştir. Önemle vurgulanması gereken husus, gönüllülerden elde edilen DNA profillerinin belirtilen amaç dışında kullanılamayıp, başka bir yere aktarılmasının da yasaklanmış olduğudur.

Eleştirilebilecek bir husus, DNA verilerinin ırk, renk, cinsiyet, politik inanç, ekonomik ya da sosyal durum ya da cinsel tercih ile ilgili olarak işlenemeyeceği, aktarılamayacağı ya da kullanılamayacağına ilişkin açık bir düzenleme getirilmesi gerektiğidir. Zira elde edilmiş veriler, ticari hayatta ve özellikle sigorta sektöründe kullanılırsa, genetik ayrımcılığa yol açabilecektir.

Genetik bilgilerin yurtdışına transferi hususunda da Türkiye'de henüz herhangi bir düzenleme yapılmamıştır. Dolayısıyla farklı amaçlarla insanların genetik verileri yurtdışına kolayca aktarılabilmektedir. Bu sebeple genetik verilerin yurtdışına nakli konusunun, özel olarak bu naklin koşullarının ve niteliğinin ayrıntılı olarak düzenlenmesi gerektiği görüşündeyiz.

Sonuç olarak bahse konu DNA Verileri ve Türkiye Milli DNA Veri Bankası Kanunu Tasarısının ülkemizde yıllardır eksikliği görülen bir açığı kapatmaya yönelik olarak hazırlandığı görülmektedir. Etik açıdan konunun en duyarlı noktasını oluşturan gönüllülüğe ilişkin esaslar ve aydınlatma yükümlülüğü üzerinde ağırlıkla durulmuş olması memnuniyet verici olmakla beraber, vurgulamaya çalıştığımız hususlarda biraz daha detaylı bir çalışma yapılması gerektiği kanaatindeyiz.

Kaynakça

[1] Annas, G.J. Rules for Research on Human Genetic Variation--Lessons from Iceland. The New England Journal of Medicine, 342 (24), 2000.

[2] Asslaber, M.,Zatloukal, K. Biobanks: Transnational, European and Global Networks. Briefings in Functional Genomics & Proteomics, 6 (3), 2007.

[3] Büyükay, Yusuf. Biyolojik Veri Bankaları, Hukuki Perspektifler Dergisi, 2009, S:6.

[4] Büyükay, Yusuf. Gen Analizleri ve Mukayeseli Hukuktaki Düzenlemeler. AÜHFD, C.IX, S.3, 2005.

[5] Chadwick, R., Berg, K. Solidarity and Equity: New Ethical Frameworks for Genetic Databases. Nature Reviews Genetics, 2 (4), 2001.

[6] Clayton, E.W.Informed Consent and Biobanks. The Journal of Law,

Medicine & Ethics, 33 (1), 2005.

[7] Critchley, C.R., Nicol, D., Otlowski, M.F.,Stranger, M.J. Predicting Intention to Biobank: A National Survey. The European Journal of Public Health, 22 (1), 2012.

[8] Çınar, Ülkü. DNA Verileri ve Türkiye Milli DNA Veri Bankası Kanunu Tasarısı Üzerine Bir Değerlendirme ve Öneriler, Terazi Hukuk Dergisi, Mayıs 2008, S. 21, s. 147-156.

[9] Deschenes, M.,Sallee, C. Accountability in Population Biobanking: Comparative Approaches. The Journal of Law, Medicine & Ethics, 2005, 33 (1).

[10] Emir, Murat. Hukuki ve Etik Yönleri ile Biyotıp Araştırmalarında Biyobankalar. Doktora Tezi, Ankara Üniversitesi, 2013.

[11] Everett, M. The Social Life of Genes: Privacy, Property and The New Genetics. Social Science & Medicine, 56 (1), 2003.

[12] Hakeri, Hakan, DNA Verileri ve Milli DNA Veri Bankası Kanunu Tasarısı, Güncel Hukuk Dergisi, Ekim 2010/10-82.

[13] Hansson, M.G. The Need to Downregulate: A Minimal Ethical Framework for Biobank Research. Methods in Biobanking, Springer, 2011.

[14] Hofmann, B., Solbakk, J.H.,Holm, S. Consent to Biobank Research: One Size Fits All? The Ethics of Research Biobanking, 2009.

[15] Kurtoğlu, Ayşe ve Berna Arda. Etik Açıdan Biyobankacılık Kavramı, Turkiye Klinikleri (Journal of Medical Ethics) 2015: 23(1): 28-39.

[16] O'Brien, Stephen. Stewardship of Human Biospecimens, DNA, Genotype and Clinical Data in the GWAS Era. Annual Review Genomics and Human Genetics. Vol. 10, 2009.

[17] Otlowski, M., Nicol, D.,Stranger, M. (2010). Biobanks Information Paper. JlLawInfoSci 5: 20 11 Ocak 2013.

[18] Özbilen, Arif Barış. *İnsan Kökenli Biyolojik Maddelere İlişkin Hukuki İşlemler.* İstanbul: Vedat Yayıncılık 2011.

[19] Özgüç, M.,Yüzbaşıoğlu, A. Biyobankalar ve Etik. İKU Dergisi, 2009, 22.

[20] Salvaterra, E., Giorda, R., Bassi, M.T., Borgatti, R., Knudsen, L.E., Martinuzzi, A. ve diğerleri. Pediatric Biobanking: A Pilot Qualitative Survey of Practices, Rules, and Researcher Opinions in Ten European Countries. Biopreservation and Biobanking, 10 (1), 2012.

[21] Swede H, Stone CL, Norwood AR. National population-based biobanks for genetic research. Genetic Medicine 2007: 9(3):141-9.

[22] Yüzbaşıoğlu Ayşe, Özgüç Meral. Biobanking: Sample Acquisition and Quality Assurance for 'Omics' Research. 2012, N Biotechnol. 2012 Nov 23.

Elektronik Kaynaklar
[1] A Compliation of External Resources on Biobanks, (E.T.: 10.11.2018).

[2] www.labautopedia.org/mw/index.php/Biobank_information_sites#A_compliation_of_external_resources_on_biobanks

[3] Act on Health Sector Database. No:139, 1998. www.eng.heilbrigdisraduneyti.is/laws-and-regulations//nr/659 (E.T.: 10.11.2018)

[4] DNA Verileri ve Milli DNA Veri Bankası Kanunu Tasarı Taslağına İlişkin Türk Tabipler Birliğinin Görüşleri, http://www.ttb.org.tr/index.php/hukuk/473-tye-milli-dna-veri-banka-snunu-tasarı (E.T.: 10.11.2018)

[5] http://www.austlii.edu.au/au/journals/JlLawInfoSci/2010/5.html (E.T.: 10.11.2018)

[6]http://www.coe.int/t/dghl/standardsetting/family/Achievements 08_08.pdf (E.T.: 10.11.2018)

[7] https://www.oecd.org/sti/biotech/44054609.pdf (E.T.: 10.11.2018)

[8] Milli DNA Veri Bankası Kanunu Tasarısı http://www.kgm.adalet.gov.

ANONİM ŞİRKETLERDE YÖNETİM KURULU ÜYELERİNİN GÖREVLERİ KAPSAMINDA KURULMASI ZORUNLU KOMİTELERİN FAALİYETLERİNDEN DOĞAN SORUMLULUKLARI

Prof. Dr. Ömer Adil ATASOY [*]
Av. Berkay ERGÜN [**]

Öz

Anonim şirketler bir örgüt olarak kendi yapısı içinde yer alan organlar ve diğer unsurlarla karşılıklı ilişki ve iletişim içinde olduğu gibi, ayrıca bütünüyle toplumu ve ekonomik kamu düzenini ilgilendiren ve sermaye piyasası adı verilen sistemin de bir parçası ve gerçekleşme aracı olarak önem kazanmaktadır. Günümüzde hızla büyüyen ve halka açılan anonim şirketlerin yönetim kurullarının şirkette meydana gelen sorunlarla başa çıkması, şirketin maruz kaldığı risklere çözüm getirmesi zorlaşmaktadır. Bu noktada pay ve menfaat sahiplerinin çıkarlarını korumada yönetim kuruluna yardımcı olmak ve kurumsal yönetim yaklaşımı gereği birtakım komiteler kurulmaktadır. Hatta bazı şartların varlığında bu komitelerin kurulması yasa gereği bir zorunluluk haline gelmektedir. Bu çalışmada, anonim şirketlerin yönetim kurullarınca komitelerin oluşturmaları bakımından takip edilmesi gereken usul ve esaslara değinilecek, komitelerin kurulmamaları ve işleyişlerinde ortaya çıkan kusurlar nedeniyle yönetim kurulunun sorumluluğu üzerinde durulacaktır. Bunun yanı sıra tüm büyük ölçekli anonim şirketler açısından kurulmasında fayda görülen bir diğer komiteden bahsedilecektir.

Anahtar Kelimeler: *Anonim Şirket Yönetim Kurulu Bünyesindeki Komiteler, Halka Açık Anonim Şirket, Yönetim Kurulu, Kurumsal Yönetim, Sorumluluk*

---

[*] *İstanbul Aydın Üniversitesi Hukuk Fakültesi Ticaret Hukuku Öğretim Üyesi,*
e-posta: omeratasoy@aydin.edu.tr
[**] *İstanbul Aydın Üniversitesi Sosyal Bilimler Enstitüsü Özel Hukuk Yüksek Lisans Öğrencisi.*
e-posta: berkayergun@berkayergun.av.tr

The Responsibilities of the Board members in the Joint Stock Companies Due to not Establishing the Obligatory Committees and non Operation of Them

Abstract

Joint-stock companies gain importance on one hand as an organization which is in a mutual relationship and communication with the internal bodies and other elements within its structure, and on the other hand as a part and a means of realization of the system called the capital market, which concerns the society and the economic public order altogether. Nowadays, it is difficult for the board of directors of joint-stock companies, that are rapidly growing and opening to the public, to cope with the problems occurring in the company and to eliminate the risks that the company is exposed to. At this point, a number of committees are established to assist the Board of Directors in protecting the interests of stakeholders in accordance with the corporate governance approach. Moreover, in the presence of certain conditions, the establishment of these committees is becoming a necessity by law. In this study; the procedures and principles to be followed in order to form committees by the board of directors of joint stock companies will be mentioned together with the responsibility of the board of directors regarding the failure of committees, and the flaws that arise in their operations. In addition to this, we will talk about the establishment of another committee that is beneficial for all large-scale joint stock companies.

Keywords: *Board Committees, Public Joint Stock Company, Board of Directors, Corporate Governance, Liability*

Giriş

6102 sayılı yeni Türk Ticaret Kanunu ile ticaret hukuku sistemimize ve özellikle sermaye şirketlerinin yapısına pek çok yenilikler getirilmiş ve ekonomik refahın sağlanabilmesi adına girişilen çalışmalar neticesinde, şirketlerin yönetimlerinde **kurumsal yönetim** prensipleri benimsenmiştir. Kurumsal yönetim anlayışı gereği şirketlerin faaliyetleri ve işleyişi bilimsel yönetim kurallarına tabi tutulmuştur. Böylece güvenilir bir yönetim, açık, anlaşılabilir ve kamuyu aydınlatıcı raporlar ile pay sahiplerinin bilgi sahibi olabilmesi, paydaşlar ve yatırımcılar açısından güven sağlanması amaçlanmıştır.

Türk Ticaret Kanunu'nun 378. maddesi gereğince ve Sermaye Piyasası Kurulu'nca bir tebliğ ile belirlenen "Kurumsal Yönetim İlkeleri" doğrultusunda, pay senetleri borsada işlem gören halka açık şirketlerin yönetim kurullarının, riskin erken teşhisi ve yönetim için bir denetim komitesi oluşturmaları zorunludur. Diğer şirketlerde bu komite, bağımsız denetçinin gerekli görüp yönetim kuruluna yazılı olarak bildirmesi halinde derhal kurulur. Halka açık anonim şirketler SPK'nin ilgili tebliğine uyumlu olarak, **Denetim Komitesi**, **Riskin Erken Teşhisi Komitesi** ve **Kurumsal Yönetim Komitesi** olmak üzere üç komiteyi oluşturmak zorundadırlar. Tüm bu komiteler yönetim kurulu kararı ile kurulur ve görev yaparlar. Komitelerin kurulması, komite üyelerinin atanması, görevden alınmaları ve görevlerinin gözetimi, yönetim kurulunun kontrolü altındadır. Bu durum, yönetim kurulunun TTK m.375 uyarınca devredilemez yetkileri kapsamında olan görev ve sorumluluklarından biridir.

Bu çalışmada, anonim şirketlerin yönetim kurullarınca komitelerin oluşturmaları bakımından takip edilmesi gereken usul ve esaslara değinilecek; komitelerin kurulmamaları, kurulmuş olmaları halinde faaliyetleri ve işleyişlerinde ortaya çıkan kusurlar nedeniyle yönetim kurulunun sorumluluğu üzerinde durulacaktır. Bunun yanı sıra tüm büyük ölçekli anonim şirketler açısından kurulmasında fayda gördüğümüz bir diğer komiteden bahsedilecektir.

Genel Bilgiler

1. Yönetim Kurulunun Oluşumu ve İşleyişi

Anonim şirketlerin kanun gereği kurulması gereken iki zorunlu organı vardır. Bunlar genel kurul ve yönetim kuruludur. Genel kurul, şirketin pay sahiplerinin oluşturduğu bir organdır. Yönetim kurulu ise genel kurulun ataması ile göreve gelen bir organdır. Yönetim kurulu, şirketin yönetim ve temsil organı olup, bu kurulun eksikliği şirketin sona ermesine yol açar.[1]

Yönetim kurulu gerçek veya tüzel kişilerden oluşabilir. Fakat yönetim kurulu üyesi olan tüzel kişilerin kendilerini bir gerçek kişi ile temsil ettirmesi gerekir (TTK m.359/f.2). Yönetim kurulu üyelerinin tam ehliyetli olmaları gerekir. Bunun yanı sıra esas sözleşme ile yönetim kurulu üyeliği için bazı özel şartların aranmasına; belirli yaş sınırı, belirli bir tahsil ve meslek grubundan olmak gibi, yer verilebilir.[2]

---

[1] *KARAHAN, Sami ve diğerleri; Şirketler Hukuku, Konya 2012, s. 381.*
[2] *PULAŞLI, Hasan; Şirketler Hukuku Genel Esaslar, Güncellenmiş ve Genişletilmiş 4. Baskı, Ankara, 2016, s. 415.*

Sermaye Piyasası Kanunu'na (SPK) tabi şirketler açısından önem taşıyan bir ayrım olarak; yönetim kurulu üyeleri, **icracı** ve **icra görevi olmayan bağımsız** üyeler olarak iki gruptur. İcracı yönetim kurulu üyeleri şirketin günlük karar alma ve işleyiş mekanizmalarında görev alırken, icra görevi olmayan yönetim kurulu üyesi, şirkette icra; idari karar alma ve yürütme mahiyetinde herhangi bir görevi bulunmayan, şirketin günlük iş akışına ve olağan faaliyetlerine müdahil olmayan kişidir. İcracı üyeler şirket yönetimi ve temsiline ilişkin görev ve sorumlulukları fiilen yerine getirirken, icra görevi olmayan bağımsız üyeler, icracı yönetim kurulu üyeleri üzerinde bir gözetimci gibi hareket ederler. 6102 sayılı Kanunla oluşan yeni anonim şirketler sisteminde Avrupa Birliği mevzuatına uyum sağlamak bakımından tek bir yönetim kurulundan oluşan klasik sistem, yani yönetimin tekliği ilkesi benimsenmiş; fakat yönetim kurulunun ve yöneticilerin gözetimi konusunda ikili sistemi benimsemiş ülkelerde olduğu gibi ayrıca bir **"gözetim kuruluna"** yer verilmemiştir.[3]

Türk hukukunda gözetim kuruluna yer verilmemiş olmasının ortaya çıkardığı eksikliğin, "bağımsız yönetim kurulu üyeliği" kurumunun oluşturulması ile sağlanmaya çalışıldığı düşüncesini taşımaktayız. Bu konudaki düzenlemenin isabetli olduğunu ve uygulamanın gerekliliğini de düşünmekteyiz. Anonim şirketlerin denetimi bakımından benimsenmiş olan "Bağımsız Dış Denetim" uygulaması, şirket hesapları ve mali raporların doğruluğu, muhasebe standartlarına uygunluğu ve güvenilirliği ile sınırlı kalmaktadır. Bu durum bir iç denetim ve yönetimin gözetimi gerekliliğini bir kat daha artırmaktadır. Yönetim kurulu üzerindeki gözetim yetkisinin tarafsız olarak, ortaklar ve tüm paydaşlar adına kurumsal yönetişim anlayışı içinde kullanılabilmesi için, şirket yönetiminde objektif olarak verimliliğin, hesap verebilirliğin sağlanması; yönetim kurulu üzerinde gözetim görevini yerine getirecek yönetim kurulu üyelerinin bağımsız olmalarını gerekli kılar. Bu durum kurumsal yönetim prensiplerine uygun olarak, verimlilik, hesap verilebilirlik ve şeffaflığın sağlanması açısından önem taşır.[4] İcra görevi olmayan yönetim kurulu üyelerinin, hizmet verdiği şirketle herhangi bir çıkar ilişkisi yoktur ve olmamalıdır. Şirketin hissedarı değildir; şayet hissedar ise payı %1'i geçemez. Bu sebeple gözetim görevini yerine getirecek yöneticiler, şirket dışından seçilmiş bağımsız üyeler olup,

---

[3] *Bu konuda geniş bilgi için bkz. ATASOY, Ömer Adil; Anonim Ortaklıkları Denetlenmesinde Hâkim Olan Esaslar ve Türk Hukukunda Denetleme Organının Görevleri, Anadolu Üniversitesi yayını No:65, Eskişehir, 1984, s. 50 vd.*

[4] *www.erdem-erdem.com/articles/kurumsal-yonetim-ilkeleri-dogrultusunda-bagimsiz-yonetim-kurulu-uyeleri*

yönetim kurulunun karar ve eylemlerini daha soğukkanlı değerlendirme ve olaylara daha objektif bakabilme ve gerektiğinde gözetim yetkilerini kullanabilme imkânına sahiptirler.

2. Yönetim Kurulunun Devredilemez Görev ve Yetkiler

Türk Ticaret Kanunu 375. maddesinde yönetim kurulunun devredilemez ve vazgeçilemez görev ve yetkileri sayılmıştır. Bu görev ve yetkiler şunlardır:

a) Şirketin üst düzeyde yönetimi ve bunlarla ilgili talimatların verilmesi,

b)Şirket yönetim teşkilatının belirlenmesi,

c)Muhasebenin, finans denetiminin ve şirketin yönetiminin gerektirdiği ölçüde finansal planlama için gerekli düzenin kurulması,

d) Müdürlerin ve aynı işleve sahip kişiler ile imza yetkisi haiz bulunanların atanmaları ve görevden alınmaları,

e) Yönetimle görevli kişilerin, özellikle kanunlara, esas sözleşmeye, iç yönergelere ve yönetim kurulunun yazılı talimatlarına uygun hareket edip etmediklerinin üst gözetimi,

f)Pay, yönetim kurulu karar ve genel kurul toplantı ve müzakere defterlerinin tutulması, yıllık faaliyet raporunun ve kurumsal yönetim açıklamasının düzenlenmesi ve genel kurula sunulması, genel kurul toplantılarının hazırlanması ve genel kurul kararlarının yürütülmesi,

g) Borca batıklık durumunun varlığında mahkemeye bildirimde bulunulması.

Ticaret Kanununun bu maddesinde sayılan görev ve yetkiler "numerus clausus" ilkesi gereği sınırlı sayıda değildir. Kanunun 375. maddesi dışındaki diğer hükümlerinde de yönetim kurulundan alınamayacak olan yetkiler sayılmıştır (TTK m.516 ve m.518).[5]

Yönetim kurulunun devredilemez ve vazgeçilemez bu görev ve yetkileri kapsamında yapması gereken birtakım işler mevcuttur. Örneğin TTK m.375'in c bendinde ifade edilen "finansal denetim" ile ilgili düzenin kurulması için bir **denetim komitesi** oluşturulması gerekmektedir. Zira SPK'nin 02.11.2002 tarihli *Sermaye Piyasasında Bağımsız Denetim Hakkında Tebliğde Değişiklik Yapılmasına Dair Tebliğ'inin* m.28/A hükmü gereği, hisse senetleri borsaya kote edilmiş halka açık anonim şirketlerde "denetimden sorumlu komite"nin oluşturulması zorunludur.[6]

---

[5] TEKİNALP, Ünal: *Sermaye Ortaklıklarının Yeni Hukuku, İstanbul 2015, s. 242*
[6] PULAŞLI, s. 434

Bu açıklamalar ışığında ve TTK m.375 gereği, çalışmamızla ilgili olarak şunu söyleyebiliriz ki, anonim şirketlerde kurulması zorunlu veya gerekli komiteler, yönetim kurulu tarafından kurulur ve gözetimi sağlanır. Bu görev, yönetim kurulunun devredilemez ve vazgeçilemez görev ve yetkilerinden biridir. Büyük ölçekli, halka açık anonim şirketler zorunlu olarak "denetim komitesi", "kurumsal yönetim komitesi" ve "riskin erken teşhisi komitesi" olmak üzere üç ayrı komite kurmaktadırlar. Buna ilaveten ihtiyari biçimde şirketin ve sektörün faaliyeti ile ilgili olarak ek komiteler de kurulabilir. Örneğin bankalar, bahsi geçen komitelere ilaveten bir de "kredi komitesi" kurmaktadır.

Anonim Şirketlerde Kurumsal Yönetim

1. Kurumsal Yönetimin TTK Kapsamında Değerlendirilmesi

Kurumsal yönetim ilkeleri açısından TTK temel bir yasa niteliğinde olup, kurumsal yönetim ve kurumsallaşmanın genel çerçevesini belirlemektedir. Yeni Ticaret Kanunu'nun kurumsal yönetim ile ilgili bölümleri genel olarak Anglo Sakson hukuk sistemi çerçevesinde oluşturulan düzenlemelerdir.[7]

Ticaret Kanunu'nun genel gerekçesinin[8] 89. paragrafında kurumsal yönetimin dört taşıyıcı kolonu, yani temel dayanak ve amaçları açıklanmıştır. Bunlar: "Şeffaflık", "Adillik", "Hesap Verilebilirlik" ve "Sorumluluk" tur.

Bu dört temel ilke kanunun ilgili maddelerinde yer bulmuştur. Örneğin Kanunun 1524. maddesi ile anonim şirketlere getirilen internet sitesi açma ve kanunen yapılması gereken ilanları yayınlama zorunluluğu **şeffaflık** ilkesinin bir gereğidir. Bunun dışında kanunun "eşit işlem ilkesi" başlıklı 357. maddesi de **adillik** ilkesinin bir gereğidir. Kanunun, pay sahiplerinin bilgi alma ve inceleme hakkını düzenleyen 437. maddesini **hesap verilebilirlik** ilkesine ve 553. maddesini de **sorumluluk** ilkesine örnek verebiliriz.

TTK kurumsal yönetim ilkeleri ile ilgili olarak 1529. maddesinde bir özel düzenleme getirmiştir. Buna göre *"(1) Halka açık anonim şirketlerde kurumsal yönetim ilkeleri, yönetim kurulunun buna ilişkin açıklamasının esasları ve şirketlerin bu yönden derecelendirme kural ve sonuçları Sermaye*

---

[7] *TUNÇ, Ferruh; Kurumsallaşma ve Denetim Konferansı, Yeni TTK'de Kurumsallaşma ile İlgili Düzenlemeler, 5-9 Ekim 2011, Antalya*

[8] *Bkz. http://www.ticaretkanunu.net/turk-ticaret-kanunu-genel-gerekce/*

Piyasası Kurulu tarafından belirlenir. (2) Sermaye Piyasası Kurulunun uygun görüşü alınmak şartıyla, diğer kamu kurum ve kuruluşları, sadece kendi alanları için geçerli olabilecek kurumsal yönetim ilkeleriyle ilgili, ayrıntıya ilişkin sınırlı düzenlemeler yapabilir." Bu madde hükmünden de anlaşılacağı üzere TTK, Sermaye Piyasası Kurulu'nun kurumsal yönetim ilkelerinin uygulanmasını öngörmektedir.

Kurumsal Yönetim İlke ve Uygulamalarının SPK Kapsamında Değerlendirilmesi

SPK'nın, **Kurumsal Yönetim İlkelerinin Belirlenmesine ve Uygulanmasına İlişkin Tebliği**[9] ekinde kurumsal yönetim ilkeleri, anonim şirketin paydaşları olarak belirlenen dört ayrı kesim için dört başlık altında toplanmıştır.

- Pay sahiplerinin haklarının korunması ve hesap verebilirlik,

- Tasarruf sahipleri açısından kamuyu aydınlatma ve şeffaflık,

- Menfaat sahiplerinin haklarının korunması,

- Yönetim kurulunun tüm paydaşların yararını gözeterek şirketi yönetmesi.

Birinci bölümde pay sahiplerinin hakları ve eşit işleme tabi olmaları hususlarındaki prensipler yer almaktadır.

İkinci bölümde ise kamunun aydınlatılması ve şeffaflık gereği, şirketlerin pay sahiplerine yönelik olarak bilgilendirme politikası kuralları oluşturmaları ve bu kurallara sadık kalarak kamuyu aydınlatmalarına yönelik prensipler yer almaktadır.

Üçüncü bölüm, menfaat sahiplerini tanımlamakta ve şirket ile menfaat sahipleri arasındaki ilişkilerin düzenlenmesine yönelik prensipleri içermektedir. Buna göre menfaat sahibi, işletmelerin hedeflerine ulaşmasında ve faaliyetlerinde herhangi bir ilgisi olan kimse, kurum veya çıkar grubudur. Yani; pay sahipleri, şirket çalışanları, alacaklılar, müşteriler, tedarikçiler, sendikalar, çeşitli sivil toplum kuruluşları, devlet ve müstakbel yatırımcılardır.

Dördüncü bölümde ise yönetim kurulunun oluşumu, fonksiyonu, görev ve sorumlulukları, faaliyetleri ile yönetim kuruluna sağlanan mali haklar

---

[9] *Tebliğ için bkz. RG. Tarih: 30.12.2011, Sayı: 28158*

ve yönetim kurulunun faaliyetlerinde yardımcı olmak üzere kurulacak komitelere ve yöneticilere ilişkin prensipler yer almaktadır.

TTK ilgili hükümleri ve yine 1529. maddenin yetkilendirmesi ile SPK'nin ilgili tebliği dikkate alındığında kurulması zorunlu komiteleri şu şekilde sıralayabiliriz. Tebliğde yer alan komiteler; Kanunda, komiteler hakkındaki ilgili bölümde yönetim kurulu bünyesinde oluşturulan komitelerdir:

- Denetimden Sorumlu Komite
- Kurumsal Yönetim Komitesi
- Aday Gösterme Komitesi
- Riskin Erken Saptanması Komitesi
- Ücret Komitesi'dir.

Adı geçen "Komiteler", yönetim kurulunun görev ve sorumluluklarını daha sağlıklı yerine getirebilmeleri için kurulur. Komitelerin görev alanları, çalışma esasları ve hangi üyelerden oluşacağı yönetim kurulu tarafından belirlenir ve kamuya açıklanır. Komitelerin görevlerini yerine getirmeleri için gereken her türlü kaynak ve destek yönetim kurulu tarafından sağlanır.

Görülüyor ki TTK ve SPK kurumsal yönetim konusunda birbirini tamamlayan paralel düzenlemeler getirmiş ve çalışmamızla ilgili olarak, şirketlerin yönetim kurullarına bazı komiteleri kurma ve düzenli olarak çalışmalarını sağlama zorunluluğunu düzenlemiştir.

Yönetim Kurulunun Oluşturacağı Komiteler

1. Kurulması Zorunlu Komiteler

Anonim şirketlerde komitelerin kurulmasıyla ilgili olarak temel düzenlemelerin TTK ve SPK'nin ilgili tebliğinde hükme alındığını belirtmiştik. TTK'nin 366. maddesinin ikinci fıkrası, 375. maddesinin c bendi ve 378. maddesi, komitelerle ilgili hükümleri ihtiva etmektedir. Buna göre anonim şirketlerde, finansal düzenin kurulmasıyla ilgili olarak, şirketin iş ve işlemlerinin denetlenmesine ilişkin, muhasebeden tamamen bağımsız, uzmanlardan oluşan etkin bir -iç denetim- örgütüne, yani **"denetim komitesine"** ihtiyaç vardır.[10] Öte yandan şirketin varlığını ve gelişmesini tehlikeye sokabilecek sebeplerin erken teşhis edilip derhal önlem alınabilmesi için de, uzmanlardan oluşun bir **"riskin erken**

---

[10] *PULAŞLI, s. 437*

saptanması komitesine" ihtiyaç vardır. TTK riskin erken saptanması komitesine o derece önem vermiştir ki, bu komitenin kurulup kurulmadığı ile gereğince işleyip işlemediğinin kontrolünü (TTK m.398/f.4) ve halka kapalı anonim şirketlerde de bu komitenin gerekliliği halinde kurulması ikazında bulunma görevini (TTK m.378/f.1) denetçiye vermiştir.[11]

SPK'nin ilgili tebliği dikkate alındığında, bu komitelere ilaveten kurulması gereken diğer komitelerin **"kurumsal yönetim komitesi", "aday gösterme komitesi"** ve **"ücret komitesi"** olduğunu görüyoruz. Fakat şirketlerin yönetim kurulu yapılanması gereği ayrı bir aday gösterme komitesi ve ücret komitesi oluşturulmaması durumunda bu komitelerin görevlerini kurumsal yönetim komitesi üstlenir, yani bu komiteler, kurumsal yönetim komitesi çatısı altında birleşir.

Komiteler, yönetim kurulunun icrai yetkisi olmayan üyeleri arasından ve/veya yönetim kurulu üyesi olmayan kişilerden oluşabilirler. Komiteler, yönetim kurulu tarafından kendilerine verilen yetki ve sorumluluk dahilinde hareket ederler. Komite üyelerinin görev süresi, yönetim kurulunun aksi bir kararı olmadıkça, yönetim kurulu üyeliği süresine eşittir. Komiteler, görevlerini yerine getirebilmesi için konusunda uzman, bağımsız kişi ya da kuruluşların görüşüne başvurabilir. Komiteler, kendisine verilen yetki dahilinde ele aldığı konuları özelliğine göre düzenli olarak yönetim kuruluna aktarır ya da yönetim kurulu onayına sunar.

2. Zorunlu Komitelerin Çalışma Esasları ve Görevleri

Komite faaliyetleri, üyelerin bir araya geldiği çalışma toplantılarıyla yerine getirilir. Komitelerin toplantı takvimlerinin belirlenmesinde mevzuatın hükümlerine ve yönetim kurulunca açıklanan çalışma esaslarına uyulur.

Komite toplantıları mümkün olduğunca yönetim kurulu toplantılarının zamanlaması ile uyumlu olarak yapılır. Gerekli görüldüğünde şirket yöneticileri toplantılara katılabilir. Toplantılar gündemli olarak yapılır. Gündem, mevzuatın komitelere verdiği görevleri içerecek şekilde hazırlanır.

Gündeme ilişkin bilgi ve belgeler toplantıdan makul bir süre öncesinde hazırlanır ve üyelere ulaştırılır. Komite toplantıları üye tam sayısının çoğunluğunun sağlanması halinde gerçekleştirilir. Komite kararları ise toplantıda hazır bulunanların çoğunluğu ile alınır.

[11] *TEKİNALP, s. 241*

Komitelerin çalışma esasları genel itibarıyla bu şekildedir. Komitelerin görevlerini her bir komite için ayrı olarak belirtmek gerekirse:

2.1. Denetim Komitesi ve Görevleri

Anonim şirketlerde finansal düzenin kurulmasıyla ilgili olarak, şirketin iş ve işlemlerinin denetlenmesine ilişkin, muhasebeden tamamen bağımsız, uzmanlardan oluşturularak kurulan -iç denetim- örgütünü **"denetim komitesi"** olarak tanımlayabiliriz.[12] Denetim komitesinin temel amacı; şirket yönetimi, bağımsız denetçi ve iç denetçi birimleri ile yönetim kurulu arasında bir köprü görevi görebilmektir. Bu komitenin görevleri:

- Kamuya açıklanacak mali tabloların ve dipnotlarının mevzuat ve uluslararası muhasebe standartlarına uygunluğunun denetlenmesi ve onaylanması,
- Bağımsız denetim şirketlerinin seçimiyle ilgili araştırmaların yapılması, seçilen denetim firmasının ön onaydan sonra yönetim kurulu onayına sunulması,
- Şirketin muhasebe sisteminin, finansal bilgilerinin kamuya açıklanmasının, bağımsız denetimin ve şirket iç kontrol ve iç denetim sisteminin işleyişinin ve etkinliğinin gözetimi,
- Şirket muhasebesi, iç kontrol sistemi ve bağımsız denetim firması ile ilgili şikâyetlerin incelenmesi ve sonuçlandırılması,
- Şirket içi etik kurallar ile şirkette uygulanmakta olan risk yönetimi çerçevesi ve uygulamasının gözetlenmesi,
- Yönetim kurulu üyeleri, yöneticiler ve diğer çalışanlar arasında çıkabilecek çıkar çatışmalarını ve şirket ticari sırlarının kötüye kullanılmasını önleyecek düzenlemelerin saptanmasıdır.

2.2. Riskin Erken Saptanması Komitesi ve Görevleri

Anonim şirketin varlığını ve gelişmesini tehlikeye sokabilecek sebeplerin erken teşhis edilip derhal önlem alınabilmesi için uzmanlardan oluşturularak kurulan kurulu, **"riskin erken saptanması komitesi"** olarak tanımlayabiliriz. Bu komitenin görevleri:

- Şirketin varlığını, gelişmesini ve devamını tehlikeye düşürebilecek risklerin erken teşhisi, tespit edilen risklerle ilgili gerekli önlemlerin uygulanması ve riskin yönetilmesi,

---

[12] *PULAŞLI, s. 437*

- Risk yönetim sistemlerini her iki ayda bir gözden geçirip yönetim kuruluna durum değerlendirme raporunun sunulması. Söz konusu rapor ayrıca denetçiye de gönderilir,

- Başta pay sahipleri olmak üzere şirketin menfaat sahiplerini etkileyebilecek olan risklerin etkilerini en aza indirebilecek risk yönetim ve bilgi sistemlerini ve süreçlerini de içerecek şekilde iç kontrol sistemlerini oluşturması için ilgili görüşün yönetim kuruluna sunulması ve yönetim kuruluna tavsiyelerde bulunulmasıdır.

2.3. Kurumsal Yönetim Komitesi ve Görevleri

Anonim şirketin, Sermaye Piyasası mevzuatına ve bu düzenlemede yer alan esaslara uygun olarak kurumsal yönetim ilkelerine uyumunu izlemek, bu konuda iyileştirme çalışmalarında bulunmak ve yönetim kuruluna öneriler sunmak için uzmanlardan oluşturulan kurulu **"kurumsal yönetim komitesi"** olarak tanımlayabiliriz. Bu komitenin görevleri:

- Şirket içinde en iyi uygulamalara sahip olmak amacıyla gerek Sermaye Piyasası Kurulu gerekse uluslararası kabul gören standartlar çerçevesinde sürekli iyileştirme süreçlerini uygulamaya koymak,

- Şirketin kurumsal yönetim ilkelerini tam anlamıyla uygulayıp uygulamadığı, uygulamaması halinde neden uygulamadığını tespit etmek, bu ilkelerin tam anlamıyla uygulanmamasından doğan çıkar çatışmalarını ifade etmek ve yönetim kuruluna bu durumu düzeltecek tedbirler sunmak,

- Yapılan tüm açıklamalara ilişkin standartları ve yatırımcı ilişkileri fonksiyonunun temel ilkelerini tespit etmek, bu kıyaslama noktalarını ve bu standartlara uygunluğu her yıl gözden geçirip yönetim kuruluna gerekli tavsiyelerde bulunmak,

- Şirkette "Aday Gösterme Komitesi" ve "Ücret Komitesi" oluşturulmaması durumunda bu komitelerin görevlerini yerine getirmek,

- Yönetim kurulu üyelerinin oryantasyonunu, göreve uygunluğunu sağlamak,

- Şirketin kurumsal yönetim uyum raporunu onaylamak ve faaliyet raporunun bir parçası olarak yönetim kurulu onayına sunmaktır.

2.4. Aday Gösterme Komitesinin Görevleri

- Yönetim kuruluna uygun adayların saptanması ve değerlendirilmesi,

- Yönetim kurulunun yapısı ve verimliliği hakkında değerlendirmeler yapılıp bu konuda yönetim kuruluna tavsiyelerde bulunulması,

- Yönetim kurulu üyelerinin ve üst düzey yöneticilerinin performans değerlendirmesi ve kariyer planlaması konusundaki yaklaşım, ilke ve uygulamalarının belirlenmesi ve gözetimi.

2.5. Ücret Komitesinin Görevleri

- Şirketin uzun vadeli hedefleri de göz önüne alınarak yönetim kurulu üyelerinin ve üst düzey yöneticilerin ücretlendirme esaslarının belirlenmesi,
- Şirketin ve yönetim kurulu üyelerinin performansı ile ilişkili olacak şekilde ücretlendirmede kullanılabilecek ölçütlerin belirlenmesine yönelik önerilerde bulunmak.

3. Kurulması İhtiyari Komiteler

Yukarıda ayrıntılı olarak açıkladığımız kurulması zorunlu komitelerin tümü, hisse senetleri borsada işlem gören halka açık anonim şirketler için zorunludur. Dolayısıyla bu komitelerin, halka kapalı anonim şirketler için kurulması ihtiyaridir, yani gerekliliğe bağlıdır. Buna mukabil, bağımsız denetime tabi halka kapalı anonim şirketlerde, denetçinin raporunda yer vererek lüzum görmesi halinde, "riskin erken saptanması komitesi" oluşturulması zorunlu hale gelir.

Zorunlu olduklarını belirttiklerimizin dışında kalan tüm komitelerin ihtiyaca göre kurulması ve işletilmesi ihtiyaridir. Kurulması ihtiyari olan bu komiteler neler olabilir? Daha önce de ifade ettiğimiz gibi her işletme kendi faaliyet alanıyla ilgili bazı ek komiteler kurabilmektedir. Örneğin bankalar "kredi komitesi", hastaneler "hasta güvenliği komitesi"[13] kurmaktadır.

Öte yandan 2001 yılındaki kriz bize, pek çok şirketin organizasyonundaki hataları nedeniyle büyük zararlara uğradığını gösterdi. Özellikle Sermaye Piyasası Aracı Kurumlarının ortaya çıkan krizler sonrasında uğradıkları zararlar çok büyük çapta olmuştur.[14] Bunun gerçekleşmemesi adına riskin erken saptanması ve yönetimi ile ilgili bir komitenin kurulması gerekliliği ortaya çıkmaktadır. Ayrıca halka kapalı olan bu aracı kurumların günümüzde fazlasıyla etkili ve görünür olan rekabet ortamında ayakta kalabilmeleri, uzun dönemli kâr hedeflerine ulaşabilmeleri, geniş yatırımcı

---

[13] *T.C Sağlık Bakanlığı Performans Yönetimi ve Kalite Geliştirme Başkanlığı, Uluslararası Sağlıkta Performans ve Kalite Kongresi, Bildiriler Kitabı, Cilt II, 2009 Antalya, s.166-178; GÜLEÇ, Sibel/ GÖKMEN, Habil; Bir İşletme Olarak Hastanelerde Risk Yönetimi ve Hasta Güvenliği, s. 166 vd.*
[14] *http://www.finansdanismanim.com/araci-kurumlarin-yatirim-sirketlerinin-gelecegi/, 19/05/2014*

kitlelere hitap edebilmeleri ve piyasada güven ve istikrar sağlayabilmeleri için, etkin bir iç kontrol sistemi ile bu etkinliği denetleyen tarafsız bir iç denetim organizasyonunu oluşturmaları, kısacası tıpkı halka açık anonim şirketlerde olduğu gibi sürekli bir denetim ve gözetim komitesi kurmaları yararlı olacaktır.[15]

Aracı kurumlar üzerinden verdiğimiz bu örneğin, aslında günümüzde ticari hedeflerine ulaşma çabasında olan ve profesyonel bir yapılanma içine girip kurumsal kimlik kazanmak isteyen tüm büyük ölçekli anonim şirketler için geçerli olduğunu söyleyebiliriz. Yani herhangi bir yasal zorunluluk olmasa bile bu şirketlerin de en azından "denetim komitesi", "riskin erken saptanması komitesi" ve "kurumsal yönetim komitesi" gibi komiteleri kurmaları ve işletmeleri bir gerekliliktir diyebiliriz.

4. İhtiyari Bir Komite Olarak "AR-GE ve İnovasyon Komitesi

SPK'nın ilgili tebliği kapsamında bir anonim şirketteki menfaat sahiplerinin kimler olduğundan bahsetmiştik. Buna göre menfaat sahibi, işletmelerin hedeflerine ulaşmasında ve faaliyetlerinde herhangi bir yararı olan kimse, kurum veya çıkar grubudur. Yani; pay sahipleri, şirket çalışanları, alacaklılar, müşteriler, tedarikçiler, sendikalar, çeşitli sivil toplum kuruluşları, devlet ve müstakbel yatırımcılardır. İşte bu menfaat sahiplerinin beklentisi her zaman şirketin işler halde olması ve sürdürülebilir şekilde kâr elde etmesidir.

Şu ana kadar bahsettiğimiz komitelerin çoğu şirketin geriye dönük veya mevcut durumlarıyla ilgili çalışmalar ve değerlendirmeler yapacak şekilde oluşturulmuştur. Sadece riskin erken teşhisi komitesi ileriye dönük çalışma yapar ve şirketin uğrayabileceği zararları öngörüp, bunlara önlem alır. Tüm bu komiteler esasen şirketin zarara uğramasını veya şirkette herhangi bir usulsüzlüğün, yolsuzluğun ortaya çıkmasını önlemeye çalışır. Böylece, şirket ve pay sahipleri, şirket alacaklıları, müstakbel yatırımcılar ve devlet zarara uğramamış olacaktır.

Bir şirketin daha hızlı büyüme, gelişme ve daha fazla kâr elde etme imkanı, yani sonuç olarak, ülke ekonomisine daha çok katkı sağlama imkanı varken, stabil şekilde durması veya çok minik adımlarla yürümesi de aslında zarardır. Dolayısıyla kurumsal kimliği haiz bir anonim şirkette

---

[15] *ÇATIKKAŞ, Özgür, GÜRSU, Ayşe Sunay; Aracı Kurumlarda Denetim Komitesi Uygulaması, İstanbul 2011, Özet ve Giriş kısımları*

örneğin bir "**AR-GE ve** İnovasyon **Komitesi**" kurulması da gerekmektedir. Şirketlerin Yıllık Faaliyet Raporunun Asgari İçeriğinin Belirlenmesi Hakkında Yönetmelik'in 10. Maddesinde: *"Bu bölümde şirketin araştırma ve geliştirme çalışmaları ile bunların sonuçlarına ilişkin bilgilere yer verilir."* denilmek suretiyle bu konunun önemine işaret edilmektedir.

AR-GE (Araştırma ve Geliştirme) OECD tarafından, "Bilgi dağarcığını arttırmak amacıyla sistematik olarak sürdürülen yaratıcı çalışma ve bu bilginin yeni uygulamalar yaratmak için kullanılması" olarak tanımlanmıştır.[16]

İnovasyon ise yine OECD'nin Eurostat ile birlikte yayınladığı Oslo Kılavuzu'na göre, "Yeni veya önemli ölçüde değiştirilmiş ürün (mal ya da hizmet) veya sürecin; yeni bir pazarlama yönteminin; ya da iş uygulamalarında, işyeri organizasyonunda veya dış ilişkilerde yeni bir organizasyonel yöntemin uygulanmasıdır" şeklinde tanımlanmıştır.[17]

Bu sebeple anonim şirketlerde, özellikle işletmede verimlilik, hizmet ve üretim bandında kalitenin sağlanması ve bunun sürdürülebilirliği adına teknik çalışmaların yapılması, şirketin faaliyet alanlarının genişletilmesi veya daraltılması, birleşme ve bölünme operasyonlarının kâr-zarar analizi, mevcut ürünlerin daha etkin ve ucuz üretilmesi, piyasadaki rekabet ortamında ayakta kalabilmek ve öncü olabilmek adına gerekli çalışmaların ve raporlamaların yapılması ile görevli, uzmanlardan oluşan bir "Ar-Ge ve İnovasyon Komitesi" kurulması gerekli ve yararlı olacağı düşüncesindeyiz.

Komitelerin Kurulmaması, İşletilmemesi ve Şirkete Zarar Verici Faaliyetleri Nedeniyle Yönetim Kurulu Üyelerinin Sorumluluğu

1. Sorumluluğun Niteliği

Anonim şirketlerde sorumlulukla ilgili hükümler, Kanunun anonim şirketlere özgülediği dördündü kısmın en sonunda düzenlenmiştir. Buna göre kanunun dördüncü kısmının on birinci bölümünde (TTK m.549-561) "**hukuki sorumluluk**" ve on ikinci bölümünde (TTK m.562-563) ise "**cezai sorumluluk**" hükümlerine yer verilmiştir.

---

[16] *https://tr.wikipedia.org*
[17] *https://tr.wikipedia.org*

Hemen ifade etmek gerekir ki; TTK m.562'de düzenlenen cezai sorumluluklar tümüyle anonim şirketlere özgü değildir. Bu hükümlerin sadece on kadarı anonim şirketlere, diğerlerinden ise yedi adedi muhasebe standartlarıyla ilgili olarak ticari işletmeye, ikisi şirketler topluluğuyla ilgili olarak genel hükümlere ve biri de son hükümlere ilişkindir.[18] Kanun on birinci kısımdaki bazı hukuki sorumlulukları 662. madde ile cezai müeyyideye bağlamıştır. Bunlar:

- Belgelerde sahtecilik ve ticari defterlerde kasıtlı gerçeğe aykırı kayıtta bulunma suçu,
- Sermaye hakkında yanlış beyanda bulunma ve ödeme yetersizliğini bilme suçu,
- Ayınlara, yani paradan başka sermaye olarak getirilen mal, hak ve diğer şeylere değer biçilmesinde yolsuzluk yapma suçu,
- Halktan para toplama suçudur.[19]

Dolayısıyla çalışmamızla ilgili olarak, yönetim kurulu üyelerinin kurulması zorunlu komiteleri oluşturmamasından dolayı cezai anlamda sorumluluğu olmayacağını söyleyebiliriz. Ancak oluşturulan komiteler ve komite üyeleri görev ve sorumlulukların bilerek yerine getirmeyerek veya ihmal ederek yukarıda sayılan hallerden birini icra veya görevleri dolayısıyla Ceza Kanununda tanımlanan bir suçu ika edecek olurlarsa, ceza sorumluluğu ile karşılaşacaklardır. TTK m.553 gereği hukuki sorumluluklarının varlığı ise açıktır.

Türk Ticaret Kanunu'nun 553. maddesine göre: "Kurucular, **yönetim kurulu üyeleri**, yöneticiler ve tasfiye memurları, kanundan ve esas sözleşmeden doğan yükümlülüklerini kusurlarıyla ihlal ettikleri takdirde, hem şirkete hem pay sahiplerine hem de şirket alacaklılarına karşı verdikleri zarardan sorumludurlar."

TTK m.553 hükmü, eski kanundan farklı olarak hem doğrudan zararlara hem de dolaylı zararlara uygulanmaktadır.[20] Doğrudan zarar, yönetim kurulu üyelerinin kanun veya esas sözleşmeden doğan yükümlülüklerine aykırı olarak kusurlu fiil ve işlemleri sonucunda pay sahipleri ve şirket alacaklılarının bizzat ve doğrudan doğruya zarara uğramalarıdır. Bu

---

[18] *PULAŞLI, s. 669, TEKİNALP, s. 416*
[19] *KARAHAN, s. 766-768*
[20] *PULAŞLI, s. 675*

zararlar, şirketin zararından bağımsız olduğundan, ayrıca şirketin zarara uğrayıp uğramadığının önemi yoktur.[21] Doğrudan zarar aynı zamanda TBK kapsamında haksız fiil teşkil eder. Doğrudan zarar gören pay sahipleri ve alacaklılar, direkt kendi nam ve hesaplarına dava açma yetkisine sahiptirler.[22]

Yönetim kurulu üyeleri yükümlülüklerini kusurlu olarak "icraen" yahut "ihmalen" ihlal edebilirler. Şirketin malvarlığını azaltıcı nitelikteki her türlü eylem şirketin doğrudan zararına sebebiyet verir. Şirket böyle bir zarar gördüğünde ise pay sahipleri ve alacaklılar dolaylı olarak zarar görmüş olur. Dolaylı zarar görenler ise bu sıfatlarıyla ancak şirket nam ve hesabına dava açabilirler.

Bu açıklamalar ışığında, yönetim kurulu üyelerinin görevleri kapsamında kurulması zorunlu komiteleri kurmamalarından veya görevlerini yerine getirmelerini gözetmemelerinden dolayı şirket organizasyonunda aksaklıklar meydana çıkabilir; şirketi zarara uğratma gücündeki riskler gözden kaçırılabilir veya bu risklere karşı önlem alınmayabilir. Böylece şirket malvarlığında kötüleşme yaşayabilir ve dolayısıyla şirket doğrudan zarara uğrayabilir. Böyle bir durumda pay sahiplerinin de hisse senetlerinin değeri düşeceğinden, şirket alacaklıları alacaklarını tam olarak elde edemeyeceklerinden ve şirketin istikrarlı gidişatına güvenerek yatırım yapmak üzere girişimde bulunan müstakbel bir yatırımcı dahi dolaylı olarak zarara uğrayabilir. İşte böyle bir durumda yönetim kurulu üyelerinin kusurlarıyla verdikleri bu zararları tazmin etme yükümlülükleri vardır.

2. Sorumluluğun Şahsiliği İlkesi

Yönetim kurulu üyelerinin görev ve yükümlülüklerini kusurlarıyla ihlal etmelerinden doğan bu sorumluluğu, bireysel sorumluluktur. Yani bir örgüt olarak yönetim kurulunun sorumluluğundan değil, bireysel olarak tek tek her yönetim kurulu üyesinin şahsi sorumluluğundan söz edilir.

---

[21] *PULAŞLI, s. 677-678*

[22] *Yargıtay 11. HD, 11.03.2002 tarihli bir kararında şu görüşe yer verilmiştir: " ... dava, TTK'nin 336. maddesi hükmü uyarınca dava dışı anonim şirketin yönetim kurulu üyeleri olan davalıların sorumluluğundan kaynaklanan tazminat davası olup, davacı, dava dışı anonim şirketten alacaklı olan bir şirkettir. Dairemizin 11.6.1981 gün ve E.2329 ve K.2988 sayılı ilke kararında benimsendiği gibi, ortaklar ve alacaklılar, yönetim kurulu üyelerinin kusurlu yönetimi nedeniyle doğrudan doğruya zarara uğramaları durumunda, yönetim kurulu üyeleri aleyhine hükmedilecek tazminatın doğrudan kendilerine verilmesi şartıyla sorumluluk davası açabilirler. ..." www.kazanci.com*

Bu anlamda eski kanundaki **"mutlak teselsül"** yerine yeni kanunda **"farklılaştırılmış teselsül"** kabul edilmiştir.[23] Farklılaştırılmış teselsül, her üyenin kusurlu davranışı ile birlikte verdikleri zararın oluşumundaki katkısı oranında sorumlu tutulmasını ifade eder. Örneğin:

A	B	C	-------Ü'nün zararı (200.000 TL)
%100	%50	%1	

Eski kanun döneminde, alacaklı (Ü) 200.000 TL'nin tamamını kusur oranlarına bakılmaksızın (C)'den de alabilirdi. (C) iç ilişkide diğer yönetim kurulu üyelerine karşı rücu hakkına sahipti. Oysa yeni teselsül anlayışına göre (A) 200.000 TL'nin tamamından, (B) 100.000 TL'ye kadar ve (C) de 2.000 TL'ye kadar müteselsilen sorumludur.

3. Sorumluluktan Kurtulma

TTK. 553. maddenin ikinci fıkrasında, "Kanundan veya esas sözleşmeden doğan bir görevi veya yetkiyi, kanuna dayanarak, başkasına devreden organlar veya kişiler, bu görev ve yetkileri devralan kişilerin seçiminde makul derecede özen göstermediklerinin ispat edilmesi hariç, bu kişilerin fiil ve kararlarından sorumlu olmazlar" hükmüne yer verilmiştir.

Kanunun 375. maddesi uyarınca anonim şirketlerde kurulması zorunlu komiteler, yönetim kurulu tarafından kurulur ve gözetimi sağlanır.

Bu görev, yönetim kurulunun devredilemez ve vazgeçilemez görev ve yetkilerinden biridir. Dolayısıyla yönetim kurulu üyeleri komitelerin kurulmasını bir başkasına devredemeyeceği için bu fıkra hükmüne dayanarak sorumluluktan kurtulamaz.

Maddenin son fıkrasına baktığımızda, "hiç kimse kontrolü dışında kalan, kanuna veya esas sözleşmeye aykırılıklar veya yolsuzluklar sebebiyle sorumlu tutulamaz; bu sorumlu olmama durumu gözetim ve özen yükümü gerekçe gösterilerek geçersiz kılınamaz" hükmünü görüyoruz. Bu hüküm çok çarpıcı olmakla birlikte, kaynak İsviçre kanununda bulunmamaktadır ve doktrinde tartışmalara yol açmıştır.[24]

Yönetim kurulu üyeleri komiteleri kurmakla kalmayıp, bu komitelerin denetim, gözetimini ve işleyişini de sağlamakla yükümlüdürler. Dolayısıyla yönetim kurulu üyeleri, kurulması kanun gereği zorunlu olan komiteleri kurmuş olmalarına karşılık, bu komiteleri başıboş bırakamazlar.

---

[23] *TEKİNALP, s. 419.*
[24] *YILDIZ, Şükrü, İTÜ SBD, Yıl:2012, Sayı:24, Güz 2013/2, s.61-79 makale, s.74.*

Bu komitelerin işlevselliğini yitirmesi veya kuruluş amacına aykırı işlemlerde bulunması, görevlerini savsaklamaları, gerçeğe aykırı raporlar hazırlamaları ve benzeri nedenlerle şirketin zarara uğraması yönetim kurulu üyelerinin, komiteler üzerindeki denetim ve gözetim yükümlülüğü nedeniyle sorumluluğunu gerektirecektir. Fakat maddenin bu son fıkrasına göre, şayet bu durum komitelerin görevlerini suiistimal etmeleri ve şirketi zarara sokmaları, yönetim kurulu üyeleri olağan özen gösterme yükümlülüklerini yerine getirmiş olmalarına rağmen, onların bilgisi dışında, kusurlu davranışları ile gerçekleşmiş ise, yönetim kurulu üyeleri sorumluluktan kurtulacaktır.

TTK. nin 553. maddesinin ilk fıkrasının, ispat yükü bakımından eski kanundan farklı bir düzenleme getirildiğini belirtmek gerekir. Eski kanun döneminde, yöneticiler kusurlarının bulunmadığını ispatlamadıkça sorumluluktan kurtulamıyordu. Fakat 6335 Sayılı Kanunla gelen yeni düzenleme ile ispat yükü zarar gören tarafa bırakılmıştır.[25]

Bu durum büyük sıkıntılara yol açabilecektir. Çünkü zarar gören davacı, şirketin bilgilerine asla ulaşamayacağı için, yöneticilerin kusurlarını da ispat etme şansı bulamayacaktır. Kanaatimizce 553. maddenin birinci fıkrası ile hem ispat yükü davacıya bırakılmasıyla hem üçüncü fıkra ile de yöneticilere, "kontrolüm dışındaydı" gibi ucu açık bir sorumluluktan kurtulma imkânı sağlanmasıyla zarar görenlerin mağduriyeti artmıştır.

Sonuç
6102 Sayılı Türk Ticaret Kanunu sermaye şirketleri hakkında iki önemli konunun altını çizmektedir. İlki, bağımsız dış denetim bakımından getirilen düzenlemeler ve bu konudaki farklılaşma; ikincisi de, yönetimdeki etkinliğin ve bilimselliğin arttırılması maksadıyla ortaya konulan bakış açısıdır. Kanun özellikle sermaye şirketlerinin yönetiminde, yöneticilerin, kurumsal yönetim ilkelerine riayet etmelerinin önemini vurgulamaktadır. Halka açık ve SPK'ne tabi anonim şirketlerde ise kurumsal yönetim ilkelerine riayet bir zorunluluk haline getirilmiştir.

SPK'nin yayınladığı kurumsal yönetim ilkeleri doğrultusunda, halka açık anonim şirketlerin yönetim ve organizasyon bakımından birtakım düzenlemeler getirmesi gerekmektedir. Örneğin yönetimin etkinliğin

---

[25] *Bkz. 6335 sayılı kanun, m.28 ve m.41/f.1 16. bent*

artması ve küçük tasarruf sahipleri başta olmak üzere, menfaat sahiplerinin zarara uğramalarını önlemek için özellikle denetim ve risk yönetimi alanlarında görev yapmak üzere birtakım komitelerin kurulması zorunludur. Bu komiteleri kurmakla ve gözetimini sağlamakla görevli ve yükümlü organ ise yönetim kuruludur.

Kurulması zorunlu komitelerin kurulmaması nedeniyle şirket bir zarara uğrarsa, şirketin uğradığı bu zarar nedeniyle pay sahipleri ve şirket alacaklılarının da dolaylı zararları ortaya çıkacaktır. Bu sebeple de, TTK m.553 uyarınca yönetim kurulu üyelerinin hukuki sorumlulukları gündeme gelecek ve bu zararları tazmin etmek durumunda kalacaklardır. Kurumsal kimliği haiz ve profesyonel yönetim yapısına sahip anonim şirketler için kurulması gereken komiteler şirketin olmazsa olmazlarındandır.

Biz bu çalışmada halka açık anonim şirketler için getirilen zorunluluğun yanı sıra, TTK hükümlerine tabi anonim şirketlerin de rekabet ortamında ayakta kalabilmeleri, uzun dönemli kâr hedeflerine ulaşabilmeleri, geniş yatırımcı kitlelere hitap edebilmeleri ve piyasada güven ve istikrar sağlayabilmeleri için SPK'nın belirlediği kurumsal yönetim standartlarına uygun hareket ederek, yönetim ve organizasyonlarında düzenlemelere gitmeleri; Kanunda söz konusu edilen komitelerin kurulmaları ve işletilmelerinin önemine değinmeye çalıştık. Komitelerin kurulmamış veya işletilmemiş olmasından doğan sorumluluk üzerinde durduk.

Açılacak sorumluluk davalarında ispat yükünün kimde olması gerektiği ve sorumluluğu getirecek zarar ile illiyet bağının ne şekilde kurulacağı konusu ayrı bir makale çalışması olabileceği düşüncesiyle çalışmamızın kapsamı dışında bırakılmıştır.

Çalışmanın bizi yönelttiği sonuçlardan biri de, büyük ölçekli anonim şirketlerde, özellikle işletmede verimlilik, hizmet ve üretim alanında kalitenin artırılması ve sürdürülebilirliği temin adına teknik çalışmaların yapılması için olduğu kadar, şirketin faaliyet alanlarının genişletilmesi veya daraltılması, birleşme ve bölünme operasyonlarının kâr-zarar analizi, mevcut ürünlerin daha etkin ve ucuz üretilmesi, piyasadaki rekabet ortamında ayakta kalabilmek ve öncü olabilmek adına gerekli çalışmaların ve raporlamaların yapılması ile görevli, uzmanlardan oluşan bir "Ar-Ge ve İnovasyon Komitesi" kurulmasının yerinde olacağı düşüncesidir.

Kaynakça

[1] ATASOY, Ömer Adil. *Anonim Ortaklıkların Denetlenmesinde Hâkim Olan Esaslar ve Türk Hukukunda Denetleme Organının Görevleri*, Anadolu Üniversitesi Yayın No:65, Eskişehir, 1984.

[2] ÇATIKKAŞ, Özgür; GÜRSU, Ayşe Sunay. *Aracı Kurumlarda Denetim Komitesi Uygulaması*, İstanbul, 2011.

[3] AY KAPLAN, Ülkü. *Anonim Şirketlerde Yönetim Kurulunun Gözetim Görevi*, Seçkin Yayıncılık, Ankara, 2017.

[4] KARAHAN, Sami. *Şirketler Hukuku,* Konya, 2012.

[5] PULAŞLI, Hasan. *Şirketler Hukuku Genel Esaslar,* Güncellenmiş ve Genişletilmiş 4. Baskı, Adalet Yayınevi, Ankara, 2016.

[6] TEKİNALP, Ünal. *Sermaye Ortaklıklarının Yeni Hukuku*, İstanbul, 2015.

[7] TUNÇ, Ferruh. Kurumsallaşma ve Denetim Konferansı, Yeni TTK'da Kurumsallaşma ile İlgili Düzenlemeler, 5-9 Ekim 2011, Antalya.

[8] T.C Sağlık Bakanlığı Performans Yönetimi ve Kalite Geliştirme Başkanlığı, Uluslararası Sağlıkta Performans ve Kalite Kongresi, Bildiriler Kitabı, Cilt II, 2009 Antalya, s.166-178 makale; GÜLEÇ, Sibel, GÖKMEN, Habil; Bir İşletme Olarak Hastanelerde Risk Yönetimi ve Hasta Güvenliği, s.166 vd.

[9] YILDIZ, Şükrü; **"Limited Ortaklık Müdürlerinin Sorumluluğu"**, İstanbul Ticaret Üniversitesi Siyasal Bilimler Dergisi, Yıl:2012, Sayı:24, Güz 2013/2, s.61-79.

[10] İlgili mevzuat ve Yargıtay kararları.

www.kazanci.com
tr.wikipedia.org
www.erdem-erdem.com/articles/kurumsal-yonetim-ilkeleri-dogrultusunda-bagimsiz-yonetim-kurulu-uyeleri
http://www.finansdanismanim.com/araci kurumlarin yatirim-sirketlerinin-gelecegi/

DENİZ SİGORTA HUKUKUNDA, TEMİNAT KAPSAMI DIŞINDA BIRAKILAN MALDAKİ BOZULMA (INHERENT VICE) TERİMİ HAKKINDA YENİ DÜZENLEMELER

Dr. Ayça UÇAR*

Öz

İngiliz Yüksek Mahkemesinin *Global Process System Inc. v Syarikat Takaful Malaysia Berhad* (*The Cendor MOPU*)[1] davasındaki kararı sonrası, deniz sigorta piyasasında dengeler, sigortacı aleyhine değişti. Bir başka deyişle, hem Türk hem İngiliz sigorta piyasasında büyük önem arz eden standart deniz sigorta sözleşmeleri olarak anılan Enstitü klozlarının (Institute clauses) teminat harici bırakılan rizikolarından biri olan maldaki bozulma (inherent vice) kavramının anlamı daraltılmıştır. Bunun karşılığında teminat kapsamında olan deniz tehlikelerinin (perils of the sea) anlamı, hukuka ve hakkaniyete aykırı bir şekilde genişletilmiştir. Bu durum hem İngiliz hem de Türk sigorta piyasasında büyük yankılar uyandırmıştır. Ancak sigortacıların en güçlü istisnalarından olan maldaki bozulma kavramı, ne İngiliz Deniz Sigorta Kanununda (MIA 1906) ne de Enstitü klozlarında tanımlanmıştır. *Soya GmbH Mainz Kommanditgesellschaft v White* davasında ilk olarak Lord Diplock[2] tarafından geniş bir şekilde maldaki bozulma teriminin tanımı yapılmıştır. Ancak bu tanım dahi hangi olayların deniz tehlikeleri kavramı içerisinde değerlendirilmesi gerektiği tartışmasını sona erdirmemiştir. Bu nedenle inherent vice ve perils of the sea kavramlarının anlamları yüzyıllar boyunca davalarda değişik şekilde yorumlanmış ve birbiriyle çelişkili kararların verilmesine yol açmıştır. Söz konusu kavramlar konusunda en son noktayı İngiliz Yüksek Mahkemesi (Supreme Court) koymuştur. Ancak söz konusu karar, dünya deniz sigorta piyasasında büyük tepki almıştır. Halen teminat kapsamındaki rizikolardan olan deniz tehlikelerinin anlamı bugün dahi tartışma konusudur.[3]

---

* aycaucar@hotmail.co.uk
[1] [2011] UKSC 5
[2] *Soya GmbH Mainz Kommanditgesellschaft v White* (1983) 1 Lloyd's Rep 122.
[3] John Dunt and William Melbourne, *The Modern Law of Marine Insurance Vol. 4; "Rob Merkin and Sarah Derrington. "Marine Insurance Act 1906 Magnificent Achievement or Monstrous Aberration"*, s. 5.

Anahtar Kelimeler: *Deniz Tehlikeleri, Maldaki Bozulma, "The Cendor MOPU"Davası, Tek Sebep İlkesi, Birlikte Sebep*

New Scenario for "Inherent Vice" Exclusion Under the Marine Insurance Law: Has the Meaning of the "Perils of the Sea" Been Extended as an Insured Risk?

Abstract

Following the decision of the English Supreme Court in *Global Process System Inc. v Syarikat Takaful Malaysia Berhad, (The Cendor MOPU)*[4], the dynamics in the marine insurance market have turned against the insurer. In other words, the ruling created a shock wave in London as well as in Turkish marine insurance market since the Supreme Court's decision changed the boundaries of the doctrine with respect to the scope of the concepts of "perils of the sea" and "inherent vice". In other words, both these phrases, the "perils of the sea" and the "inherent vice" play an important role in the insurance market as they affect both assureds and insurers as well as their respective interests under the different Marine Insurance Policies (Lloyds Standard "Institute Clauses"). As a matter of fact, the concept was not defined until Lord Diplock's definition in the *Soya v White*[5] case, and the definition was adopted and followed in several significant cases. However, this did not end the arguments on the meaning of the phrase. The judicial attitude was divided since the judges construed the definition in different ways. Likewise, different forms of perils of the sea has been discussed in the cases through the century. However, the complex issue of finding a proximate cause remains unresolved. In addition, the inherent vice exclusion has traditionally been a strong weapon for insurers against assureds. However, after The Cendor MOPU, the word inherent vice was described as "internal characteristic of the goods" as a "sole cause" rather than the process in which the goods were interacted with the ordinary and foreseeable weather and sea conditions. Therefore, the inherent vice exclusion was narrowed down and the wider concept of perils of the sea was embraced. The terms "inherent vice" and "perils of the sea" were discussed in the cases over the century, most importantly, as to what

---

[4] *Global Process Systems Inc v Syarikat Takaful Malaysia Bhd (The Cendor MOPU) [2011] UKSC 5.*
[5] *Soya v White [1983] 1 Lloyd's Rep 122, at p 126.*

constituted the perils of the sea. However, the debate to find a proximate cause with respect to the perils of the sea and inherent vice remained unsettled. After the Supreme Court decision in The Cendor MOPU the logic was changed; once the assured proves some external ordinary risks then there is no room for the insurer to prove any exclusions. Even today, what constitutes the "perils of the sea" is still a subject of arguement.

Keywords: *Perils of the Sea, Inherent Vice, The Cendor MOPU Case, Sole Cause Test, Concurrent Cause*

Giriş

Deniz Sigorta piyasasında özellikle sigortacılar tarafından büyük önem arz eden ve bugüne kadar süregelen kuralları değiştiren 2011 tarihli İngiliz Yüksek Mahkeme kararının, deniz sigorta hukukunda ve Standart Enstitü klozlarında yarattığı etkiler tartışılmazdır. Özellikle sigortacının, sigorta ettirene karşı en önemli silahı olan maldaki bozulma kavramının niteliği neredeyse hükümsüz kalmıştır. Buna karşılık sigorta teminatlarının kapsamı genişletilmiş ve sıradan -neredeyse- her geminin ve yükün denizde seyrüsefer sırasında karşılaşabileceği olağan deniz rizikoları, deniz tehlikeleri olarak değerlendirilmiştir. Kısacası Global Process System Inc v Syarikat Takaful Malaysia Berhad, (The Cendor MOPU)[6] davasında İngiliz Yüksek Mahkemesinin verdiği karar, gerek deniz sigorta hukukunda gerekse Londra sigorta piyasasında şok etkisi yaratmıştır ve bugüne kadar süregelen bütün otoriteleri değiştirmiştir.

Bilindiği üzere 6102 sayılı yeni Türk Ticaret Kanunu'nda kara ve deniz sigortası ayrımından vazgeçilmiş, deniz sigortalarına ilişkin hükümler kaldırılmıştır. Bunun en önemli sebebi, deniz sigortaları konusunda merkez ülkenin İngiltere olmasıdır. Dünya uygulaması günümüzde deniz sigortaları alanında tamamen İngiliz uygulaması paralelindedir. Türk sigortacılık uygulamasında da gerek tekne sigortasında gerekse yük sigortasında özel şart olarak İngiliz tekne şartları kullanılmaktadır. Bu nedenle, 6762 sayılı TTK'deki deniz sigortalarına ilişkin hükümlerin büyük bir kısmı günümüzde ölü hüküm haline gelmiştir. Bu sebeple deniz sigortalarına ilişkin hükümler Kanundan çıkarılmıştır.[7]

---

[6] *Global Process Systems Inc v Syarikat Takaful Malaysia Bhd (The Cendor MOPU) [2011] UKSC 5.*
[7] *Rayegan Kender: Türkiyede Hususi Sigorta Hukuku, 16. Baskı, On İki Levha Yayıncılık,* İstanbul 2017 s.27.

İngiliz Enstitü klozları, Londra Sigortacılar Enstitüsü (Institute of London Underwriters) (ILU) tarafından düzenlenmiş ve uygulamaya konulmuştur. TTK'nin sigorta hukukuna ilişkin emredici hükümlerinin tekne ve yük sigortaları bakımından değerlendirmesi yapılırken, mümkün olduğu ölçüde İngiliz tekne ve yük şartları ile 1906 tarihli İngiliz Deniz Sigortası Kanununa (Marine Insurance Act 1906) (MIA) uyarlanmıştır.[8]

İngiliz Deniz Sigorta Kanununun 55. maddesinin 2. fıkrasının (c) bendinde ve Enstitü Yük (ICC [A]) klozu 4.4'te maldaki bozulma teriminin tanımı yapılmamış, sadece söz konusu maddelerde, teminat dışında kalan rizikolar bölümünde kelime olarak anılmıştır. Teminat kapsamında olan rizikolardan olan deniz tehlikeleri içinde durum pek farklı değildir. Kanun koyucu söz konusu sözcüklerin ne anlama geldiği ve hangi durumlarda poliçenin taraflarınca ileri sürülebileceği konusunda anlam kargaşası yaratmıştır.

Deniz tehlikeleri kavramı Lloyd's Standart Enstitü yük poliçesinde teminat kapsamında olan rizikolar içerisinde bile yer almamaktadır. Sigortacının teminat dışı kaldığı durumlardan olan maldaki bozulma kavramı 300 yıldır gerek İngiliz deniz sigorta hukukunda gerekse Standart Enstitü klozlarında, sigortalının ödemeden imtina gerekçesi olarak kullanılmaktaydı. Ancak söz konusu karardan sonra maldaki bozulma kavramının içeriği tamamen değiştirilmiş ve tek başına muafiyet şartı olmaktan çıkartılmıştır. Başka bir deyişle, tek sebep ilkesi (sole cause test) benimsenmiş ve sadece sigorta ettiren tarafından, teminat kapsamındaki rizikolardan olan deniz tehlikesinin öne sürülemediği durumlarda ve zararın sadece malın kendisinde önceden var olan özelliğinden kaynaklandığı durumlarda, sigortacı tarafından maldaki bozulma istisnası öne sürülebilecektir.

Bununla ilişkili olarak birlikte sebep (concurrent cause) ilkesi terk edilmiş, tek sebep ilkesi benimsenmiştir. Tek sebep ilkesine göre, sigorta ettiren tarafından rizikonun, deniz tehlikesinden meydana gelmiş olduğunun ispatı yeterli sayılmıştır. Başka bir deyişle bir kez sigorta ettiren, deniz tehlikesinin varlığını kanıtladığı durumda, sigortacının, teminat kapsamında tutulan maldaki bozulma klozunu öne sürme imkânı ortadan kaldırılmıştır. İspat yükü kavramı açısından dengeler değişmiş ve sigortacının ispat yükümlülüğü hakkaniyete aykırı olarak elinden alınmıştır.

---

[8] *ÜLGENER: Denizcilik Rizikolarına Karşı Sigortalar, s.401.*

Söz konusu karar İngiltere'de yerleşik hukuk haline gelmiştir. Türkiye'de sigorta piyasasında, gerek gemi sahipleri gerekse yük sahipleri ve sigortacılar arasında yaygın olan Standart Lloyd's enstitü klozlarının kullanılması sebebiyle söz konusu İngiliz Yüksek Mahkeme kararı, Türkiye'deki deniz sigorta piyasasında birçok tartışmalara ve karışıklıklara konu olabilecek öneme sahiptir.

Deniz tehlikeleri ve maldaki bozulma kavramları sigorta pazarında hem sigortalıları hem de sigortacıları ve de onların çıkarlarını tüm deniz sigorta poliçeleri açısından etkiledikleri için önemli role sahiptirler. Ek olarak maldaki bozulma istisnası geleneksel sigortacıların güvence açısından yıllardan beri kullandıkları en güçlü karinelerinden biri olmuştur. Ancak İngiliz Yüksek Mahkemesinin Cendor MOPU davasında vermiş olduğu karardan sonra, sigortalıların, sadece kaybın dış nedenlerden kaynaklı olduğunu kanıtlaması yeterli olacaktır. Diğer bir deyişle zararın sebebinin olağanüstü hava ve deniz koşullarından meydana geldiğini kanıtlamaları gerekmeyecektir. Zararın tesadüfi olduğunu ve kaçınılmaz olmadığını kanıtlamaları halinde, sigortacılar maldaki bozulma istisnasını öne sürme şansını tamamen kaybedeceklerdir.

1- The Cendor MOPU Davasının Konusu

The Cendor MOPU, daha önce Odin Liberty olarak adlandırılan bir Jack-up petrol platformuydu ve ilk olarak 1978'de inşa edilmişti. Petrol platformu her biri 312 metre uzunluğunda ve 404 ton ağırlığında, üç adet geniş çaplı silindirik yapıda çelik ayaklardan oluşuyordu. Dava konusu ayaklar, denizden 300 metre yükseklikte mavna üzerinde ters olarak taşınıyordu. Mayıs 2005'te dava konusu petrol platformu, Malezyalı sigortalı şirket tarafından satınalınmış ve Ağustos 2005'te söz konusu platform The Cendor MOPU, Teksas'tan Malezya'ya bir mavna üzerinde yolculuğuna başlamıştır. Bacakların petrol platformundan bağımsız olarak taşınması konusundaki tavsiyelere rağmen, sigortalı şirket, denizden 300 metrelik uzaklıkta gökyüzüne kadar uzanan 312 metre uzunluğundaki dev üç bacağı platforma tutturulmuş vaziyette seyrüsefere başlatmıştır. Sigortalı, petrol platformunun bu şekilde taşınmasının ayakların normal deniz ve hava koşullarına dayanamayabileceğini ve denizde zayi olabileceğini göz ardı etmiştir.

Dava konusu petrol platformu sefer öncesinde Enstitü yük klozu A (1982)[9] kapsamında sigorta ettirilmişti. Sigorta poliçesi deniz tehlikelerini kapsamaktaydı. Ancak poliçede teminat kapsamından hariç bırakılan rizikolar bölümünde yer alan kloz 4.4, rizikonun, olağan hava ve deniz şartlarında maldaki bozulmadan kaynaklanması durumunda sigortalının teminat dışı kalacağı maldaki bozulma kavramını içermekteydi.

Yolculuk sırasında, sigortacılar tarafından dava konusu petrol platformu Cendor MOPU'nun yolculuğun geri kalanına dayanıklı olup olmadığının tespiti için rapor talep edildi. Bunun üzerine dava konusu petrol platformu Cape Town'a ulaştığında gerekli tüm onarımlar yapıldı. Ancak Kasım 2005'te dava konusu petrol platformunun ayaklarından biri, sefer başında öngörüldüğü üzere, ana gövdeden koparak denize düştü; Ertesi gün kalan iki bacak kırıldı ve denize düştü. Taraflar deniz ve hava şartlarının beklenilen normal düzeyde olduğu konusunda hemfikirdiler.

Sigortalı hasarın teminat kapsamında olan deniz tehlikelerinden kaynaklandığını ileri sürerek zararının karşılanmasını sigortacıdan talep etti. Ancak sigortacılar söz konusu talebi, petrol platformunun kaybının tamamen malın normal deniz ve hava koşullarına dayanıksız olmasından kaynaklı olduğunu ve kloz 4.4'te yer alan maldaki bozulma muafiyetini ileri sürerek ödemeyi reddettiler.

1.1. İlk Derece Mahkemesi'nin (The First Instance) Kararı

Hâkim Moore-Bick[10] tarafından İngiliz Mayban davasında verilen karar, The Cendor MOPU[11] davasında ilk derece mahkemesi hâkimi Lord Blair tarafından aynen benimsenmiştir. Hâkim Blair, sigortacıların lehine karar vererek, zararın sebebinin petrol platformunun ayaklarının Galveston'dan Lumut'a gerçekleşen seferde beklenilen hava ve deniz şartlarına dayanıklı olmamasından kaynaklandığını savunmuştur.

Ancak hâkim Blair, sigortacılar tarafından ileri sürülen zararın kesin olarak meydana geleceğinin yolculuğun başından belli olduğu tezini reddetmiştir. Buna karşın ilk derece mahkemesi hâkimi Blair, hasarın ihtimaller içerisinde olduğunu ve kesin ifadesinin kullanılmaması gerektiğinin altını

---

[9] *Enstitü Yük Klozu A, teminat kapsamı dışında bırakılan rizikolar saklı kalmak kaydı ile sigorta konusu eşyanın hertürlü riziko nedeni ile uğradığı zıya ve hasarı teminat altına almaktadır. Bu nedenle söz konusu kloz , All Risks (Bütün Riskler) esasını benimsemiştir.*

[10] *Mayban General Assurance Bhd v Alstom Power Plants Ltd. [2004] 2 Lloyd's Rep 609.*

[11] *(The Cendor MOPU) [2011] UKSC 5.*

çizmiştir. Ayrıca ilk derece mahkemesi hâkimi, yolculukta karşılaşılan hava koşullarının hem öngörülebilir hem de tamamen normal olduğunu, dava konusu petrol platformunun ayaklarının olağan deniz yolculuğuna dayanamayacak kadar zayıf olduğunu, bu nedenle, davada maldaki bozulma koşularının gerçekleşmiş olduğundan bahisle, sigorta ettirenin taleplerini reddetmiştir. Ancak Temyiz Mahkemesi, ilk derece mahkemesinin kararını bozarak zararın teminat kapsamındaki deniz tehlikelerinden meydana geldiğini ileri sürmüştür.

1.2. Temyiz Mahkemesi (Court of Appeal) Kararı

Temyiz Mahkemesi, ilk derece mahkemesinin verdiği kararı bozarak bütün denizciler tarafından normal kabul edilen olağan deniz ve hava şartlarına rağmen, zararın tamamıyla teminat kapsamındaki deniz tehlikesinden meydana geldiğini ve sigortalının tazminata hak kazandığı kararını vermiştir. Daha önemlisi, Temyiz Mahkemesi hâkimleri olağan deniz şartlarında beklenecek küçük boyuttaki dalgaların (leg-breaking wave) zararın oluşmasında ve ayakların platformdan ayrılmasında büyük rol oynadığını ileri sürmüşlerdir.[12] Yüksek Mahkeme, Temyiz Mahkemesi kararını onamıştır.

1.3. Yüksek Mahkeme Kararı (The Supreme Court Decision of The Cendor MOPU)

Yüksek Mahkeme kararı, Temyiz Mahkemesi kararını destekleyerek petrol platformunun ayaklarının kaybının deniz tehlikesinden meydana geldiğini savunarak, normal boyuttaki dalgaları (leg-breaking wave) olarak adlandırmış ve teminat kapsamındaki deniz tehlikesi olarak kabul etmiştir. Hem Temyiz Mahkemesi hem de Yüksek Mahkeme, Moore-Bick'in Mayban davasındaki görüşünü benimsemiş ve İngiliz Yüksek Mahkemesi, *perils of the sea ve inherent vice kavramlarının bir demir paranın iki yüzü gibi olduğunu, birbirleri ile kesinlikle rekabet edemeyeceğini*, başka bir deyişle zararın meydana gelmesinde eş zamanlı nedenlerin birlikte rol oynayamayacağı kararına varmışlardır. Dolayısı ile concurrent cause (birlikte sebep) ilkesi terk edilmiş, tek sebep (sole cause) ilkesi benimsenmiştir. Eğer bir deniz riski söz konusu ise bu risk tamamıyla seferde bütün denizcilerin beklediği, olağan boyutta küçük çapta dalgalardan kaynaklansa bile maldaki bozulma (inherent vice) istisnası sigortacılar tarafından ileri sürülemeyecektir.

---

[12] *Global Process Systems Inc v Syarikat Takaful Malaysia Bhd (The Cendor MOPU) [2011] UKSC 5 para [16].*

Yüksek mahkeme, deniz tehlikesinin (perils of the sea) anlamını tanımlarken, yine önemli bir İngiliz davası olan The Miss Jay Jay'de hâkim Mustill'in yorumunu esas almıştır. Buna göre, "sıradan" kelimesi "rüzgâr ve dalgaların olağan olup olmamasına" göre değil, dalgaların yarattığı etkiye göre belirleneceğini savunmuştur. Başka bir deyişle küçük-zararsız dalgalar bile yarattıkları etkiyle petrol platformunun ayaklarının kopmasına ve denize düşmesine neden olabileceğini savunmuşlardır. Böylece koşullar hem öngörülebilir hem de normal olmasına rağmen, olağan dalgalar, deniz tehlikesi (perils of the sea) olarak teminat kapsamı içerisine sokulmuştur.[13]

Görüldüğü üzere İngiliz Yüksek Mahkemesi), The Cendor MOPU davasında, deniz tehlikeleri tanımını kanuna ve doktrine aykırı olarak genişletmiş, buna karşın maldaki bozulmanın kapsamını ise sigortacıların aleyhine daraltmıştır.

The Miss Jay Jay[14] davasında, denize elverişli olmayan gemi, normal hava şartlarında yolculuk sırasında batmıştır, 1906 tarihli İngiliz Deniz Sigorta Kanunun 39. maddesinin 5. fıkrasına göre, sigortacının denize elverişsiz gemiyi sefere kasten çıkarması haricinde, zaman poliçesi (institute time clause) bakımından sigortalının, geminin seyrüsefere elverişsiz olduğunu bilmesi gerektiği şartı aranmaz. Bu nedenle The Miss Jay Jay davasında ilk derece mahkemesi hâkimi, geminin zayi olmasının nedeninin deniz tehlikesiden kaynaklandığı sonucuna varmıştır. Söz konusu davada hâkim, "biri ya da diğeri" ilkesini benimsemiştir (the one or the other test). Başka bir deyişle, bir zararın birlikte iki nedeni varsa, biri sigortalanmamış, ama teminat dışı bırakılmamış sebep, diğeri de teminat kapsamında tutulan sebepse, teminat altına alınmış sebep geçerli olacaktır ve sigortacılar tazmin yükümlülüğü altına girecektir. The Miss Jay Jay kararı tamamen hukuka aykırı olup, tasarım hatası olan ve denize elverişsiz bir geminin normal hava şartlarında olağan seferde batmasını, teminat kapsamında değerlendirmiş ve sigortacıları hukuk dışı olarak tazmine mecbur kılmıştır. Söz konusu davadaki ilkeler The Cendor MOPU'daki Yüksek Mahkeme tarafından örnek alınmış ve Temyiz Mahkemesi hukuk dışı olarak benzer bir karar vermiştir.

---

[13] *JJ Lloyd Instruments Ltd. v Northern Star Insurance Co Ltd (The Miss Jay Jay) [1985] 1 Lloyd's Rep 264 s. 27.*
[14] *(The Miss Jay Jay) [1985] 1 Lloyd's Rep 264 s. 27.*

2-Deniz Tehlikeleri (Perils of The Sea)

Deniz tehlikeleri (perils of the sea) eski davalarda "olağanüstü" ve "öngörülemez" terimleri ile tanımlanmıştır. Yine de yıllar boyunca gerek davalarda gerekse doktrinde deniz tehlikelerini hangi şartların oluşturduğu büyük tartışmalara neden olmuştur. Ancak deniz tehlikelerini tam olarak nelerin meydana getirdiği konusu çözümlenememiştir. MIA'in 1779 tarihli "Lloyd's S. G. Policy" (Lloyd's Gemi ve Eşya Poliçesi) olarak isimlendirilen örnek poliçe formu ile bu poliçedeki kayıtların nasıl yorumlanacağına ilişkin kurallar içeren "Rules for construction of Policy" (Poliçe Yorum Kuralları) içeren bir eki bulunmaktadır. Lloyd's S. G. Poliçesi, sigorta şartları ihtiva etmekte ve söz konusu poliçede akla gelebilecek (artık bir anlam ifade etmeyen bazı tehlikeler de dahil) pek çok deniz tehlikeleri sistematik olmayan biçimde sayılmaktaydı. Ancak Lloyd's S.G. (Ship and Goods) poliçesi[15] perils of the sea kavramını yorumlamakta yetersiz kalmış ve deniz tehlikelerini, "diğer tüm tehlikeler ve talihsizlikler" (all other perils and misfortunes) ifadesi gibi daha geniş bir kavramda ele almıştır.

1906 tarihli İngiliz Deniz Sigorta Kanunu'nun 7 nolu kuralında, "deniz tehlikeleri" ("perils of the sea") terimi, *denizdeki olağanüstü ve beklenmedik kazalar veya hasarlar* (fortuitous accidents or casualties of the seas) olarak tanımlanmış olup, rüzgâr ve dalgaların olağan eylemlerini kapsam dışı tutmuştur. Kuşkusuz terimin anlamı "beklenmedik" ve "olağandışı" kelimeleri ile tanımlanmış, ancak tartışmalı ifadeler "beklenmedik" ve "sıradan", yüzyıllar boyunca çeşitli davalarda tartışılmış; fakat bütün tartışmalar sonuçsuz kalmıştır. Bunun en önemli nedeni 1906 tarihli İngiliz Deniz Sigorta Kanununun (MIA) 7 nolu kuralındaki perils of the sea tanımının tartışmaları sona erdirecek düzeyde kesin ve net bir anlam içermemesiydi. Ayrıca Standart Enstitü Yük klozların da da (Institute cargo clause A: ICC) deniz tehlikeleri (perils of sea) kavramının tanımı yapılmamıştır.

Bu durumun en önemli sonuçlarından biri The Cendor MOPU davasıydı. Söz konusu davada, Yüksek Mahkeme yüzyıllar boyu tartışılan ve her davada farklı farklı anlamlarla tanımlanan deniz tehlikeleri ifadesini daha

---

[15] *The Lloyd's S.G. (Ship and Goods) poliçesi 1779 yılında yürürlüğe girmiş ve 1983 yılında Lloyd's standart Enstitü Klozlarının yapılmasına kadar yürürlükte kalmaya devam etmiştir. Ancak söz konusu 1779 tarihli Gemi ve Eşya poliçesi teminat kapsamı dışında gösterilen maldaki bozulma (inherent vice) kavramını içermiyordu. Deniz tehlikelerinin tanımını yapmaktan çok uzaktı.*

karmaşık ve içinden çıkılamaz bir boyuta taşımıştır. Kuşkusuz perils of the sea kavramının nereden doğduğu ve çok eski dönemlerde hangi anlamlarda kullanıldığının incelenmesi, söz konusu terimin bugüne kadar uğradığı değişiklikleri anlamak açısından önemlidir. Perils of the sea teriminin 17. yüzyıla kadar uzanan bir geçmişi vardır.[16] Bu nedenle bu zaman zarfında deniz tehlikeleri kelimesinin anlamının değişimini tanımlamak için kökenin izlenmesi büyük önem taşımaktadır.

2.1. Deniz Tehlikeleri (Perils of the Sea) Kavramının Tarihsel Gelişimi

Çok eski dönemlerde perils of the sea terimi *a casus fortuitous*[17] yani olağan ve doğal deniz risklerinden ayrı tutulmuştur. Mesela, gemilerin yıllar boyunca kullanılması ve yaşından doğabilecek yıpranmalar perils of the sea kapsamı dışında tutulmuştur.

Perils of the sea kavramı eski çağlardaki davalarda "olağanüstü" ve "beklenmeyen" deniz ve hava şartları olarak tanımlanmıştır.

Yine 16'ıncı yüzyıldaki İngiliz davası Pickering v Barclay[18] deniz tehlikeleri (perils of the sea) terimini (dangers of the sea) olarak tanımlamıştır. Kanımca, "tehlike" kelime itibariyle şiddet ve olağanüstü deniz olaylarını içermesi gerektiğinden, denizdeki olağan ve doğal olaylardan tamamıyla ayrı tutulması gerekir.

Yine perils of the sea terimi 18'inci yüzyılda kölelik davalarına konu olmuştur. Gregson v Gilbert[19] davasında, köleleri taşıyan geminin kaptanı yolunu kaybedince, geminin yolculuğu uzamış ve su sıkıntısından dolayı kölelerin bir kısmı, geride kalanları kurtarmak için gemiden denize atılmıştır. Söz konusu davada hâkim, kölelerin doğal yollarla öldüğünü, dava konusu zararın deniz tehlikelerinden meydana gelmediği kararını vermiştir. Yine Tatham v. Hodgson[20] davasında, kötü hava şartları dolayısıyla geminin olağanüstü gecikme yaşanması ve dolayısıyla taşınan kölelerin açlıktan telef olmasını hâkim, "doğal ölüm", başka bir deyişle maldaki bozulma (inherent vice) olarak kabul etmiştir. 19'uncu yüzyıl

---

[16] Rob Merkin, *Marine Insurance Legislation* (5ʰ ed. 2014) 132.
[17] Everett V. Abott *"Perils of the Seas, A study In Marine Insurance, Harvard Law Review, Vol 7, No.4 (Nov.25,1893), s.221-230.*
[18] *Pickering v Barclay (1648) Style 132.*
[19] *Gregson v Gilbert (1783) 3 Doug KB 232.*
[20] *Tatham v Hodgson (1796) 6TR 656.*

davası olan Fletcher v Inglis[21] de, devlet hizmetindeki bir nakliye gemisi on iki aylık bir süre için sigortalanmış ve bu süre boyunca bakım için limana çekilmiş, ancak denizdeki gelgitlerdeki farklılardan etkilenerek darbe almış ve batmıştır. Söz konusu davada hâkim Abbott C.[22], limanda dikkat çekecek bir düzeyde bir taşma söz konusu olduğunu ve geminin karaya oturmasının deniz tehlikelerinden (perils of the sea) kaynaklandığı kararını vermiştir.

2.2 Deniz Tehlikesi (Perils of the Sea): Perils Must be "Of the Sea"

Yukarıda da anlatıldığı üzere perils of the sea teriminin anlamı yüzyıllar boyunca değişikliğe uğramıştır. Ancak gemide olan her olay deniz tehlikelerinden kaynaklanmamaktadır. Dolayısı ile Standart Enstitü klozlarında perils of the sea teminatının kapsamı içerisinde değerlendirilmemeleri gerekmektedir.

18'inci yüzyılda gerçekleşen Rohl v Parr [23] davasında, teknenin karinası fareler tarafından yenmiş, ancak hasar denizden ve hava koşullarından kaynaklanmadığı için, hâkim oluşan zararı deniz tehlikesi kapsamına almamıştır. Yine Hunter v Potts[24]davasında da benzer bir karar verilmiştir. Söz konusu davada Londra'dan yola çıkan gemi, yolculuk sırasında gemi adamlarının hastalanması sebebi ile Antiqua'da bağlanmış, bu sırada fareler geminin karinasında delik açmışlardır. Hâkim, davada hasarın deniz tehlikesinden kaynaklı olmadığı kararını vermiştir. Diğer bir dava Phillips v. Barber'de[25], gemi yükü boşalttıktan sonra tersaneye bakım için çekilmiştir. Ancak kuvvetli rüzgâr nedeniyle gemi yan yatmıştır. Kaza denizde değil, karada olduğundan dolayı, hâkim hasarın deniz tehlikelerinden meydana gelmediği kararını vermiştir. Perils of the sea'nin mutlaka denizle ilgili olağanüstü olaylardan oluştuğunu gösteren önemli davalardan biri de Thames and Mersey Marine Insurance Co Ltd. v Hamilton, Fraser and Co (The Inchmaree)[26] davasıdır. Makinede meydana gelen zararın gemi seferde değilken de olabileceğini ve makine arızasının deniz tehlikeleri içerisinde yer almayacağı görüşü söz konusu davada önemle vurgulanmıştır.

---

[21] *Fletcher v Inglis (1819) 2 B & Ald 315.*
[22] *Fletcher v Inglis (1819) 2 B & Ald 315 at p 316.*
[23] *Rohl v Parr, (1796) 1 Esp 445.*
[24] *Hunter v Potts (1815) 4 Camp 203.*
[25] *Phillips v Barber (1821) 5 B & Ald 161.*
[26] *Thames and Mersey Marine Insurance Co Ltd. v Hamilton, Fraser and Co (The Inchmaree) (1887) 12 App Cas 484 s. 492–493.*

2.3. Denizde Meydana Gelen Hava Şartlarının Olağan Olup Olmadığının Saptanması Konusu

Yüzyıllar boyunca 1906 tarihli İngiliz Deniz Sigorta Kanunu kural 7'de deniz tehlikeleri teriminin kapsamını açıklayan hava ve deniz şartlarının olağan olması (ordinary action of winds and waves) kavramı, birçok denizcilik davasında tartışma konusu olmuştur. En son bütün otoriteleri değiştiren The Cendor MOPU davası, hukuk dışı olarak söz konusu terimin anlamında son noktayı koymuştur. Sıradışı davada, deniz tehlikelerini kanıtlamak için dalgaların ve rüzgârın kendi şiddetinin artık önemli olmadığını göstermektedir. Son zamanlardaki içtihatlar, denizde meydana gelen rüzgârların ve dalgaların olağan olup olmadığını değil, yarattıkları etkinin olağanüstü olup olmayacağı konusu ile ilgilenme eğilimi göstermişlerdir. Buna göre deniz tehlikeleri kavramında, olağan rüzgârlar ve dalgaların olağanüstü bir etki yaratmış olmaları halinde, kendi başlarına sıra dışı olmaktan ziyade, yarattıkları etkinin yeterli olup olduğu sonucu ortaya çıkmaktadır. Bir başka deyişle The Cendor MOPU davasında petrol platformunun ayaklarının koparak denize düşmesinin sıradan-küçük dalgaların söz konusu ayaklar ile çarpışma anında yarattıkları şiddetli etki olduğu sonucuna varılmış ve Yüksek Mahkeme, dava konusu zararın teminat kapsamındaki deniz tehlikelerinden meydana geldiğine karar vermiştir. Yüksek Mahkeme bugüne kadar bilinen bütün parametreleri yıkarak olağan-küçük dalgaların olarak tanımlamış ve perils of the sea kapsamına sokmuştur.

Hâlbuki 18'inci yüzyıla ait İngiliz davalarında deniz tehlikeleri direkt anlamı ile yorumlanmış ve olağanüstü ve beklenilmeyen deniz ve hava şartlarından kaynaklanan olaylar deniz tehlikeleri olarak nitelendirilmiştir. Kanımca The Cendor MOPU davası yük poliçesinin olağan ya da olağanüstü olup olmadığına bakılmadan bütün deniz risklerini kapsaması gerektiği kanısından yola çıkarak, kanuna aykırı olarak sigortacıların sorumluluklarını genişletmiştir.

19'uncu yüzyıla ait çok eski bir dava olan Magnus v. Buttemer'de hâkim Jervis, zararın deniz tehlikelerinden kaynaklanması için mutlaka olağandışı ve beklenmedik hava ve deniz şartlarından meydana gelmesi gerektiğini, aksi takdirde söz konusu zararın olağan bir deniz riski olan inherent vice kapsamında değerlendirilmesi gerektiğinin altını çizmiştir.

Yine 19'uncu yüzyıla ait Paterson v Harris[27] davasında zarar, deniz suyundaki tuzun olağan kimyasal etkisinden meydana gelmiş ve hâkim söz konusu zararın çok kuvvetli dalgalardan veya beklenmez derecede ağır hava şartlarından kaynaklanmadığını, bu nedenle deniz tehlikeleri çerçevesinde değerlendirilemeyeceği kanısına varmıştır ve sigortacıları sorumluluk dışı tutmuştur.

2.4. Olağandışı-Beklenmedik Olay (Fortuity) ve Deniz Tehlikesinin (Perils of the Sea) Anlamı

Deniz tehlikesi teriminin tanımında ilk izlenim denizde meydana gelen bütün kaza ve kayıpları kapsadığı şeklindedir. Hâlbuki denizde olan her olay, sigorta teminatı kapsamında risk oluşturmadığı gibi deniz tehlikeleri arasında değerlendirilemez. Maldaki bozulma kavramı da olağan bir deniz riskidir, ancak sigorta poliçelerinde deniz tehlikeleri içerisinde yer alamayacağı için teminat dışı tutulmuştur.

Sonuç olarak sigortalı mutlaka uğradığı zararın olağandışı ve beklenilmeyen deniz ve hava şartlarından kaynaklandığını ispatlaması gerekmektedir. Aksi takdirde zararının bedelini sigortacılardan talep etmesi mümkün değildir.

1906 tarihli İngiliz Deniz Sigorta Kanunu, kanun koyucu Chalmers tarafından ele alınmıştı ve Chalmers'ın amacı kesin ve karışıklığa sebebiyet vermeyecek kurallar koymaktı. Ancak deniz tehlikelerinin anlamını anlatan kural 7 (MIA 1906 r.7), Chalmers'ın pek de başarılı olmadığının kanıtı olmuştur. Söz konusu kanun maddesinde "fortuity" teriminin içeriği açıklanmamıştır. Hangi durumlar "fortuitous" (olağanüstü beklenmedik kazalar) sayılacaktır.[28]

Nitekim hâkim Scrutton[29] Samuel v Dumas davasında kural 7'yi eleştirmiştir. Söz konusu maddedeki deniz tehlikesi tanımının yeterli ve açık olmadığını, ne tür kazaların olağandışı ve beklenmedik sayılacağını, hangi tür kayıpların kasti olacağının netliğe kavuşturulmadığını savunmuştur.

---

[27] *Paterson v Harris (1861) 1B&S 336.*

[28] *Sir M.D. Chalmers and Douglas Owen, The Marine Insurance Act 1906, s. 145.*

[29] *Lord Scrutton 1906 tarihli Deniz Sigorta Kanununu eleştirmiştir. Buna göre İngiliz Deniz Sigorta Kanunu tarife 1'in altında yer alan 7. kuralda, deniz tehlikesi (perils of the sea) şu şekilde açıklanmıştır; Perils of the Sea, denizde meydana gelen olağandışı ve beklenmedik kazalar ve zayiatlar dan meydana gelir, deniz ve havanın olağan şartlarını kapsamaz. Hâkim Scrutton, söz konusu maddenin karmaşık olduğunu, olağan dışı kazalardan ne kastedilmiş olduğunu kasti olayların da olağan dışı sayılıp sayılamadığının açık ve anlaşılır olmadığını savunmuştur.*

Yine diğer bir noktada standard yük sigortalarının da (Lloyd's Institute Clause A 1982) deniz tehlikesi kavramını açıklamaktan çok uzak olmasıdır. Bütün bu durumlar yüzyıllar boyu deniz tehlikesinin davalarda ve doktrinde değişik anlamlarda kullanılmasına yol açmıştır. 19'uncu yüzyıl davasına baktığımızda perils of the sea kavramnın ne kadar net ve yerinde kullanıldığını görüyoruz. İngiliz Yüksek Mahkemesi hâkimi Lord Esher Hamilton v Pandorf [30] davasında fortuity terimini açık ve net olarak, tehlikenin denizden doğması gerektiğini, gemideki farelerin deniz tehlikeleri kavramının içinde yer alamayacağını, tehlikenin kelime anlamı itibari ile şiddetli ve olağanüstü deniz şartlarını içermesi ve denizden gelmesi gerektiğini savunmuştur.

Yine 20'nci yüzyıl İngiliz davası Mountain v. Whittle'da[31], Lord Birkenhead, geminin tek başına su almasının deniz tehlikesi oluşturmayacağını, mutlaka çok ağır derecede meydana gelen büyük dalgalar sonucunda gemiye su sızması söz konusu olursa, bu durumun deniz tehlikesi kapsamına sokulabileceği kararını vermiştir.

2.5. The Cendor MOPU Davasında Deniz Tehlikelerinin (Perils of the Sea) Yorumlanması

İngiliz davası The Cendor MOPU'da Yüksek Mahkeme, gerek doktrinde gerekse davalarda tartışmalar yaratan deniz tehlikesinin anlamı konusunda son noktayı koymuştur. Söz konusu dava, daha önce de bahsedildiği üzere, şimdiye kadar bütün bilinenleri değiştirmiş ve deniz tehlikesinin anlamını kanuna ve hakkaniyete aykırı olarak genişletmiştir. Dolayısıyla teminat kapsamına giren rizikoları sigorta ettirenin yararına genişletmiştir. Söz konusu dava sıradan denizde oluşan dalgaları deniz tehlikesi olarak nitelendirmiş. Buna karşın olağan deniz riski olan inherent vice teriminin anlamını sigortacıların aleyhine daraltmıştır. Deniz sigorta dünyası en güçlü silahlarından ve korunma metotlarından birini, sigortalıya karşı ileri sürme hakkını tamamıyla kaybetmiştir. The cendor MOPU, birlikte sebep (concurrent cause) ilkesini terk etmiş, tek sebep (sole cause) ilkesini benimsemiştir. Buna göre sıradan dalgalar (leg-breaking wave) söz konusu olduğunda bile sigortacıya kendini savunma hakkı verilmeyecek ve kapsam dışı zararı karşılamak mecburiyetinde bırakılacaktır. Sigortacı ancak malın

---

[30] *Hamilton v Pandorf (1886) 17 QBD 670.*
[31] *Mountain v. Whittle [1921] 1 AC 615 s. 626.*

kendisinde daha önce var olan (malın kendisinde daha önceden var olan ayıp) ve dış etkilerden tamamen bağımsız bir şekilde meydana gelen zararlar durumunda sorumluluktan kurtulabilecektir.

Nitekim yukarıda da anlatıldığı üzere eski yüzyıllardaki davalarda bile deniz tehlikeleri kavramı daha açık ve net olarak açıklanmaktaydı. Mesela 16'ıncı yüzyıl davası olan Pickering v Barclay, perils of the sea terimini dangers of the sea (deniz tehlikesi) olarak yorumlamış ve olağanüstü ve beklenmedik deniz şartlarının ancak tehlike kelimesinin karşılığını bulduğunu savunmuştur.

The Cendor MOPU davası ise dalgaların kendisinin olağandışı olması gerekmediğini, olağanüstü etkilerinin de tehlike oluşturabileceği tezini öne sürerek, zaten karmaşık olan durumu içinden çıkılamaz bir hale getirmiştir.

Kanımca deniz tehlikesi için en uygun yaklaşım eski ve gerçek anlamına dönülmesi ve perils of the sea teriminin iki tarafın da menfaatini gözetecek şekilde hukuka uygun olarak gerçek anlamında kullanılması olacaktır.

3. Maldaki Bozulma (Inherent Vice)

Yüzyıllar boyunca gerek davalarda gerekse doktrinde muafiyet dışı tutulmuş olan ve olağandışı etkenler ile maldaki bozulma anlamına gelen inherent vice terimi, çeşitli davalarda çok tartışılmıştır. Bunun en önemli nedenlerinden biri inherent vice kavramının 1906 yılında yürürlüğe giren İngiliz Deniz Sigorta Kanununa kadar hiçbir davada tanımlanmamasıdır. Inherent vice terimi, en eski İngiliz poliçelerinden biri olarak değerlendirilen 1779 tarihli Lloyd's S. G. Policy'nde (Lloyd's Gemi ve Eşya Poliçesi) yer almamıştır. 1982 yılında düzenlenen Enstitü klozlarında ise söz konusu kavramın tam olarak ne anlama geldiği açıklanmadan, teminat dışı risklerden biri olarak gösterilmiştir.[32]

Inherent vice kavramının tanımı, ilk defa önemli bir İngiliz davası olan Soya v White[33] davasında, Lord Diplock tarafından yapılmıştır. Söz konusu tanım, daha sonraki davalara da ışık tutmuştur. Ancak sonraki davalarda Lord Diplock'un tanımı değişik şekillerde yorumlanmış ve inherent vice kavramının ne anlama geldiği konusundaki anlam kargaşası günümüze

---

[32] *John Dunt Marine Cargo Insurance (2nd ed. 2015) para 8.36.*
[33] *Soya v White [1983] 1 Lloyd's Rep 122, at s. 126.*

kadar süregelmiştir. İngiliz Suprem Court davası olan The Cender MOPU, zaten çeşitli davalarda hâkimler tarafından değişik şekillerde yorumlanan maldaki bozulma kavramını sigortacıların aleyhine olarak içinden çıkılamaz bir hale getirmiştir.

Yukarıda bahsedildiği üzere inherent vice teriminin anlamı, eski yüzyıllarda tamamen malın kendisinden kaynaklanan kusur olarak nitelendirilmiştir. Inherent vice kavramının yüzyıllar içerisinde davalarda ve doktrinde nasıl değişikliğe uğradığını kavramak bakımından eski davalardaki anlamını incelemek önem arz edecektir.

3.1. Maldaki Bozulma (Inherent Vice) Kavramının Tarihsel Gelişimi

Inherent vice teriminin tamamen malın özelliğinden kaynaklanan bir kusur mu yoksa bir süreç içerisinde denizde karşılaşılan olağan deniz risklerinden kaynaklanan maldaki bozulma mı olduğu konusunda değişik tartışmalar ve yorumlar yapılmıştır. Özellikle 18'inci yüzyıldaki davalara bakıldığında inherent vice teriminin tamamıyla yükte daha önceden var olan "maldaki ayıp" olarak açıklandığı açıkça görülecektir. Yukarıda da bahsedildiği üzere inherent vice terimi 18'inci yüzyıldaki slave davalarına konu olmuştur. Mesela Tatham v Hodgson[34] davasında, kölelerin uzun süren yolculukta açlıktan ölmesi "doğal ölüm" (natural death of the slaves), inherent vice olarak kabul edilmiş ve söz konusu davada sigortacılar sorumluluk dışı kalmıştır. Yine Taylor v. Dunbar[35] davasında domuz etleri Hamburg limanından yüklenmiş ve Londra'ya doğru yola çıkmıştır. Ancak ağır hava şartları ve seferde uzun süreli gecikmeler yaşanmasından dolayı domuz etleri bozulmuş ve denize atılmıştır. Söz konusu davada hâkim seferdeki gecikmeyi perils of the sea kapsamında değerlendirmemiş ve zararın maldaki bozulmadan kaynaklandığı kararını vermiştir.[36]

---

[34] *Tatham v Hodgson (1796) 6TR 656.*
[35] *Taylor v Dunbar (1869) LR 4 CP 206.*
[36] *Hâkim davada, kötü hava koşulları ve uzun süren gecikmelere rağmen domuzların canlı olmadığından dolayı kötü hava şartlarından etkilenmelerinin mümkün olmayacağından bahisle etlerin deniz yolculuğunda bozulmasının sebebinin, yükün olağan deniz ve hava koşullarına dayanamayacak durumda olduğunu ve sigortacıların teminat kapsamı dışında tuttukları maldaki bozulma (Inherent Vice) kapsamında değerlendirilmesi gerektiğini savunmuştur.*

19'uncu *yüzyıldaki Lawrence v Aberdein*[37] davasında, seferde ağır hava koşullarından dolayı hayvanların bir kısmı ölmüştür, Hâkim Bayley hayvanların ölümünün deniz kaynaklandığını ve sigortalıların tazmine hak kazandığı kararını vermiştir.[38]

Boyd v Dubois[39] davasında gemiyle taşınan kenevir otunun özelliğinden dolayı yangın çıkartmaya elverişli olduğunu ve yangının meydana gelmesinin tamamıyla malın özelliğinden kaynakladığını ve sigortacının sorumlu olmayacağı sonucuna varılmıştır.

Yukarıdaki eski yüzyıllara ait davalardan da görüleceği üzere malın dış etkenler dışında tek başına kendi kusurundan kaynaklanan nedenlerle zarara uğradığı, dolayısıyla inherent vice kavramının maldaki ayıp olarak tanımlandığı görülebilir. Doktrinde de gemide taşınan bozulabilir cinsteki yiyeceklerin, mesela meyvelerin yolculuk sırasında bozulması, unun ısınması, şarabın renginin değişmesi vesair olayların tamamen yiyeceklerin kendi özelliğinden kaynakladığını, sefer sırasında doğabilecek olağan deniz riskleri ile alakası olmadığı sonucuna varılmıştır.

Kanımca eski davalarda inherent vice kavramı kaçınılmaz zarar (inevitable damag) ile aynı anlamda yorumlanmıştır. Bir başka deyişle inherent vice, malda daha önceden var olan ve önlenemez kusur olarak değerlendirilmiştir. Hâlbuki gerek Enstitü klozlarında gerekse Deniz Sigorta Kanununda açıklandığı üzere, sigortacılar kaçınılamaz zararları değil, sadece sefer boyunca olması muhtemel deniz risklerini sigortalarlar.

3.2. 1906 Tarihli İngiliz Deniz Sigorta Kanunundan Sonra Inherent Vice Kavramının Yorumu

İngiliz Deniz Sigorta Kanunu 1906 (MIA 1906), 20'inci yüzyılda yürürlüğe girdi, ancak MIA 1906 madde 55 (2)[40], inherent vice teriminin ne anlama geldiğini yorumlamaktan çok uzaktı. Inherent vice, Kanunun 55. maddesinin 2. fıkrasında sadece kelime olarak bahsedilmiş, ancak ne anlama geldiği

---

[37] *Lawrence v Aberdein (1821) 5 B Ald 107.*

[38] *Hâkim Bayley, Geminin rüzgardan dolayı aşırı derecede sallanmasından dolayı hayvanların birbirlerine çarparak telef olduğunu ve son derece ağır hava şartlarının deniz tehlikesi olarak nitelendirilebileceğini öne sürmüştür.*

[39] *Boyd v Dubois 170 ER 1331; (1811) 3 Camp 133.*

[40] *MIA 1906, m.55(2) : Sözleşmede aksine hüküm olmadıkça, gemide ve yükte, olağan yıpranma, sızıntı ve kırılmalar, bozulmalar, fareler teminat kapsamındaki deniz rizikoları dışında tutulmuştur.*

açıklanmamıştır. Lord Sumner[41] tarafından yapılan, British & Foreign Marine Insurance Co v. Gaunt[42] davasındaki inherent vice tanımlaması çok dikkat çekicidir. Söz konusu davada Lord Sumner, bütün deniz risklerinin sigorta teminatı kapsamında olmadığını ve teminatların limitleri olacağını, dolayısıyla sigortanın yıpranma ve aşınmayı (wear and tear), muafiyet dışı olağan deniz risklerini (inherent vice) karşılamayacağının altını çizmiştir.

Daha sonraki davalarda inherent vice'ın sigortalanabileceği durumlarına da değinilmiştir. Örneğin Overseas Commodities v Style[43] davasında, taraflar sigorta poliçesinin teminatlarını karşılıklı iradeleri ile genişletmişler, teminat kapsamındaki risklere, olağan deniz koşullarında maldaki bozulma rizikosunu da sokmuşlardır. Bu durumda sözleşmede aksi kararlaştırılmadıkça inherent vice'ın muafiyet olarak her zaman sigortacılar tarafından öne sürüleceğini göstermektedir.

Yine E.D. Sassoon davasında Lord Scrutton,[44] sigorta sözleşmesinin belirli deniz rizikoları için yapılması durumunda, sigortalının zararın özellikle sigortalanan rizikodan kaynaklandığını ispatlamak yükümlülüğünün bulunduğunu ileri sürmüştür. Yine aynı davada, yağmur suyundan kaynaklanan yükteki bozulma teminat kapsamına alınmıştır. Sigortalının zararın yağmur suyundan (damage by fresh water) kaynaklandığını ispatlama yükümlülüğünün altı çizilmiştir.

Soya GmbH Mainz Kommanditgesellschaft v White davasında, Lord Diplock,[45] son zamanların en çok ses getirecek ve ileri yıllardaki davalara emsal teşkil edecek olan inherent vice tanımını yapmıştır. Söz konusu tanım İngiliz deniz sigorta hukukunda devrim niteliğindeki emsal tanım haline gelmiştir. Lord Diplock'a göre inherent vice teriminin anlamı, yükün sefer sırasında olağan hava ve deniz şartlarına dayanıklı olamaması ve bozulmasıdır.[46]

---

[41] *Lord Sumner stated that "there are, of course, limits to all risks and risk insured against. Accordingly the expression does not cover inherent vice or mere wear and tear or British capture".*
[42] *British & Foreign Marine Insurance Co v Gaunt [1921] 2 AC 41 at p 57.*
[43] *Overseas Commodities Ltd. v Style [1958] 1 Lloyd's Rep 546.*
[44] *(1923) 16 Ll L Rep 129 at p 132.*
[45] *Soya GmbH Mainz Kommanditgesellschaft v White (1983) 1 Lloyd's Rep 122.*
[46] *Lord Diplock; inherent vice means the risk of deterioration of the goods shipped as a result of their natural behaviour in the ordinary course of the contemplated voyage without the intervention of any fortuitous external accident or casualty.*

Soya v White davasından sonra en dikkat çekici inherent vice tanımlamasını, TM Noten BV v Harding[47] davasında Lord Bingham yapmıştır. Söz konusu davada zarar ile riziko arasındaki nedensellik bağının saptanmasında Lord Bingham zararın, deniz tehlikesinden mi yoksa maldaki bozulmadan mı kaynaklandığının, başka bir deyişle zararın etkin sebebinin (proximate cause) bulunmasında iş veya deniz adamlarının sağduyularının dikkate alınması gerektiği görüşünü savunmuştur.[48]

Noten v Hading davasında Lord Bingham'ın görüşü, Mayban General Insurance Bhd v Alstom Power Plans Ltd davasında hâkim Moore-Bick tarafından benimsenmiştir. Söz konusu davada, deniz yolu ile taşınan radyatör, geminin hava ve deniz koşulları nedeniyle aşırı sallanmasından dolayı zarar görmüştür. Hâkim Moore-Bick, hava şartlarının her deniz adamının koşulsuz, olağan ve sıradan olarak değerlendireceği şekilde olduğunu ve zararın tamamen yükün normal hava şartlarına dayanamadığından kaynaklandığını, dolayısı ile sigortalıların teminat dışı kaldığı kararını vermiştir.

Söz konusu karar The Cendor MOPU davasında ilk derece hâkimi Blair[49] tarafından kabul edilmiş olup, Hâkim Blair söz konusu davada petrol platformunun ayaklarının olağan ve normal hava ve deniz şartlarına dayanamayarak kaybedildiğini ve zararın deniz tehlikesi çerçevesinde değerlendirilemeyeceği kararını vermiştir.

Kanımca The Cendor MOPU davasında ilk derece mahkemesinin verdiği karar son derece yerindedir. Söz konusu mahkeme maldaki bozulma terimini gerçek anlamı ile yorumlamış, yükün sefer sırasında zarar görme riskinin olduğunu ve olağan deniz risklerine dayanamayıp zayi olduğunu vurgulamıştır Dava konusu platform, sefer sırasında deniz tehlikesi olarak nitelendirilebilecek olağandışı ve beklenmedik hiçbir dış etken ile karşılaşmamıştır.

---

[47] *Bingham LJ introduced a test of the "common sense of a business or seafaring man" in order to interpret the words "inherent vice". This "common sense" test was also adopted in the case of Mayban General Assurance Bhd v Alstom Power Plants Ltd. and by Blair J. at first instance in the case of The Cendor MOPU.*

[48] *Jonathan Gilman, QC; Professor Robert M Merkin; Claire Blanchard, QC; Mark Templeman, QC, ''Arnould's Law of Marine Insurance and Average'' (18th ed. Sweet & Maxwell 2013) para 22-26.*

[49] *Blair J held that "the proximate cause of the loss was the fact that the oil rigs of the legs were not capable of withstanding the normal incidents of the insured voyage, including the weather reasonably to be expected."*

Ne var ki Yüksek Mahkeme her denizcinin veya ticaret adamının olağan küçük dalgalar olarak nitelendireceği deniz koşullarını "leg-breaking wave" adı altında deniz tehlikesi olarak kabul etmiş ve son zamanların en olağandışı kararını vermiştir. Söz konusu karar sigorta dünyasında şok etkisi yaratmıştır. Yine Yüksek Mahkeme hâkimleri birlikte karar vererek, dalgaların boyutunun önemli olmadığını, ancak yarattığı etkilerin olağandışı ve ağır sonuçlar yaratabileceği sonucuna varmışlar ve perils of the sea'nin içeriğini sigortalıların menfaatine olacak şekilde hukuk dışı olarak genişletmişlerdir. Buna karşın sigortacıların kendilerini koruma mekanizmalarından en önemlisi olan inherent vice istisnasını da muafiyet şartı olmaktan çıkartmışlar, hakkaniyete aykırı bir şekilde daraltmışlardır. Buna göre inherent vice terimi pratikte bağımsız ve tek başına muafiyet şartı olmaktan çıkartılmış, deniz tehlikesine (perils of the sea) açıklık getirmek için kullanılacak deniz tehlikeleri içerisinde bir terim olarak yapılandırılmıştır.

4. The Cendor MOPU Davasının Yarattığı Sonuçlar ve Deniz Sigorta Pazarına Etkileri

Yukarıda da açıklandığı üzere sıra dışı İngiliz davası The Cendor MOPU'nun sigorta hukukunun iki önemli kavramı olan perils of the sea ve inherent vice'ın anlamlarını tamamen değiştirdiği tartışmasızdır.

Daha öncede değinildiği gibi İngiliz Yüksek Mahkeme davası The Cendor MOPU'dan sonra, birlikte neden (concurrent cause) ilkesi terkedilmiş ve tek sebep (sole cause) ilkesi benimsenmiştir.[50] Buna göre inherent vice'ın anlamı hukuk dışı olarak daraltılmış ve sadece malın kendisinden kaynaklanan ve dış etkenlerle alakası olmayan nedenlerden dolayı zararın meydana gelmesi durumunda, sigortacıya ödemeden imtina hakkı verilmiştir. Hâlbuki inherent vice teriminin gerçek anlamının korunması bakımından birlikte sebep ilkesi büyük önem taşımaktadır. Daha önce de tanımını yaptığımız üzere inherent vice, bir süreçtir ve olağan deniz riski olarak eski davalarda gerçek anlamı ile kullanılmıştır.

---

[50] *Barriga, Roberto, Concurrency of Causes and The Cendor MOPU. https://eprints.soton.ac.uk/367926/1/ new%252520vol1%252520issue2.pdf*

Yine perils of the sea terimi deniz tehlikesi anlamından çıkmış, kasti ve kesin olmayan, kaza ile gerçekleşen bütün deniz risklerini kapsar hale gelmiştir.[51] Eski bir geminin bütün denizciler tarafından olağan kabul edilecek deniz ve hava koşullarına dayanamayarak batması halinde bile perils of the sea kapsamına sokularak sigortacı ödeme sorumluluğunda bırakılabilecektir. Başka bir deyişle Enstitü klozlarında ve sigorta hukukunda teminat dışı rizikolar bölümünde yer alan aşınma ve yıpranma (wear and tear) bile tazmin edilecek duruma gelmiştir. Bu durum sigortacılar için büyük hayal kırıklığı yaratmıştır. Hava şartlarının şiddeti ve sıradan olması, deniz tehlikesinin (perils of the sea) tanımı bakımından önemsiz hale gelmiş ve her türlü deniz ve hava olayı (küçük dalgalar bile) peril of the sea olarak kabul edilmiştir. Dolayısıyla 1906 tarihli İngiliz Deniz Sigorta Kanunun 7. kuralındaki perils of the sea tanımı hiçe sayılmıştır. Hiç şüphesiz ki Deniz Sigorta Kanunundan önceki davalarda perils of the sea'nin anlamı daha net ve açıktı. Eğer İngiliz Deniz Sigorta Kanunu, kanun koyucu tarafından başarılı bir şekilde yapılsaydı, deniz tehlikesinin anlamı bugünkü davalarda daha net olacak ve anlam kargaşası önlenmiş olacaktı. Eğer 1906 kanunu (MIA) beklentileri karşılasaydı,1906 öncesi içtihatlara geri dönme ihtiyacı doğmayacaktı. Daha öncede belirtildiği gibi deniz tehlikesi (perils of the sea) eski davalarda gerçek anlamı ile yerinde kullanılmıştır.

Bununla beraber İngiliz Yüksek Mahkeme kararı The Cendor MOPU davasından sonra ispat yükümlülüğünün ilkeleri de değişmiştir. The Cendor MOPU davasından önce sigortalılar, deniz tehlikesinin varlığını ispatladıkları zaman ispat yükümlülüğü sigortacıya geçiyordu. Sigortacıya sorumluluk dışı kalacağı nedenleri ispatlama hakkı veriliyordu. Ancak söz konusu davadan sonra, bir kere sigortalı zararın perils of the sea'den kaynaklandığını ispatladığı zaman, sigortacıya kendi sebeplerini ispatlama hakkı kaldırılmıştır. Sonuç olarak ispat yükümlülüğü açısından "mantıksal prensip" terkedilmiştir.

---

[51] *John Dunt and William Melbourne, "The Modern Law of Marine Insurance" Vol. 4, (Informa Law, 2016), "Rob Merkin, Sarah Derrington, "Marine Insurance Act 1906 Magnificent Achievement or Monstrous Aberration, p.33.*

Sonuç

Son olarak inherent vice terimi işlevsiz hale getirilmiş ve hem poliçelerde hem kanunda istisna olmaktan çıkartılmıştır. Kanımca, inherent vice'ın tekrar aktif ve işlevsel hale getirilmesi için MIA1906, 5 (2)(c) ve ICC (A) 1982 kloz 4.4'de sadece kelime olarak içeriği açıklanmadan kullanılmasının değiştirilmesi ve ne anlama geldiğinin açıklanması büyük önem arz edecektir. Ayrıca Noten v harding[52] davasında, Lord Bingham'ın, zararın asıl sebebinin bulunması için öne sürdüğü, deniz adamlarının veya iş adamlarının sağduyusu testi dikkate alınmalıdır. Diğer bir çözüm de, poliçelerin her iki tarafın da menfaatlerini gözetecek şekilde düzenlenmesi olacaktır. Aksi takdirde The Cendor MOPU kararından sonra bütün poliçeler sadece sigortalıların lehine olarak yorumlanacak ve teminat kapsamları hakkaniyete aykırı olarak genişletilecektir.

Hiç kuşkusuz gelecekte, sigortalılardan gelecek kuvvetle muhtemel hasar taleplerine karşın sigortacıların kendilerini koruyabilecekleri tek yol, primlerin miktarını rizikonun gerçekleşmesinin kuvvetle muhtemel olmasına göre arttırmalarıdır. Artık Enstitü klozlarındaki teminat dışı riskler, sigortacıların en büyük silahı olmaktan çıkmıştır. Normal ve beklenen deniz risklerinden meydana gelen zararlarda bile sigortacılara tazmin yükümlülüğü getirilmiştir. Sigortacılara hiçbir şekilde sorumluluktan kurtulma alanı bırakılmamıştır. Bu durumda sigortacıların, gelecek zamanlarda durumu lehlerine çevirecek yeni bir davaya kadar, en azından poliçeye kendilerini koruyucu maddeler ekletip, primlerini, rizikonun olasılığına göre yükseltme yoluna gitmeleri gerekecektir.[53]

Kaynakça

İngiliz Davaları

[1] British & Foreign Marine Insurance Co v Gaunt [1921] 2 AC 41

[2] Boyd v Dubois 170 ER 1331; (1811) 3 Camp 133

[3] Global Process Systems Inc v Syarikat Takaful Malaysia Bhd (The Cendor MOPU) [2011] UKSC 5

[4] Gregson v Gilbert (1783) 3 Doug KB 232

---

[52] *Finding a proximate cause would be to apply Lord Bingham's "common sense test" as set out in the case of Noten v Harding, in line with the likelihood of loss linked with the cause of loss. It is of importance to ascertain parties' intention correctly in the policy, thus, in this regard it should be easier to understand what they intend to cover.*
[53] *Malcolm Clarke ''Maritime Law Evolving'' (Oxford 2013) s. 189*

[5] Hamilton v Pandorf (1886) 17 QBD 670

[6] Lawrence v Aberdein (1821) 5 B Ald 107

[7] JJ Lloyd Instruments Ltd. v Northern Star Insurance Co Ltd (The Miss Jay Jay) [1985] 1 Lloyd's Rep 264 s. 27

[8] Mayban General Assurance Bhd v Alstom Power Plants Ltd. [2004] 2 Lloyd's Rep 609

[9] Mountain v. Whittle [1921] 1 AC 615 s. 626

[10] Paterson v Harris (1861) 1B&S 336

[11] Pickering v Barclay (1648) Style 132

[12] Soya GmbH Mainz Kommanditgesellschaft v White (1983) 1 Lloyd's Rep 122

[13] Tatham v Hodgson (1796) 6TR 656

[14] Taylor v Dunbar (1869) LR 4 CP 206

[15] Overseas Commodities Ltd. v Style [1958] 1 Lloyd's Rep 546

Yararlanılan Kitaplar
[1] Chalmers, Sir M.D., K.C.B, C.S.I, Dougles Owen, *The Marine Insurance Act 1906,* London 1907.

[2] Clarke, Malcolm, *Maritime Law Evolving*, Oxford 2013.

[3] Dunt John, *Marine Cargo Insurance,* 2nd ed. 2015.

[4] Dunt John, and Melbourne, William, The Impact of Cendor MOPU on the Institute Cargo Clauses in Prof. D.

[5] Gilman, J/Merkin, R/Blanchard/Templeman, M. *Arnould's Law of Marine Insurance and Average* 18th ed. Sweet & Maxwell 2013.

[6] Kender,Rayegan. *Türkiyede Hususi Sigorta Hukuku*, 16. Baskı, On İki Levha Yayıncılık, İstanbul 2017

[7] Merkin, Rob, *Colinvaux and Merkin's Insurance Contract Law* Vol.2 Sweet & Maxwell, 2002.

[8] Merkin, Rob, *Marine Insurance Legislation*, 5th ed. 2014.

[9] Merkin, Rob *Colinvaux and Merkin's Insurance Conract Law* Vol.2, Sweet & Maxwell, 2011.

Yararlanilan Makaleler
[1] Abott, Everett V. Perils of the Seas, A study In Marine Insurance, Harvard Law Review, Vol 7, No.4 (Nov.25,1893), p.221-230.

[2] Bennett, Howard, Fortuity in the law of Marine Insurance, (2007) LMCLQ 315.

[3] Colombia Law Review, The Early History of Contract of Insurance, Vol. XVII. (February 1917) 85.

[4] Digoni, Vasiliki, Inherent Vice: What About it? SSLR Vol. 1, (The Cendor MOPU) [2011] UKSC 5.

[5] Lavelle, Jennifer, Marine Insurance-Inherent Vice, (2010) 10(1) Shipping & Trade Law 6-8.

[6] Lord, Richard, Approximate Causes and Perils of Perils of the Seas, 2013.

[7] Merkin, R, Perils of the Seas, inherent vice and Causation, (2011) 23(3) Insurance Law Monthly 1-5.

Diğer Kaynaklar
[1] Barriga, Roberto, Concurrency of Causes and The Cendor MOPU. https://eprints.soton.ac.uk/367926/1/new%252520vol1%252520issue2.pdf

[2] Barratt, Pauline, The Inherent Vice Exclusion Only a Shadow Remains, (Issue 019, June 2011). http://studylib.net/doc/8155258/the-inherent-vice-exclusion

[3] Merkin, Rob, The True Scope of Inherent Vice-The Cendor. http://www.nortonrosefulbright.com/knowledge/publications/34560/the-true-scope-of-inherent-vice-the-cendor-mopu

ANONİM ORTAKLIK GENEL KURUL TOPLANTILARINDA TOPLANTI YETERSAYILARI BAĞLAMINDA PAY SAHİBİNİN TOPLANTIDAN AYRILMASININ ALINAN KARARLARIN GEÇERLİLİĞİNE ETKİSİ

Dr. Öğr. Üyesi Nuri ERDEM[*]

Öz

Anonim ortaklıklarda geçerli bir genel kurul kararı alınabilmesi için mevcut olan şartlardan bir tanesi de, Ticaret Kanunu'nda düzenlenen yetersayılara riayet edilmesidir. TTK'de yetersayılar basit ve ağırlaştırılmış yetersayılar olarak düzenlenmiştir. Bunu düzenleyen maddelerdeki yetersayılar ise toplantı ve karar yetersayılarıdır. Toplantı yetersayısı, geçerli bir genel kurul kararı alınabilmesi için toplantıda temsil edilmesi gereken asgari pay miktarını ifade eder. Basit yetersayıları düzenleyen TTK 418/1'de bu yetersayının toplanatı süresince korunması gerektiği düzenlenmiştir. Çağrısız genel kurulu düzenleyen TTK 416/1 de benzer şekilde toplantı yetersayısı mevcut olduğu sürece karar alınabileceği hükmünü içermektedir. Söz konusu düzenlemeler doktrinde yetersayının hangi ana kadar mevcut olması gerektiği ve bu bağlamda bir kısım pay sahibinin toplantı sona ermeden toplantıdan ayrılması halinde bu durumun alınan kararların geçerliliğine ilişkin etkileri bakımından tartışma konusu olmuştur. Katıldığımız fikir uyarınca toplantı yetersayısının varlığı, toplantı süresince ve fakat her bir gündem maddesi bağlamında ayrı ayrı gözetilmelidir. Pay sahibinin toplantıdan ayrılmasına kadar alınan kararların geçerliliği ise bu durumdan etkilenmeyecektir.

Anahtar Kelimeler: *Anonim Ortaklık, Genel Kurul, Yetersayı, Toplantı Yetersayısı, Geçerlilik*

---

[*] *İstanbul Aydın Üniversitesi Hukuk Fakültesi Ticaret Hukuku Anabilim Dalı Öğretim Üyesi.*
E-posta: nurierdem@aydin.edu.tr

The Effect of the Leave of the Shareholder During the General Assemblies of the Joint-Stock Companies On the Validity of the Decisions Made With Respect To the Quorum

Abstract

One of the conditions of taking the decision of a general assembly validity in joint stock companies is the observance of the qualifications issued in the Commercial Code. In the Turkish Commercial Code, the quorums are regulated as simple and aggravated. The types of quorums in the regulating articles are the presence and decision quorums. The quorum for meeting (presence quorum) means the minimum amount of shares that must be represented in the meeting in order for a valid general assembly decision to be taken. In the law TCC 418/1, which regulates the simple quorum, it is stated that the defined quorum shall be protected during the meeting. TCC 416/1, which regulates the general assembly without a call (universal meeting), similarly includes the provision that a decision can be taken as long as the required quorum is provided. These arrangements have been the subject of discussion in the doctrine with respect to how long shall the quorum be preserved and the impact of some shareholders leaving before the end of the meeting on the validity of the decisions taken during the meeting. In accordance with the opinion we have attended, the existence of meeting quorum should be considered separately during the meeting and in the context of each agenda item. The validity of the decisions taken before the shareholders leave the meeting will not be affected.

Keywords: *Joint Stock Company, General Assembly, Quorum, Presence Quorum, Validty*

I. Genel Kurul Toplantı Yetersayılarının Toplantı Boyunca Korunmasının Alınan Kararların Geçerliliği ile İlişkisi

Anonim ortaklıklarda çoğunluk ilkesi geçerli olduğundan, bu ilke uyarınca kural olarak genel kurulun yalnız belirli bir yetersayı ile toplanması neticesinde (toplantı yetersayısı) toplantıya katılanların belirli bir yetersayıda olumlu oyunun varlığı ile (karar yetersayısı) alınan kararlar, toplantıya katılsın katılmasın tüm pay sahiplerini bağlar. Bu doğrultuda genel kurul tarafından verilen kararlar, toplantıda hazır bulunmayan ve hatta olumsuz oy veren pay sahipleri hakkında da geçerlidir (TTK 423). Öte yandan anonim ortaklık genel kurul kararları (çok taraflı) hukuki işlemlerden olduğundan, kanunda öngörülen yetersayılar, anılan kararların geçerli şekilde alınabilmesi için gerekli irade beyanı miktarını ifade etmektedir. Hukuki işlemin (genel kurul kararının) kurucu unsuru olan irade beyanında (yetersayılarda) eksiklik ise yaygın kanaate göre işlemin yokluğuna sebebiyet vermektedir.[1]

---

[1] *Yokluk bir hukuki işlemin kurucu unsurlarındaki eksiklik sebebiyle söz konusu olup, gerekçesi itibariyle bizim de katıldığımız doktrindeki baskın görüşe ve Yargıtay'ın yerleşik içtihadına göre toplantı ve karar yetersayılarına uyulmaksızın alınan kararlar geçerli bir genel kurul toplantısından söz edilemeyeceği ve yeterli sayıda kurucu irade beyanı bulunmadığı için yoklukla malul olur. Bkz. bu yönde, İsmail Kırca/ Feyzan Hayal Şehirali Çelik/Çağlar Manavgat, Anonim Şirketler Hukuku C. II, Genel Kurul Kararlarının Hükümsüzlüğü, Ankara, 2016, s. 10; Ersin Çamoğlu (Reha Poroy/Ünal Tekinalp, Ortaklıklar Hukuku I, İstanbul 2014, N. 722a; Reha Poroy (Ünal Tekinalp/Ersin Çamoğlu), Ortaklıklar Hukuku 12. Bası, N. 721a. Ana sözleşmede değil yalnız kanunda öngörülen yeter sayılar bakımından aykırılığın yokluğa sebebiyet vereceği görüşünde, Oğuz İmregün, Anonim Ortaklıklar Hukuku, İstanbul, 1985, s. 152 vd. Pulaşlı da benzer şekilde asgari yetersayılar mevcut olmadığı halde geçerli bir toplantıdan da bahsedilmesinin mümkün olmadığı, asgari toplantı ve karar yetersayılara aykırı olan genel kurul kararlarının yok hükmünde olduğu, ancak yasada öngörülen yetersayılara uygun olmakla birlikte ana sözleşmedeki yetersayılara uygun olmayan kararların esas sözleşmeye aykırılığı sebebiyle yokluğu değil iptalinin dava edilebileceğini ifade etmektedir (Hasan Pulaşlı, Şirketler Hukuku Şerhi C. II, Ankara, 2018, s. 1013, Ayrıca bkz. aynı yazar, Şirketler Hukuku Şerhi C. I, s. 1004 vd). Azınlıkta kalan aksi görüşteki Moroğlu'na göre ise bu konuda ayrım gözetilmeksizin yalnızca pay sahiplerinin çıkarlarını koruyan nispi emredici hükümlere aykırılık söz konusu olduğu için alınan kararların yokluğu değil iptal edilebilirliği düşünülmelidir (Erdoğan Moroğlu, Anonim Ortaklıkta Genel Kurul Kararlarının Hükümsüzlüğü, İstanbul, 2014, s. 120 vd). İsviçre Hukuku'nda ise doktrinde ve Yargı kararlarında yetersayıya uyulmadan alınan kararların şekli geçersizlik sebepleri dolayısıyla batıl olduğu fikri geçerlidir. Bkz. Wolfhart F. Bürgi, Die Aktiengesellschaft, Zürcher Kommentar Bd. V/5b 2, Art. 698-738, Zürich 1969, Art. 701, N. 6; Peter Forstmoser/Arthur Meier Hayoz/Peter Nobel, Schweizerisches Aktienrecht, Bern 1996, § 23, N. 6; Dieter Dubs/ Roland Truffer, Kommentar zum schweizerischen Privatrecht, Obligationenrecht II, Art. 698-706b, Hrsg.: Honsell Heinrich, Vogt Nedim Peter und Watter Rolf, 2. A., Basel und Frankfurt am Main, 2002, Art. 706b N 18.*

Yargıtay içtihatlarında da yetersayılara uyulmamasının yaptırımı yetersayının ana sözleşmede yahut kanunda yer alması ayrımına gidilmeksizin yokluk olarak nitelendirilmektedir. "Mahkemece, toplanan kanıtlar ve bilirkişi raporuna göre, kesinleşen mahkeme kararı ile davalı şirketin 27.02.2009 ve 28.12.2009 tarihli genel kurul kararlarının yoklukla malul sayılması nedeniyle anonim şirketin pay ve ortaklık hisse oranının iptal edilen genel kurul kararları öncesindeki pay durumuna dönmüş bulunduğu, davalı şirketin 29.12.2009 tarih ve 59 numaralı yönetim kurulu kararının dayanağını oluşturan sermaye artışına dair kararın yok hükmünde olması nedeni ile bunun sonucu olarak iştirak taahhütnamelerinin dayanağının da kalmadığı, ana sözleşmenin eski haline göre toplantı nisabının %51 olduğu, sermaye artırımı, kar dağıtımı ve yönetim kurulunda değişikliğe dair hususlarda ise genel kurulun oybirliğinin gerektiği, davalının esas sözleşmesi gereğince; şirket sermayesinin %51'i hazır olmaksızın genel kurulun toplanamayacağı, kanunda ve ana sözleşmede öngörülen toplantı ve

Toplantı yetersayısı, genel kurulun karar alabilmesi için, en az ne miktarda sermaye veya oyun toplantıda hazır bulunması gerektiğini, karar yetersayısı ise en az ne miktarda oyun karar yönünde ve lehinde kullanılması gerektiğini belirler.[2] Anonim ortaklık genel kurul kararlarının alınabilmesi için aranacak çoğunluğu gösteren işbu yetersayılar ise olağan ve ağırlaştırılmış olmak üzere iki türlüdür. Olağan yetersayıları düzenleyen hüküm TTK 418 olup buna göre, kanunda veya ana sözleşmede aksine daha ağır bir yetersayı öngörülmedikçe, genel kurul sermayenin en az dörtte birini temsil eden payların sahiplerinin veya temsilcilerinin varlığıyla toplanır (TTK 418). İlk toplantıda bu oran sağlanamaz ise ikinci toplantının yapılabilmesi için bu yetersayı aranmaz.[3] Kararlar toplantıda hazır bulunan (temsil edilen)[4] oyların çoğunluğu ile verilir (TTK 418/2). Bunun yanı sıra kanun bazı konularda karar alınabilmesi için ağırlaştırılmış yetersayılar da öngörmektedir. Özellikle ana sözleşme değişiklikleri için, değişikliğin konusuna bağlı olarak farklı yetersayılar aranmakta iken (TTK 421), bunun haricinde yapısal değişikliklere ilişkin düzenlemelerde olduğu gibi, kanunda farklı hükümlerde de ağırlaştırılmış yetersayılar öngörüldüğü görülmektedir (Bkz. TTK 151, 173, 189).

Toplantı yetersayısına ilişkin bir diğer farklı olasılık ise çağrısız genel kurul toplantılarını düzenleyen TTK 416'da yer almaktadır. Buna göre bütün payların sahipleri veya temsilcilerinin hazır bulunmaları ve aralarından birisinin itiraz etmemesi halinde, davet usulüne ve çağrıya ilişkin hükümlere riayet edilmeksizin, geçerli bir genel kurul toplantısı

---

karar yeter sayılarının genel kurul kararlarının kurucu unsuru olduğu, bu nedenlerle, davalının 26.05.2010 tarihli ve 14.02.2012 tarihli genel kurul toplantısında alınan kararların yok hükmünde bulunduğunun kabulü gerektiği, davacı ...'ın hissedar olmaması nedeni ile aktif husumet ehliyetinin bulunmadığı gerekçesiyle asıl ve birleşen (... Asliye Ticaret Mahkemesi'nin 2012/126 Esas) davanın kabulüne, birleşen (... Asliye Ticaret Mahkemesi'nin 2012/325 Esas) davanın ise aktif husumet yokluğu sebebiyle reddine karar verilmiştir. Asıl ve birleşen (... Asliye Ticaret Mahkemesi'nin 2012/126 Esas) davada davalı vekili, birleşen (... Asliye Ticaret Mahkemesi'nin 2012/325 Esas) davada ise davacı vekili temyiz etmiştir. Dava dosyası içerisindeki bilgi ve belgelere, mahkeme kararının gerekçesinde dayanılan delillerin tartışılıp, değerlendirilmesinde usul ve yasaya aykırı bir yön bulunmamasına göre, asıl ve birleşen (...Asliye Ticaret Mahkemesi'nin 2012/126 Esas) davada davalı vekili, birleşen (... Asliye Ticaret Mahkemesi'nin 2012/325 Esas) davada ise davacı vekilinin tüm temyiz itirazları yerinde değildir" (Yargıtay 11. Hukuk Dairesi, E. 2014/10188, K. 2015/12314, T. 19.11.2015, Kazancı İçtihat).

[2] *Oğuz İmregün, Türk Hukukunda Anonim Ortaklıklarda Toplantı ve Karar Yetersayıları, İUHFM 1984, C. 50, S. 1-4, s. 349-350.*

[3] *Doktrinde Kendigelen, yeter sayının aranmayacağına yönelik ifadenin hatalı olduğunu, zira en azından tek paya sahip olan bir pay sahibinin veya temsilcisinin katılmadığı bir toplantının yapılması mümkün olmadığına göre, ikinci toplantı için yeter sayı aranmayacağından söz etmenin isabetli olmadığını vurgulamaktadır. Bkz. Abuzer Kendigelen, Türk Ticaret Kanunu Değişiklikler, Yenilikler ve İlk Tespitler, İstanbul, 2016, s. 270.*

[4] *Bu ifadenin de yerinde olmadığı, zira toplantıda oyların hazır bulunamayacağı, olsa olsa temsil edilebileceği hususunda Kendigelen, s. 270.*

yapılabilecek ve toplantıda karar alınabilecektir.[5] Bu halde çağrısız yapılan genel kurul toplantılarında geçerli bir biçimde karar alınabilmesi için toplantı yetersayısı şirket sermayesini temsil eden payların yüzde yüzüdür.

Öte yandan yetersayıların alınan kararların geçerliliğine etkisi bağlamında değerlendirilmesi gereken bir diğer husus ise toplantı yetersayısı bakımından bu oranın toplantı boyunca korunması gerekip gerekmediğidir. Problem ilk olarak çağrısız genel kurulu düzenleyen 6762 s. ETK 370 çerçevesinde tartışılmıştır. Zira ilgili hüküm, toplantının başında çağrısız genel kurul yapılmasına itiraz etmeyen bir veya birkaç pay sahibinin genel kurul başladıktan sonra toplantıyı terk etmesi halinde alınan kararların geçerli sayılıp sayılmayacağı hususunda açık bir düzenleme ihtiva etmemekteydi. Konuyu düzenleyen TTK 416 ise "bu toplantı nisabı var olduğu sürece" karar alınabileceği şeklinde ilave bir düzenleme ile soruna çözüm getirmeye çalışmıştır.

Bu konuda yenilik içeren bir diğer düzenleme ise olağan yetersayıları düzenleyen TTK 418'de yer almaktadır. Hükümde "bu nisabın toplantı süresince korunması şarttır" denilmek suretiyle sermayenin en az

---

[5] *Çağrısız genel kurullarda karar yetersayısı bakımından kanunda açık bir hüküm bulunmadığından bu konuda farklı görüşler ifade olunmuştur. Bu hususta yaygın kanı, karar yeter sayısının mevcut oyların çoğunluğu şeklinde olduğu yönündedir (Bkz. Mehmet Bahtiyar, Ortaklıklar Hukuku, İstanbul 2018, s. 166; Fatih Bilgili/ Ertan Demirkapı, Şirketler Hukuku Dersleri, Bursa, 2018, s. 188. Moroğlu ise, pay sahiplerinden birisinin itiraz etmemesi koşulunun yalnız toplantı yetersayısı yönünden değil karar yetersayısı yönünden de nazara alınacağını ifade ederek kanaatimizce karar yetersayısı bakımından oybirliği aramış olmaktadır (Bkz. Moroğlu, Hükümsüzlük s. 112). Ancak bu hususta İsviçre Hukuku'nda ifade edildiği üzere müstakil olarak bir gündem maddesine itiraz etmek ile toplantının yapılmasına itiraz edilmesini ayırmak gerekir. Gümden maddesine itiraz ancak karar yetersayısına etki eder ise karar alınmasını, toplantının yapılmasına itiraz ise çağrısız genel kurulu engeller. (Bkz. Brigitte Tanner, Handkommentar zum Schweizer Privatrecht, Personengesellschaften und Aktiengesellschaft - Art. 530-771 OR-VegüV, Zürich-Basel-Genf, 2016, Art. 701, s. 697-698). Maddede kastedilen ise toplantının yapılmasına itirazdır. Bu konuda görüşüne katıldığımız Çamoğlu ise haklı olarak karar yetersayısı hususunda açık bir hüküm bulunmadığı, bu nedenle karar yetersayıları hususunda özel düzenleme bulunan haller dışında TTK 418'deki genel kuralın uygulama alanı bulacağını ifade etmektedir bkz. Çamoğlu (Poroy/ Tekinalp), Ortaklıklar, N. 671. Benzer şekilde Pulaşlı da, kararların oybirliği ile alınmasının gerekli olmadığı, karar alınan konuya göre aranacak yetersayının sağlanmasının yeterli olduğunu ifade etmektedir. (Pulaşlı, Şerh C. I, s. 892 ve 895). Bu konuda, karar yetersayısı hakkında özel bir düzenleme bulunmadığından alınan kararın türüne göre TTK 418 veya ana sözleşme değişikliği ise TTK 421 uyarınca aranan karar yetersayısına uygun şekilde karar alınması gerektiği kanaatindeyiz. Nitekim Pulaşlı da, kararların geçerli olabilmesi için yasada öngörülen nisaplara uyulması gerektiği, yasada yalnız TTK 421/2,a ve b bentlerindeki haller için oybirliği arandığı, ana sözleşmede daha ağır hükümler öngörülmedikçe bu iki konu dışında oy birliği gerekmediği, aksi düşünceyle çağrısız genel kurul kararlarının oybirliği ile alınacağının kabul edilmesi halinde, TTK'de öngörülen genel kurul yetersayıları dışında yeni ve yasal olmayan bir kuralın eklenmiş olacağını ifade etmektedir (Pulaşlı, Şerh C I, s. 895). Nitekim İsviçre Hukukunda da çağrıya ilişkin hususlar dışında normal bir genel kurulun bütün şartlarına uygun şekilde hareket edilmesi gerektiği, bu anlamda aranacak karar yetersayılarının oybirliği değil alınan kararın niteliğine göre oy çokluğu (veya oybirliği) olduğu kabul edilmektedir. Bkz. Bruno Frick/Thomas Stäheli, Aktienrecht Kommentar, Aktiengesellschaft, Rechnungslegungsrecht, VegüV, GeBüV, VASR, Zürich 2016, Art. 701 N. 3, Universalversammlung, N 6.*

dörtte birini karşılayan yetersayının toplantı süresince aranması şartı getirilmektedir. Bu şart doktrinde toplantı yetersayısının korunması ilkesi olarak ifade edilmektedir. Söz konusu düzenleme pay sahibinin toplantıyı terk etmesi halinde durumun özellikle o ana kadar alınan kararların geçerliliğine etkisi bakımından eleştirilmiş, doktrinde farklı görüşlere sebebiyet vermiştir. Şu halde farklı ihtimallerin değerlendirilerek anonim ortaklık genel kurul toplantılarında pay sahibinin toplantıdan ayrılmasının, toplantı yetersayısının korunması ilkesi bağlamında alınan kararların geçerliliğine etkisini tespit etmek gerekir.

II. TTK'de Düzenlenen Genel Kurul Toplantı Yetersayıları

A. Genel Olarak

Kanunda yetersayılara ilişkin düzenlemelere basit ve ağırlaştırılmış yetersayılara dair genel ve özel birer kural olarak TTK 418. ve 421. maddelerde, bunun haricinde dağınık olarak alınan genel kurul kararını düzenleyen pek çok farklı maddede çoğu kez TTK 418. ve 421. maddelere atıf yapılarak yahut müstakil düzenlemelerle (Bkz. TTK 151, 173, 189, 416, 454, 473, 504, 508, 529, 538, 548) ve nihayet toplu bir biçimde, hatta kanunda olmayan ilavelerle (Bkz. BTY 22/12) birlikte, BTY md. 22'de yer verilmektedir. Bu düzenlemelerden bir kısmında toplantı ve karar yetersayıları ayrı ayrı gösterilirken (örneğin bkz. TTK 418, BTY 22/2), bir kısmında ise yalnız karar yetersayısı düzenlenmekte ve bu düzenlemeden hareketle dolaylı olarak asgari toplantı yetersayısı tespit edilebilmektedir (bkz. TTK 421/3, BTY 22/3). Konumuz itibari ile aşağıda yalnız toplantı yetersayıları izah edilecektir.

Mehaz İsviçre hukukunda konuyu düzenleyen İsv. BK. 703'de ise toplantı yetersayısı (*präsenzquorum)* öngörülmeyip, yalnız karar yetersayıları (*stimmenquorum*) düzenlenmiştir.[6] İsviçre hukukunda toplantı yetersayısının mevcut olduğu istisnai hallerden birisi ise çağrısız genel

---

[6] *Bununla birlikte 1991 yılında yapılan değişiklik öncesinde, 1936 tarihli İsv.BK'da 636, 648, 649, 646, 657 ve 650'de şirket varlığının devri, işletme konusunun değiştirilmesi gibi konularda toplantı yetersayılarına yer verilmekteydi. Özellikle halka açık şirketler bakımından karar alınabilmesi ve tıkanıklıkların önüne geçilebilmesi için bu konuda değişiklik yapılmıştır. Geniş bilgi için bkz, Brigitte Tanner, Quören fur die Beschlussfassung in der Aktiengesellschaft, Diss. Zürich, 1987, s. 64 vd, 344 vd; Burgi, Art. 703 N 13 vd, naklen Brigitte Tanner, Zürcher Kommentar, Die Generalversammlung, Art. 698-706b OR, Kommentar zum Schweizerischen Zivilgesetzbuch, Obligationenrecht, 5. Teil: Die Aktiengesellschaft, Zürich-Basel-Genf 2003, Art. 703, N 52. İsviçre Hukuku'nda karar yetersayıları bakımından ise basit, nitelikli ve mutlak çoğunluk gerektiren haller için bkz. Forstomser/ Meier Hayoz/Nobel, § 24, N 7 vd.*

kurul toplantılarını düzenleyen İsv BK 701 hükmü zikredilmektedir.[7] Bununla birlikte nitelikli yetersayıları düzenleyen İsv BK 704'te genel kurulda temsil edilen oy haklarının üçte ikisi yanında genel kurulda temsil edilen sermayenin mutlak çoğunluğu aranmakta olup burada yalnız oy hakkı yönünden imtiyazların varlığı gibi özel durumlarda önem arz edebilecek bu ilave yetersayıya ise sermaye yetersayısı (*kapitalquorum*) adı verilmektedir.[8]

B. Yetersayıların Uygulanması Bakımından Kabul Edilen İlkeler

Toplantı yetersayısını düzenleyen hükümlerden bir kısmında azalan yetersayı ilkesi caridir. Bu ilkenin cari olduğu maddelerde, ilk toplantıda aranan toplantı yetersayısı mevcut olmaz ise ikinci toplantıda bu oranın ya hiç aranmadığı (Bkz. TTK 418, BTY 22/1) yahut daha az bir oranla yetinilebildiği (Bkz. 421/1, BTY 22/2) görülebilmektedir.[9] Ancak bir kısım düzenlemelerde gerek ilk gerekse ikinci toplantıda aynı yetersayı öngörülmüş olup, bu maddelerde kanun koyucu azalan yetersayıları kabul etmemiştir (Bkz. TTK 421/2,3, BTY 22/2,3).

Toplantı yetersayıları yönünden kabul edilen bir diğer ilke, gündem maddelerinin birbirinden bağımsızlığıdır.[10] Bu ilkeye göre nitelikli çoğunluk gerektiren veya gerektirmeyen maddelerin birbirinden ayrı olarak yeterli çoğunluğu sağlamaları, buna uygun miktarda yetersayıyı haiz olmaları yeterlidir; her bir karar diğerinden bağımsızdır.[11]

Son olarak özellikle konumuz bağlamında tartışılması gereken en önemli prensip, toplantı yetersayılarının korunması ilkesidir. Bu ilke genel kuruldaki toplantı yetersayısının ilgili maddenin görüşülmesinin sonuna

---

[7] *Forstomser/Meier Hayoz/Nobel, § 24, N 32; Patrick Sommer, in: Kren Kostkiewicz Jolanta/Wolf Stephan/ Amstutz Marc/Fankhauser Roland (Hrsg.), OR Kommentar, Schweizerisches Obligationenrecht, Zürich 2016, Art. 703 N 1.*

[8] *Sommer, Art. 704 N 1 vd. Her ne kadar maddenin ikinci fıkrası kanunda öngörülen bu yetersayıların ağırlaştırılabileceği hükmünü ihtiva etmekteyse de, Böckli, şirketin karar verme işlevine engel olacağından hareketle ana sözleşmede dahi toplantı yetersayıları öngörülemeyeceği kanaatindedir. (Peter Böckli, Schweizer Aktienrecht, Zürich 1996 § 12, N. 353). Belirli bir pay oranına, sermaye oranına, kafa sayısına ilişkin yetersayı çeşitlerine ve bunların kombinasyonuna ilişkin bilgi için bkz. Dubs/Truffer Art. 703 N 5; Forstmoser/Meier-Hayoz/Nobel § 24 N 3; Tanner, Art. 703 N 44.*

[9] *Ayrıntılı bilgi için bkz. Çamoğlu (Poroy/Tekinalp), Ortaklıklar, N. 707a; Ersin Çamoğlu, Yeni Ticaret Kanunu'nda Anonim Ortaklık Genel Kurulunda Nisaplar, Yaklaşım Dergisi, Ocak 2013, s. 244 vd.*

[10] *Çamoğlu (Poroy/Tekinalp), Ortaklıklar C I, N. 706a; Bahtiyar, Ortaklıklar, s. 180.*

[11] *Bunula birlikte, ilkenin varlığını savunmakla beraber Çamoğlu, karma nitelikli bir gündemle toplanan bir genel kurulda yeterli çoğunluğu saylayan maddelerin görüşülüp karara bağlanabileceği, özel yetersayı gerektirenlerin ise o toplantıda görüşülemeyeceğini savunmaktadır(Çamoğlu (Poroy/Tekinalp), Ortaklıklar C. I, N. 706a). Herhalde bu görüşü, gerekli yetersayıyı sağlamayan maddeler karara bağlanamaz şeklinde anlamak gerekir; aksi halde gündem maddelerinin bağımsızlığı ilkesinin uygulanma kabiliyeti bulunmayacaktır.*

kadar aranacağı veya toplantının sonuna kadar korunması gerektiği şeklinde sonuçları birbirinden tamamen farklı iki yönde anlaşılmaktadır.[12]

C. Kanunda Yer Verilen Toplantı Yetersayıları

1. Basit Toplantı Yetersayısı

Çağrılı yahut çağrısız olsun, kanunda veya ana sözleşmede daha ağır bir yetersayı öngörülmedikçe, genel kurul sermayenin en az dörtte birini karşılayan payların sahiplerinin veya temsilcilerinin varlığında toplanır (TTK 418, BTY 22/1). Birinci toplantıda bu yetersayıya ulaşılamadığı takdirde, ikinci toplantının yapılabilmesi için yetersayı aranmaz (azalan yetersayı kuralı[13]). Bu maddede öngörülen yetersayı, adi (basit) toplantı yetersayısıdır. Yönetim kurulu üyelerinin seçimi, ibrası, bilançonun tasdiki, denetçinin seçimi gibi pek çok önemli konuda söz konusu yetersayıya göre toplanan genel kurulda çoğunluğun olumlu oyu ile karara varılabilir. Söz konusu madde, aksi kanunda ve ana sözleşmede öngörülmedikçe uygulanacak toplantı nisabını düzenlediğinden, bu konuda ana kural olarak değerlendirilmeye müsaittir.

2. Ağırlaştırılmış Toplantı Yetersayıları

Ağırlaştırılmış yetersayılar ise ana sözleşme değişiklikleri için esas olarak TTK 421'de yer alır. Ancak bu maddede farklı olasılıklara göre farklı yetersayılar öngörülmüştür. Maddede, bilanço zararlarının kapatılması için yükümlülük ve ikincil yükümlülük koyan kararlar ile şirket merkezinin yurtdışına taşınması için alınacak kararlar için oy birliği arandığından[14] (TTK 421/2/a, b, BTY 22/2), bu kararlar açısından aranacak toplantı nisabı da sermayeyi temsil eden payların yüzde yüzüdür. Zira sermayenin yüzde yüzünü teşkil eden payların temsil edilmediği bir toplantıda bu yönde kararlar alınması mümkün değildir.

---

[12] *Konumuz bakımından özel önemi dolayısıyla bu ilke aşağıda müstakil bir başlık altında ayrıntılı olarak değerlendirilecektir. Bkz. bölüm III.*

[13] *Çamoğlu (Poroy/Tekinalp), Ortaklıklar C. I, N. 707.*

[14] *ETK döneminde de, pay senetlerinin itibari değerini yükselterek esas sermayenin artırılması yoluna gidilmek istenmesi halinde, eğer mevcut tali yüküm ediminin kapsamı pay senetlerinin nominal değerine göre belirlenmiş ise, pay senetlerinin itibari değerlerinin yükseltilmesi aynı zamanda tali yükümlülüklerin de ağırlaşması, artması sonucunu doğuracağından, genel kurulun bu yöndeki sermaye artırımı kararını oybirliği ile alması gerektiği hakkında bkz, Erol Ulusoy, Anonim Şirketlerde Tali Yükümler, Mar. Üniv. İktisadi ve İdari Bilimler Dergisi, Cumhuriyetin 75. Kuruluş Yıldönümüne Armağan, 1999 C. XV S. 1, 347 vd.*

Şirketin işletme konusunu tamamen değiştirmek,[15] imtiyazlı pay oluşturmak ve nama yazılı payların devrini sınırlamak için toplantı yetersayısı sermayenin en az yüzde yetmiş beşini oluşturan payların sahiplerinin veya temsilcilerinin olumlu oyu gerektiğinden (TTK 421/3, BTY 22/3), bu kararın alınabilmesi için de yine söz konusu toplantıda en az aranan bu miktarda payın temsil edilmesi gerekir.[16] Bu halde toplantı yetersayısı sermayenin yüzde yetmiş beşini temsil eden payların varlığıdır.

Kanunda ilaveten, farklı yerlerde, sermaye azaltımı (TTK 473/3, BTY 22/7), şirketin genel kurul kararıyla feshi (TTK 529/1/d, BTY 22/10), şirketin tasfiyesinde önemli miktarda aktiflerin toptan satılabilmesi (TTK 538/2, bkz. ve karş. BTY 22/12) ve tahviller, finansman bonoları, varlığa dayalı senetler, diğer borçlanma senetleri, alma ve değiştirme hakkını haiz senetler ile her çeşit menkul kıymetlerin çıkarılması (TTK 504, BTY 22/11) veya çıkarma yetkisinin yönetim kuruluna bırakılması için (TTK 505) alınacak genel kurul kararları bakımından da kanunda bu yetersayıya (TTK 421/3,4) yollama yapılmıştır.[17] Faaliyet dönemi içerisinde önemli miktarda aktifin toptan satışını genel kurulun devredilemez yetkileri içerisinde gösteren TTK 408/1/f'de ise herhangi bir yetersayı öngörülmemiş iken, BTY 22/12'de benzer şekilde yüzde yetmiş beşlik oranın aranması ise doktrinde eleştirilmiştir.[18] İlk toplantıda TTK 421/3'te aranan oran sağlanamadığı takdirde, izleyen toplantıda da yine bu oranın aranacağı düzenlendiğinden (TTK 421/4), azalan yetersayılar ilkesi burada cari değildir.

---

[15] İşletme konusunun değiştirilmesi için TTK 421/1'deki yetersayıya ulaşılması yeterli iken işletme konusunun "tamamen" değiştirilmesi için farklı yetersayı öngörülmesi, bu iki kavram arasında farklılığın ne olduğunun tespitinin güçlüğü, konunun tamamen değiştirilmiş olup olmadığının tespitinin güçlüğü ve ayrımın isabetli olup olmadığı noktalarında haklı olarak eleştirilere uğramaktadır. Bkz. Kendigelen, s. 273; Bahtiyar, Ortaklıklar, s. 185.

[16] Aynı şekilde, burada esasen bir karar yetersayısı düzenlendiği, ancak söz konusu değişikliklerin yapılabilmesi için sermayenin en az yüzde yetmiş beşini oluşturan payların sahiplerinin veya temsilcilerinin toplantıda hazır bulunması gerektiği yönünde, Pulaşlı, Şerh, C. I, s. 996. Yine bu yönde, düzenlemenin karar yetersayısı niteliğinde olduğu açık bulunmakla birlikte, karar alınabilmesi için en azından bu oranda payların sahip veya temsilcilerinin toplantıda hazır olması da gerektiğinden, bu oranın, aynı zamanda asgari toplantı yetersayısını da oluşturacağı görüşünde, Mehmet Bahtiyar, Anonim Şirket Genel Kurulunda Toplantı Yetersayısının, "Toplantı Süresince Korunması" Şartına İlişkin TTK. 418/1 Hükmünün Değerlendirilmesi", Prof. Dr. Hamdi Yasaman'a Armağan, İstanbul 2017, s. 66; benzer şekilde Oruç Hami Şener, Teorik ve Uygulamalı Ortaklıklar Hukuku Ders Kitabı, Ankara, 2017, s. 517.

[17] Yapılan bu yollamanın bilinçli ve uygun olmadığı yönünde bkz. Abuzer Kendigelen, "Anonim Şirketlere İlişkin Hükümlerde Benimsenen Bazı Ağırlaştırılmış Nisaplar Bilinçli Bir Tercihin Ürünü mü?", Banka ve Ticaret Hukuku Araştırma Enstitüsü 60. Yıl Armağanı, Ankara 2015, s. 95 vd.

[18] Geniş bilgi için bkz. Levent Biçer / Esra Hamamcıoğlu, "Anonim Ortaklıkta Genel Kurulun Devredilemez Yetkileri Kapsamında Önemli Miktarda Şirket Varlığının Toptan Satışı ve Uygulama Alanı" Kadir Has Üniversitesi Hukuk Fakültesi Dergisi, C. I, 2013, s. 15 vd; naklen Bahtiyar, Ortaklıklar, s. 182. Kanaatimce burada tasfiye haline özgü aktiflerin toptan satışı yerine (TTK 538/2) bir bütün halinde faaliyet içi faaliyet dışı tüm genel kurul kararları bakımından özdeşleştirilerek sehven bu oran göz önünde bulundurulmuştur.

TTK 421'de belirtilen, ikinci fıkradaki oybirliği ve üçüncü fıkradaki yüzde yetmiş beşlik oran aranan ve kanunda farklı hükümlerde veya ana sözleşmede ağırlaştırılmış yetersayı öngörülen kararlar dışında kalan; şirket unvanının, merkezinin değiştirilmesi, sermaye artırımı gibi özel olarak zikredilmeyen diğer ana sözleşme değişikliklerine dair kararlar ise şirket sermayesinin en az yarısının temsil edildiği genel kurulda alınabilir (TTK 421/1, BTY 22/15). Şu halde bu gruba giren kararlar için asgari toplantı yetersayısı, sermayenin yüzde ellisini temsil eden payların sahiplerinin veya temsilcilerinin varlığıdır. Burada ise azalan yetersayı kuralı caridir. İlk toplantıda bu oran sağlanamaz ise en geç bir ay içerisinde yapılacak ikinci toplantı bakımından toplantı yetersayısı şirket sermayesinin üçte biridir. Hüküm nispi emredici olup, buna göre yetersayılar ana sözleşme ile ağırlaştırılabilir, ancak hafifletilemez (TTK 421/1 son cümle).[19]

TTK 421 kapsamında son olarak TTK 421/5'te (BTY 22/9), pay senetleri menkul kıymet borsalarında işlem gören şirketlerde, sermayenin artırılması ve kayıtlı sermaye tavanının yükseltilmesine ilişkin ana sözleşme değişiklikleri ile birleşmeye, bölünmeye ve tür değiştirmeye ilişkin kararlarda 418 inci maddedeki toplantı nisabının uygulanacağı açıkça düzenlenmiştir.

3. Yapısal Değişikliklere İlişkin Yetersayılar

Kanunda birleşme, bölünme, tür değişikliği gibi önemli yapısal değişikliklere ilişkin ise özel yetersayılar öngörülmüştür. İlaveten bu kararlar ortaklara ek ve kişisel yükümlülükler getiriyor ise yine ilgili maddelerde öngörülen farklı yetersayılar uygulanacaktır. Şöyle ki birleşme

---

[19] *İsviçre Hukuku'nda da ağırlaştırılmış yetersayıları düzenleyen İsv. BK. 704 yönünden Arthur Meier-Hayoz/ Peter Forstmoser, Schweizerisches Gesellschaftsrecht, Bern, 2002, § 16 N 379; Tanner, Art. 704. N. 16. Pulaşlı, TTK 421/1 hükmün nispi emredici olduğunu, buna göre yetersayıların hafifletilemeyeceğini, ancak her ne kadar toplantı yetersayıları ağırlaştırılabilir ise de maddede öngörülen yetersayıların oybirliği şartına bağlanamayacağı, çünkü bu durumda anonim şirketin günün değişen koşullarına uydurulmasına set çekilerek şirketin ekonomik açıdan riske edilmiş olacağı düşüncesindedir (Pulaşlı, Şerh, C. I, s. 994). Kanaatimce de böyle bir düzenleme, anonim şirketin sermaye şirketi niteliğine aykırı görülebilir. Zira şirket sözleşmesi değişikliklerini kural olarak oy birliği şartına bağlayan kişi ortaklıklarından farklı olarak bir sermaye ortaklığı olan anonim ortaklıkta çoğunluk ilkesi geçerlidir. Ancak hükmün ifadesi bu yönde olmadığından konu tartışmaya açıktır. İmregün ise ağırlaştırma yönünden bir sınır öngörülemeyeceği, hatta oybirliğinin dahi aranabileceği kanaatindedir (İmregün, Yetersayılar, s. 354). Yazar, toplantı yetersayılarının, kanunda öngörülenden daha da ağırlaştırılmasının nedeni olarak kanun koyucunun önemli gördüğü, örneğin ana sözleşme değişikliği gibi hallerde, genel kurul toplantısına mümkün mertebe fazla sayıda pay sahibinin katılımını ve böylece onların da görüş ve oylarının alınmasını sağlamak olduğu, kanun ile ağırlaştırılmış toplantı yetersayılarının, pay sahiplerine kanun ile tanınmış olan "olumsuz azınlık hakları" niteliğinde olduğunu ifade etmektedir.*

kararları bakımından TTK 151/1'de sermayenin çoğunluğunu temsil etmesi şartıyla, karar yetersayısı olarak genel kurulda mevcut bulunan oyların dörtte üçü aranmış (TTK 151/1/a) olduğundan,[20] toplantı yetersayısı, en az şirket sermayesinin çoğunluğunu (yüzde elliden fazlasını) meydana getiren bir pay oranı olmak durumundadır.[21] Bölünme planının ve bölünme sözleşmesinin genel kurulda onaylanmasına ilişkin karar alınabilmesi için yeter sayılar yönünden TTK 173'de birleşmeye ilişkin TTK 151'e yollama yapılmaktadır.[22] Tür değişikliklerinde ise anonim ortaklıklarda sermayenin üçte ikisini karşılaması şartıyla, genel kurulda mevcut oyların üçte ikisiyle karar alınabileceği (TTK 189/1/a), limitet şirkete dönüştürme halinde, ek ödeme veya kişisel edim yükümlülüğü doğacaksa, tüm ortakların onayıyla (oybirliği ile) karar alınabileceği (TTK 189/1/b) düzenlenmektedir. Bu durumda ilk halde sermayenin üçte ikisi, ikinci durumda ise tamamını temsil eden payların genel kurulda varlığı gerekir. Öte yandan her üç hal bakımından da TTK 421/5/b'de pay senetleri menkul kıymet borsalarında işlem gören şirketlerin alacakları karar bakımından TTK 418'deki toplantı yetersayısına yapılan yollama saklıdır.[23]

---

[20] *Hükmün devamında, (b) bendinde, bir kooperatif tarafından devralınma söz konusu ise yine aynı oran aranırken; TTK 151/4'te, anonim şirketin limitet şirket tarafından devralınması halinde ek yükümlülük ve kişisel edim yükümlülükleri de öngörülüyorsa veya bunlar mevcut olup da genişletiliyorsa, bütün ortakların oybirliğine gerek olduğu; TTK 151/5'te birleşme sözleşmesi bir ayrılma akçesini öngörüyorsa bunun, şirkette mevcut oy haklarının yüzde doksanının olumlu oylarıyla onaylanması gerektiği; TTK 151/6'da ise birleşme sözleşmesinde devrolunan şirketin işletme konusunda değişiklik öngörülmüşse, birleşme sözleşmesinin ayrıca, şirket sözleşmesinin değiştirilmesi için gerekli yetersayıyla (TTK 421/1 veya 421/3'e uygun yetersayı ile onaylanmış olmasının zorunlu olduğu düzenlenmektedir. Sayılanlardan TTK 151/4'te öngörülen hükmün bütün ortakların oybirliği olarak anlaşılmasının birleşmeyi zorlaştıracağı, bunun yerine hükmün ek yükümlülük yüklenen ilgili ortakların oybirliği olarak anlaşılması gerektiği, nitekim Mehaz İsviçre Birleşme Kanunu 18/4'de bir limitet şirket tarafından devralınan anonim ve sermayesi paylara bölünmüş komandit şirketlerde, bu devralma ile ek yüküm veya başka bir şahsi edim yükümü öngörülüyor ise, bundan etkilenen tüm ortakların onayının gerekli olduğunun hükme bağlanmış olduğu yönünde, Hülya Coştan, Limitet Şirkette Genel Kurul Nisapları, Ticaret ve Fikri Mülkiyet Hukuku Dergisi, 2015 S. 1, s. 72. Çamoğlu ve Bahtiyar, bu şekilde esas sermayenin çoğunluğunu temsil etmek şartı ile kurula katılan payların dörtte üçünün aranmasını çifte nisap olarak adlandırmaktadır. (Çamoğlu, Nisaplar, s. 247; Bahtiyar, Toplantı Yetersayısı, s. 66).*

[21] *Böyle bir durumda farazi olarak toplantıya katılanların tamamı olumlu oy verirse, aranan yetersayıyı haiz bir genel kurul kararı ortaya çıkabilir. Ancak asgari karar yetersayısı olan dörtte üçlük bir pay oranı olumlu oy vermiş ise, bu halde toplantı yetersayısı genel kurulda dörtte üçlük kısmı dahi şirket sermayesinin çoğunluğunu (yüzde elliden fazlasını) meydana getiren bir pay oranı mevcut olmak durumundadır. TTK 151/1/a'da düzenlenen bu yetersayının ilgili toplantıda temsil olunan paylar yerine tüm paylar esas alınarak belirlenmiş olması nedeniyle, doktrinde yetersayıları düzenleyen diğer hükümler ile uyumun bozulduğu yönünde eleştirilmektedir. Limited şirket açısından bu yönde bkz. Coştan, Nisaplar, s. 71.*

[22] *Buna göre, onama kararında 151 inci maddenin birinci, üçüncü, dördüncü ve altıncı fıkralarında öngörülen nisaplara uyulmalı (TTK 175/2) oranın korunmadığı bölünmede onama kararı ise, devreden şirkette oy hakkını haiz ortakların en az yüzde doksanıyla alınmalıdır (TTK 175/3).*

[23] *Ayrıntılı bilgi için bkz. Hülya Coştan, Yeni Türk Ticaret Kanunu'na Göre Birleşme, Bölünme ve Tür Değiştirme Kararları, Ankara, 2012, s. 76 vd.*

4. Kanunda Geçen Muhtelif Diğer Toplantı Yetersayıları

Bundan başka kanunda farklı yerlerde, alınabilecek çeşitli genel kurul kararları yönünden farklı yetersayılara yer verilmiştir. Tasfiyeden dönmeyi düzenleyen TTK 548'de (BTY 22/14), ortaklığın süresinin dolmasıyla veya genel kurul kararıyla sona ermiş ise pay sahipleri arasında malvarlığının dağıtımına başlanılmış olmadıkça, genel kurulun ortaklığın devam etmesini kararlaştırabileceği, bu kararın sermayenin en az yüzde altmışının oyu ile alınması gerektiği düzenlenmektedir.

TTK 454'te ise imtiyazlı pay sahipleri özel kurulunda[24] alınacak kararlar bakımından toplantı yetersayısı ise kanunda imtiyazlı payları temsil eden sermayenin yüzde altmışı olarak belirlenmiştir (TTK 454/3, BTY 22/13). İlk toplantıda bu oran sağlanamaz ise ikinci toplantıda da aynı yetersayı aranacaktır.[25]

Son olarak konumuz çerçevesinde kanunda mevcut özel toplantı yetersayılarından birisi olarak değerlendirilebilecek bir hal, çağrısız genel kurul toplantılarını düzenleyen TTK 416'da yer almaktadır. Buna göre bütün payların sahipleri veya temsilcilerinin hazır bulunmaları ve aralarından birisinin itiraz etmemesi halinde davet usulüne ve çağrıya ilişkin hükümlere riayet edilmeksizin geçerli bir genel kurul toplantısı yapılabilecek olup, bu halde çağrısız genel kurul toplantıları için aranan toplantı nisabı sermayenin yüzde yüzüdür.

III. Toplantı Yetersayısının Korunması İlkesi ve Sonuçları

A. Genel Olarak

Basit (adi) yetersayıları düzenleyen TTK 418'in gerekçesinde bu hükmün ETK 372 ve 378'in tekrarı olduğu ifade edilmekle birlikte, doktrinde TTK 418'de yapılan ilaveler olduğu, bunlardan önemli bir tanesinin ise öngörülen toplantı nisabının toplantının devamı süresince korunmasının şart kılınması olduğu tespit edilmiştir.[26] Nitekim maddede, birinci fıkranın ikinci cümlesinde "bu nisabın toplantı süresince korunması şarttır" şeklinde eski halde mevcut olmayan bir ilave yapılmıştır. Gerekçeye

---

[24] *Genel kurulun ana sözleşmenin değiştirilmesine, yönetim kuruluna sermayenin arttırılması konusunda yetki verilmesine dair kararıyla yönetim kurulunun sermayenin arttırılmasına ilişkin kararı imtiyazlı pay sahiplerinin haklarını ihlal edecek nitelikte ise bu karar anılan pay sahiplerinin yapacakları imtiyazlı pay sahipleri özel kurulu olarak adlandırılan bir toplantıda onaylanmadıkça uygulanamaz (TTK 454/1).*

[25] *Çamoğlu (Poroy/Tekinalp), Ortaklıklar I, N. 707k.*

[26] *Kendigelen, s. 270; Bahtiyar, Ortaklıklar s. 180; Pulaşlı, Şerh C. I, s. 992.*

karşılık maddenin müellifi Tekinalp de eserinde, toplantı yetersayısının sadece toplantının açılışında mevcut olmasının yetmeyeceği, nisabın toplantı süresince korunmasının şart olduğu, bu hususun Ticaret Kanununda açıklığa kavuşturularak ETK'deki boşluğun doldurulduğunu ifade etmektedir.[27]

Söz konusu düzenleme ile getirilen yenilik, toplantı yetersayısının korunması ilkesidir. Doktrinde Çamoğlu ise söz konusu kuralın hukukun yazısız ilkelerinden birisi olduğu, toplantı yetersayısının genel kurulun karar alma yeteneğini ifade ettiği, toplantının devamı sırasında yetersayıda eksilme olması halinde genel kurulun daha sonraki maddeleri görüşüp karara bağlama yeteneğini yitireceğini ifade ettikten sonra, yasada benzer bir hüküm bulunmamakla birlikte bu ilkenin toplantı nisapları için ETK döneminde de geçerli olduğu savını ileri sürmektedir.[28] Bu görüşe karşılık ETK döneminde ilkenin geçerli olduğu fikri tartışmaya açıktır.

Şöyle ki öncelikle, ETK 372'de bu yönde bir açıklık bulunmadığı gibi, bugün yürürlükte olan BTY'ye karşılık gelen Kom.Y'nin 28 ve 32. maddelerinde yetersayının toplantı açılmadan önce hazirun cetveline göre belirleneceği ve toplantının devamında toplantı değil, karar yetersayısının mevcut olup olmadığının tetkik edileceği düzenlenmekte idi. Bu bakımdan söz konusu ilkenin kanun koyucu tarafından kabul edildiğini söylemek mümkün değildir. Acaba bu konuda yazılı olmayan genel bir hukuk prensibinin varlığından bahsedilebilir mi? Doktrinde bu yönde bir fikir birliği olduğunu söylemek de güçtür. ETK döneminde konu doktrinde de tartışmalı olup Arslanlı bu hususta, toplantı yetersayısı sağlandıktan sonra genel kurulun, gündem maddelerinin görüşülmesine ve karar almaya geçebileceği, ancak pay sahiplerinden bir kısmı toplantıyı terk ederek adlarını hazirun cetvelinden sildirir ve yetersayı sağlanamaz ise genel kurulun toplantıya devam edemeyeceğini ifade ederek kanaatimce yetersayının oylamanın sonuna kadar korunması gerektiğine işaret etmiştir.[29] Aksi görüşteki İmregün ise toplantı yetersayısının toplantı başlangıcında hazirun cetvelinin incelenmesi suretiyle tespit edileceği, toplantının devamında oylamaya katılmama, toplantı salonundan ayrılma

---

[27] *Tekinalp, Sermaye Ortaklıkları, s. 278.*
[28] *Çamoğlu (Poroy/Tekinalp), Ortaklıklar, N. 708/1.*
[29] *Halil Arslanlı, Anonim Şirketler C.II-III: Anonim Şirketin Organizasyonu ve Tahviller, İstanbul 1960, s. 35 vd. Aksi fikirde, yazarın görüşlerinin farklı şekilde yorumu için bkz. Bahtiyar, Toplantı Yetersayısı, s. 76.*

gibi hususların toplantı yetersayısını etkilemeyeceğini savunmuştur.[30] Kaldı ki yukarıda ifade ettiğimiz üzere maddenin yeni halinin müellifi Tekinalp de eserinde, nisabın toplantı süresince korunmasının şart olduğu, bu hususun Ticaret Kanununda açıklığa kavuşturularak ETK'daki boşluğun doldurulduğunu ifade etmektedir.[31] Şu halde ETK döneminde ilkenin geçerliliğinden söz etmek kolay değildir.[32]

Bugün yürürlükte olan TTK 418'in lafzı ise toplantı yetersayısının yalnız toplantı başlangıcında hazır bulunanlar listesinde tespit edilmesi ve sonrasında pay sahibinin toplantıyı terk etmesinin toplantıyı etkilemeyeceği şeklinde fikir beyan etmeye uygun değildir. Her ne kadar, "toplantı başlamadan önce, Kanun ve esas sözleşmede öngörülen asgari toplantı nisabının sağlanamaması veya toplantı sırasında yapılan yoklama sonucunda toplantı açılmadan önceki hazır bulunan pay listesine göre hesaplanan karar nisabı kadar payın temsil edilmediğinin anlaşılması halinde toplantı ertelenir" hükmünü içeren BTY 28/1 hükmünden hareketle toplantı yetersayısının başlangıçta aranacağı, toplantının devamında toplantı değil, karar nisabının gözetileceği şeklinde anlaşılmaya elverişli ise de, toplantı nisabının devamının aranacağını düzenleyen TTK 418'in açık hükmü karşısında kanunla çelişen bu yönetmelik hükmünün uygulanabilme kabiliyeti bulunmamaktadır.[33] Şu halde bugün toplantı yetersayısının korunması ilkesi geçerlidir.

B. İlkenin Ne Şekilde Anlaşılması Gerektiği Hususunda Ortaya Çıkan Farklı Görüşler

Her ne kadar TTK 418/1'de toplantı yetersayının toplantı süresince aranacağı düzenlenmiş ise de, uygulamada maddenin koşulsuz uygulanmasından doğabilecek sakıncalar dolayısı ile farklı görüşlerin meydana gelmesine sebebiyet vermiştir. Zira bu maddeden hareketle ilk akla gelebilecek problem, toplantıda alınan kararlardan mutsuz olan bir kısım pay sahibinin toplantıdan ayrılması olasılığında, anılan hükmün bu ana kadar toplantı ve karar yetersayılarına uygun olarak alınmış olan kararların geçerliliği yönünden sakınca doğurabilme ihtimalidir. Hükmün ifadesi, koşulsuz uygulanması halinde o ana kadar yetersayılara uygun

---

[30] *İmregün, s. 131.*
[31] *Tekinalp, Sermaye Ortaklıkları, s. 278.*
[32] *Bu yönde, Bahtiyar, Toplantı Yetersayısı, s. 74 vd.*
[33] *Hükmün TTK 418/1 ile çeliştiği ancak olması gereken hukuk açısından isabetli hükmün bu olduğu fikrinde, Bahtiyar, Toplantı Yetersayısı, s. 98.*

olarak alınmış genel kurul kararlarının işlem güvenliği ile bağdaşmayacak şekilde geçerliliğinin tartışmayı açık hale gelmesine sebebiyet vermektedir. Bu sebeple söz konusu ilkenin ne şekilde uygulanması gerektiğine ilişkin farklı görüşler ileri sürülmüştür.

İleri sürülen görüşlerin bir kısmı, "toplantı süresince" ibaresini farklı şekilde yorumlamak gerektiği yönündedir. Bu yönde görüş bildiren Çamoğlu'na göre, TTK 418'de öngörülen toplantı yetersayısının, ilgili gündem maddesinin oylanmasının ve oyların sayılıp açıklanmasının sonuna kadar korunması yeterlidir. Yetersayı, toplantının başında mevcut olmakla birlikte, ilgili gündem maddesinin görüşülmesinden önce kaybedilirse, o maddeye ilişkin oylama yapılamaz. Yetersayının toplantı süresince aranacağını söyleyen ibare, konunun özelliğine uygun olarak tüm toplantı boyutunda değil, her gündem maddesi bağlamında uygulanması gerektiği şeklinde yorumlanmalıdır.[34] Bu görüş uyarınca bir kısım gündem maddelerinin toplantı yetersayıları mevcut iken görüşülüp karara bağlanmasından sonra bir grup pay sahibinin toplantıyı terk etmesi sonucu yetersayı kaybedilse dahi, daha önceden alınan kararlar geçerliliğini koruyacaktır. Yine toplantı gündeminde farklı toplantı yetersayısı gerektiren maddelerin bulunması halinde, örneğin sermayenin yüzde yetmiş beşinin varlığını gerektiren işletme konusunun tamamen değiştirilmesi konusu oylanıp bittikten sonra, bir grup pay sahibinin ayrılması, alınan kararların geçerliliğini etkilemeyeceği gibi, bu andan itibaren de basit yetersayının altına düşülmedikçe, bu yetersayıya (yüzde yirmi beşe) göre alınabilecek kararlar için müzakerelere devam edilebilir.[35] Şu durumda toplantı yetersayısının toplantı süresince aranması gerektiği hükmü "ilgili gündem maddesinin oylanmasının tamamlanmasına kadar" şeklinde yorumlanması gerekir.[36] Yazarın görüşünün gerekçesi ise; "toplantı süresince" ibaresinden yola çıkarak yetersayının korunup korunmadığının tüm toplantı boyunca değil, her bir karar için farklı nisap ortaya çıkabileceğinden hareketle her bir karar için ayrı ayrı oylamanın tamamlanmasına kadar araştırılması gerektiğidir.[37]

---

[34] *Çamoğlu (Poroy/Tekinalp), Ortaklıklar I, N. 708/2.*
[35] *Çamoğlu (Poroy/Tekinalp), Ortaklıklar I, N. 708/2.*
[36] *Çamoğlu (Poroy/Tekinalp), Ortaklıklar I, N. 708/2. Aynı fikirde, Bilgili/Demirkapı, s. 333.*
[37] *Benzer fikirde Kubilay da, toplantı başkanının, TTK 418/1, c. 2 hükmüne göre, toplantıda temsil edilen pay oranını sürekli gözeteceği, çünkü herhangi bir karar önerisinin oylaması yapılmadan önce, kanunun aradığı oranda payın toplantıda temsil edilmesinin (toplantı yetersayısının) bir genel kurul kararı için varlık koşulu olduğunu ifade etmektedir. Bkz. Huriye Kubilay, Karar Yetersayısının Hesaplanmasında Salt (Mutlak) Çoğunluğun Belirlenmesi Gereken An, Prof. Dr. Fırat Öztan'a Armağan, C. I, Ankara 2010, s. 1425, naklen Bahtiyar, Toplantı Yetersayısı, s. 92.*

Bu yönde görüş bildiren yazarlardan Pulaşlı ise durumun aynen çağrısız genel kurul toplantılarındaki (TTK 416) gibi olduğu, diğer bir ifade ile toplantı açılıp birkaç madde görüşüldükten sonra, pay sahiplerinin veya temsilcilerin bir bölümünün toplantıyı terk etmesi ve toplantı yetersayısının dörtte birin altına düşmesi halinde toplantıya devam edilip karar alınamayacağı, ancak toplantıdan ayrılmaya kadar gündemde yer alan konulardan bazısı görüşülmüş ve usulüne uygun olarak karar alınmışsa, alınan kararın bundan etkilenmeyeceği ve geçerliliğini koruyacağı fikrindedir.[38] Şu halde Pulaşlı farklı bir gerekçeyle, bu kez TTK 418'deki düzenlemenin TTK 416'daki çağrısız genel kurul toplantısındaki durum gibi olduğu yorumunda bulunarak konuya yaklaşmakta ve fakat yine aynı çözümü benimsemektedir.

Aksi fikirdeki yazarlar ise TTK 418 hükmüne yapılan ilaveyi eleştirmekte, bu ilave dolayısıyla toplantının herhangi bir aşamasında toplantı yetersayısının bozulması halinde, bu andan önce alınan kararların da geçersiz hale geleceği görüşünü dile getirmektedir. Bu fikirdeki yazarlardan Moroğlu, TTK 418 maddesinde yer alan bu yetersayının toplantı süresince korunması gerekir hükmünün kanunda veya ana sözleşmede öngörülen yetersayının bozulmasından önce genel kurulda alınmış olan kararların da geçersiz olacağı anlamına gelmesi bakımından çok hatalı olduğu, bu hükme göre genel kurul gündemini oluşturan altı maddenin beşi karara bağlandıktan sonra toplantı yetersayısı bozulur ise, daha önce alınan beş kararın geçersiz olacağı, bu anlayışın gündem çerçevesinde alınan her bir kararın diğerinden bağımsız olduğu ilkesine aykırı olduğu hükmü, hemen arkasından gelen ikinci toplantıda nisap aranmaz hükmü ile bağdaştırmanın da mümkün olmadığı, zira ikinci toplantıda nisap aranmadan karar alınabilirken ilk toplantıda dörtte bir ile karar alınamamasının anlamı bulunmadığı fikrini ileri sürmektedir.[39]

Bu görüşü takip eden Bahtiyar ise, konuyu oldukça ayrıntılı olarak irdeleyen çalışmasında özetle, TTK 416/1 ile TTK 418/1'de öngörülen durumun birbirinden tamamen farklı ifade edilmiş olduğu, iki hükmün aynı sonuca bağlanamayacağı,[40] yetersayının toplantı süresince korunması

---

[38] *Pulaşlı, Şerh, C 1, s. 992.*

[39] *Moroğlu, Hükümsüzlük, s. 120, dpn. 204; Erdoğan Moroğlu, 6102 Sayılı Türk Ticaret Kanunu Değerlendirme ve Öneriler, İstanbul, 2016, s. 222; Aynı yönde ifadeler ile Bahtiyar, Ortaklıklar, s. 180.*

[40] *Yazar devamında özetle, 418/1'de, "nisabın toplantı süresince korunması şart" kılınmış, nisap bozulmadan önce alınmış olan kararların geçerli sayılacağını gösteren bir açıklığa yer verilmiş olmadığı; hükmün açık ve emredici ifadesinin, doğru bulunmamakla birlikte daha önce alınan kararları da geçersiz saymaya oldukça*

şartındaki "toplantı süresi"ni, "her bir gündem maddesine ilişkin oylama süresi" şeklinde anlamak gerektiğini savunan görüşün de uygun olmadığı, bu görüşün, maddenin açık metni ile uyumlu olmayıp, contra legem bir yorum niteliğinde olduğu,[41] olması gereken hukuk açısından ise TTK 418/1'deki "bu nisabın toplantı süresince korunması şarttır" cümlesinin kanundan ve BTY'den acilen çıkarılması ve toplantı yetersayısının, kural olarak sadece toplantı başında aranması ile yetinilmesi gerektiği, bu yönde toplantı yetersayısının kural olarak açılışta varlığının saptanacağı ve bu yetersayıya göre belirlenecek karar yetersayısı mevcut oldukça da karar alınabileceği, fakat istisnaen, farklı (özel) toplantı yetersayıya tabi gündem maddeleri varsa, o maddenin oylanmasından önce, o özel yetersayının da sağlanması veya kontrolü gerektiği yönünde bir hükmün yönetmeliğe yazılmasının gerekli olduğu yönünde görüş ve kanaatini bildirmektedir.[42] Pulaşlı ise bu fikre karşı, böyle bir düzenleme önerisinin yetersayının bozulmasından sonra geçersiz kararlara yasaya aykırı bir şekilde geçerlilik kazandırılmasına yol açacağı yönündeki görüşünü ileri sürmektedir.[43]

---

[*] *elverişli olduğu; nisabın düşmesi halinde, TTK 418/1 gereği toplantıya devam edilemeyeceği ve yeni karar alınamayacağı, daha önce alınmış kararların ise geçerli kalacağı görüşüne, ETK 370'e ilişkin Yargıtay kararlarının dayanak olarak gösterilmesinin hatalı olduğu, iki hükmün aynı anlama gelmediği ve aynı yaptırıma tabi tutulmadığı, TTK 416/1, genel kurul çağrısız yapıldığı için yüzde yüz katılım şartını aramakta ve "bu nisap var olduğu sürece karar alınabilmesine" olanak vermekte olduğu, oysa TTK 418/1'in, usulünce yapılan çağrı üzerine asgari nisap sağlanıp toplantı başladıktan sonra, salonu terk ederek toplantı nisabını bozan kişiler nedeniyle, salonda kalan ve karar yetersayısını sağlayabilecek oranı oluşturan pay sahiplerinin iradesi aleyhine yeni karar alınmasını önlemekte, bir başka deyişle, salonu terk edenlerin davranışı, salonda mevcut olup karar alabilecek orandakilerin iradesinden üstün tutulmakta olduğu, hatta hükmün katı ifadesinin, yeni karar alınmasını önlemekle kalmayıp, daha önce alınmış kararların akıbetini de tartışılır hale getirmekte olduğunu ifade etmektedir. Bkz. Bahtiyar, Toplantı Yetersayısı, s. 87 vd.*

[41] *Yazar devamında özetle, aksine bir düşünce ile, her bir gündem maddesini sanki her biri ayrı birer toplantıymış gibi kabul etmenin dayanağı olmadığı gibi, bu sonucun pratikte de bağdaşmayacağı, TTK 409'daki olağan toplantıda görüşülecek asgari gündem maddelerine, TTK 413'teki gündem ve gündeme bağlılık kuralına, TTK 420'deki toplantının ertelenmesine ve TTK 421'deki toplantıda ana sözleşmenin değiştirilmesine dair kararlara dair düzenleme gibi birçok hükmün, her bir gündem maddesinin ayrı bir toplantı sayılmasına engel teşkil ettiği, bu görüş benimsendiği takdirde, aynı toplantı ve karar nisaplarına tabi olan her bir gündem maddesi için fiilen farklı bir toplantı ve dolayısıyla farklı bir karar yetersayısının ortaya çıkmasını tamamen normal karşılamak gerekeceği, Nihayet, her bir gündem maddesi için ayrı ayrı toplantı ve karar nisabı hesaplanması, uygulamada kötüye kullanımlar için de oldukça elverişli bir ortam yaratacağı, alınan kararları beğenmeyen bazı pay sahiplerine, salonu terk ederek, toplantı nisabını asgari oranın altına düşürmese bile, karar nisabını etkileyerek, sonraki bazı gündem maddelerinin karara bağlanmasını engelleme fırsatını da verebileceği, TTK. 418/1'deki "Bu nisabın toplantı süresince korunması şarttır" cümlesi, toplantının tekliği/gündemin çokluğu denebilecek kural ve uygulamaya tamamen aykırı olup, birkaç karardan sonra toplantı nisabı bozulduğu takdirde, daha önce alınan kararların da geçersiz sayılması gerekeceği anlamı vermekte olduğu görüşünü ifade etmektedir. Bkz. Bahtiyar, Toplantı Yetersayısı, s. 90 vd.*

[42] *Bahtiyar, Toplantı Yetersayısı, s. 99.*

[43] *Pulaşlı, Şirketler Hukuku Genel Esaslar, Ankara, 2017, s. 381, dpn. 57a.*

C. Görüş ve Değerlendirmemiz

Kanaatimizce, TTK 418/1'deki toplantı yetersayısının toplantı süresince korunması şartını getiren hüküm, her ne kadar uygulamada zorluk yaratacak ise de, toplantıya devam edilebilmesi için her bir gündem maddesi bakımından ayrı ayrı değerlendirmek koşuluyla asgari toplantı yetersayısının aranmasını zorunlu kılmaktadır. Şu halde toplantı başlangıcında hazır bulunanlar listesinden toplantı yetersayısının tespiti yapılmakla yetinilmeyerek, her bir gündem maddesi bakımından toplantı yetersayısının sağlanmaya devam edip etmediğinin tetkiki mecburi gözükmektedir.

Ancak söz konusu hüküm, amacını aşacak şekilde, bir kısım pay sahibinin toplantı yetersayısını bozmak üzere genel kuruldan ayrılması halinde, bu ana kadar geçerli bir toplantı ve karar yetersayısı ile alınan kararların geçersiz hale gelmesine yol açacak şekilde yorumlanmaya müsait değildir. Şöyle ki her şeyden önce bu şekilde hareket eden pay sahiplerince genel kurul kararının geçersizliğinin ileri sürülmesi, dürüstlük kuralına ve hakkın kötüye kullanılması yasağına (MK 2) aykırılık teşkil eder.

İlaveten unutulmaması gerekir ki genel kurul kararının kendisi bir hukuki işlem niteliğindedir.[44] Anonim ortaklığın iradesi, kanuna ve ana sözleşmeye uygun olarak toplanan genel kurulda hukuken geçerli olarak yapılan oylama sonucunda oluşmaktadır.[45] Şu halde hükümsüzlüğü konu edilebilecek olan genel kurulun kendisi değil, alınan kararlardan her birisidir.[46] Bu durumda yetersayısının mevcut olup olmadığının aranacağı husus, genel kurul toplantısı değil, münferit olarak kararın kendisidir. Toplantı yetersayısının toplantı süresince korunmasından, her bir gündem maddesi için ayrı ayrı toplantı yetersayılarının mevcut olup olmadığını tetkik etmek ve bu suretle yetersayıları korumak anlaşılmaktadır. Yoksa toplantı yetersayısını korumak yahut toplantıdan ayrılmak isteyen pay sahibini toplantıda tutmak mümkün değildir. Pay sahibinin toplantıdan ayrılması halinde ise yetersayı oluşmuyorsa toplantıya devam edilemez; ancak bu ifadeden o ana kadar alınan kararların geçersiz hale geleceği anlamı çıkmaz. Toplantı

---

[44] *Arslanlı, s. 128; Moroğlu, Hükümsüzlük, s. 9-10; Çamoğlu (Poroy/Tekinalp), Ortaklıklar I, N. 712; İsviçre Hukukunda, çok taraflı hukuki işlem olduğu yönünde, Christoph Müller, Berner Kommentar, Art. 1-18 OR mit allgemeiner Einleitung in das Schweizerische Obligationenrecht, Obligationenrecht, Allgemeine Bestimmungen, Bern 2018, Einleitung in das OR / II. Grundbegriffe des OR / A. Rechtsgeschäft N 151.*

[45] *Moroğlu, Hükümsüzlük, s. 10.*

[46] *Bkz. Yargıtay 11. Hukuk Dairesi'nin 15.09.1989 tarih ve E. 5854, K. 4342 sayılı Kararı. Nitekim bu doğrultuda, iptal yaptırımı yönünden Kırca, iptalin konusunun genel kurul kararları olup genel kurulun kendisi olmadığını haklılıkla vurgulamıştır (Kırca [Şehirali Çelik/Manavgat], C. II, s. 58).*

yetersayısını toplantı süresince korumak, ancak her bir karar yönünden toplantı yetersayısını gözetmek olarak yorumlanabilir. Farklı gündem maddeleri çerçevesinde alınan her bir karar birbirinden bağımsız olup, toplantı ve karar yetersayısı mevcut olarak oylanan ve takiben TTK 422'deki şekli şartlara uygun olarak alınan bir karara, geçerli birer hukuki işlem olarak tecessüm edecek olması dolayısıyla, pay sahiplerinin toplantıyı terk etmesinden itibaren mevcut yetersayıların değişmesi nedeniyle geçersizlik yaptırımı uygulanması mümkün görülmemelidir.

Kaldı ki toplantı maddelerinin geçersizliğini savunan yazarlarca da, haklı olarak gündem maddelerinin bağımsızlığı ilkesinin varlığından söz edilmektedir. Biz yukarıda, yetersayıların genel kurulu kararı şeklindeki hukuki işleminin kurucu unsuru olduğunu ifade etmiştik. Birbirinden bağımsız olarak tecessüm eden hukuki işlemler açısından, sonradan meydana gelecek bir hukuki işlemin (sonraki gündem maddelerine istinaden alınacak genel kurul kararının), kurucu unsurları tamamlanan önceki hukuki işlemlerin (önceki gündem maddelerine göre alınan genel kurul kararlarının), kurucu unsurlarını ortadan kaldırması suretiyle onu geçersiz hale getirmesi mümkün değildir. Nitekim toplantı yetersayısının kural olarak düzenlenmediği, ancak kanunda mevcut olduğu istisnai hallerden birisi olan İsv BK 701 hükmü kapsamında, İsviçre hukukunda da pay sahiplerinin toplantıyı terk etmesinin *ex nunc* ileriye etkili olduğu ve bu ana kadar alınan kararların geçerli olacağı benzer şekilde kabul edilmektedir.[47] Şu halde kanaatimizce, geçerli bir karar alındıktan sonra, pay sahiplerinin toplantıyı terk etmesi, toplantı ve karar yetersayılarına uygun olarak alınan kararların geçersiz hale gelmesine yol açmaz; zira önceden alınan kararların kurucu unsurları mevcut hale gelmiştir; ancak toplantı yetersayısı sağlanamıyor ise bu andan itibaren karar alınma imkânını ortadan kaldırır. Deyim yerinde ise toplantı süresince korunamayan toplantı yetersayısı, toplantı süresini bu andan itibaren sona erdirir.

Öte yandan bir genel kurul toplantısında farklı yetersayılara tabi farklı kararlar da alınabileceği için, birden çok çeşit toplantı yetersayısının nazara alınması gerektiği varsayımında, artık tek bir yetersayı söz konusu olmadığından, bu gibi hallerde toplantı yetersayısını, tüm toplantı bakımından bir bütün olarak tespit etmek mümkün olmayıp, bu durumda toplantı nisabının her bir gündem maddesinde ayrı ayrı gözetilmesi

---

[47] *Bürgi, Art 701 N 6 ve 1; Emil Schucany, Kommentar zum schweizerischen Aktienrecht, Zürich 1960, Art. 701 N 6; Peter Böckli, § 12 N. 54; Tanner, s. 697; Dubs/Truffer, Art. 701 N 3a; Frick/Stäheli, Art. 701 3, N 4.*

zorunludur. Bu sebeple toplantı yetersayısını da ilgili gündem maddeleri bakımından ayrı ayrı değerlendirerek gözetmek ve hükmü bu şekilde, toplantı yetersayısının her bir gündem maddesi bakımından, her bir oylamanın sonuna kadar aranacak şeklinde yorumlamak mümkündür.

Nitekim Yargıtay da yeni tarihli bir kararında, konuyu ifade ettiğimiz şekilde yorumlamıştır. Toplantının başlangıcında genel kurula katılan, ancak oy kullanmadan toplantıdan ayrılan bir pay sahibinin yetersayı yokluğu sebebiyle açmış olduğu geçersizliğin tespiti davasında, toplantıda alınan bütün kararların yokluğundan söz etmemiş, ancak şirketin önemli miktarda aktiflerinin satışına ilişkin dokuzuncu gündem maddesi çerçevesinde oybirliği ile alınan kararda toplantı yetersayısının %64,68 olması, ancak TTK 538/2 ve 421/3 hükümleri uyarınca kararda aranacak yetersayının %75 olması dolayısıyla, karar metninden anlayabildiğimiz kadarıyla, farklı yetersayılar aranan gündem maddelerine ilişkin alınan kararların tamamının değil, ancak bu kararın yokluğuna hükmedilmesi gerektiğini belirtmiş; daha önce geçerli olarak alınan kararları geçersiz hale getireceği şeklinde bir fikir beyan etmemiştir.[48] Ancak TTK 418/1

---

[48] *Davacı vekili, davalının 27.01.2013 tarihinde ...'nın ... şehrinde yapılan toplantısında müvekkilinin hazır bulunduğunu, ancak oy kullanmayarak toplantıyı terk ettiğini... 5 kişinin katıldığı bir toplantı ile şirket malvarlığının sınırsız bir şekilde ... tarafından satılması yönünde yetki verildiğini, kararların yasa, ana sözleşme ve iyiniyet kurallarına aykırılık taşıdığını, şirketin önemli miktardaki aktifinin ancak genel kurul kararı ile satılabileceğini, bu yetkinin usulsüz bir şekilde ...'e verildiğini ileri sürerek olağan genel kurul kararının TTK'nın 445. maddesi uyarınca iptalini veya TTK'nın 447. maddesi uyarınca butlanını tespitini, TTK'nın 537. maddesi uyarınca ...'in tasfiye memurluğu görevinden alınmasını, yerine tasfiye memuru tayinini talep ve dava etmiştir. Davalı vekili, toplantının usul ve yasaya uygun yapıldığını, oy kullanmamanın veya toplantıyı terk etmenin butlan ve iptal sebebi sayılmadığını, ortaklar genelde yurt dışında bulunduğundan daha fazla kişinin katılımının sağlanması için toplantının ...'da yapıldığını, %65 nisaba sahip ortağın katılımıyla kararların oybirliğiyle alındığını, şirket ortaklarının usulünce bilgilendirildiğini savunarak davanın reddini istemiştir. Mahkemece, iddia, savunma, bilirkişi raporu ve tüm dosya kapsamına göre, şirket ana sözleşmesinin 19. maddesine göre toplantının, idare meclisince tayin ve ilan edilen yerde yapılabileceği, çağrı ve gündemin ilan edildiği, nama yazılı hissedarlara taahhütlü posta ile toplantının bildirildiği, davacının oylamaya katılmadan toplantıyı terk ettiği, genel kurul toplantısında kullanılan oy adedine göre toplantının %64,68 temsille gerçekleştirildiği, bu duruma istinaden toplantının şirket merkezinin bulunduğu yerde yapılmış olması halinde katılımın daha yüksek olabileceğine dair davacı tarafça somut ve inandırıcı delil getirilemediği, anonim şirket genel kuruluna katılan bir ortağın kurulda alınan bir karara karşı iptal davacı açabilmesi için karara muhalif kalıp, bu durumu tutanağa geçirmesi gerektiği, somut olayda davacının oy kullanmadığı gibi karara muhalif kaldığına dair muhalefet şerhi bulunmadığı, olağan genel kurul toplantısının iptalini talep edebilme koşullarının davacı açısından mevcut olmadığı, toplantıya bakanlık temsilcisinin iştirak ettiği ve raporunu ibraz ettiği gibi toplantının iptalini gerektirebilecek herhangi bir husus görülmediği, genel kurul toplantısının icrasının ve genel kurulda alınan kararların kanuna, ana sözleşmeye ve iyi niyet kurallarına herhangi bir aykırılığı bulunmadığı gerekçesiyle davanın reddine karar verilmiştir. Kararı, davacı vekili temyiz etmiştir.1-) Dava dosyası içerisindeki bilgi ve belgelere, mahkeme kararının gerekçesinde dayanılan delillerin tartışılıp, değerlendirilmesinde usul ve yasaya aykırı bir yön bulunmamasına göre davacı vekilinin aşağıdaki bendin kapsamı dışında kalan sair temyiz itirazları yerinde değildir. 2-) Dava, anonim şirket genel kurul kararının iptali veya butlanının tespiti istemine ilişkindir. 6102 Sayılı TTK'nın 538/2. maddesinde şirketin önemli miktarda aktiflerin toptan satılabilmesi için genel kurul kararının gerekli olduğu ve bu karar hakkında 421. maddenin*

hükmünün yanlış anlaşılmaya müsait ifadesinin bu şekliyle daimi bir sorun teşkil edeceği ve eleştiriye oldukça müsait olduğu açıktır.

D. İlkenin TTK 418 Dışında Ağırlaştırılmış Yetersayılara Uygulanıp Uygulanmayacağı

Toplantı yetersayısının uygulamanın sonuna kadar korunması olarak ifade ettiğimiz ilke, yalnız TTK 418'de zikredilmiş olmakla birlikte, ağırlaştırılmış yetersayıları öngören diğer haller için de geçerli olup olmadığı değerlendirilebilir. Kanaatimizce toplantı yetersayısı, tıpkı karar yetersayısı gibi, işlemin (genel kurul kararının) kurucu unsurlarından birisini teşkil ettiğinden, ağırlaştırılmış yetersayıları düzenleyen maddelerde ismen zikredilmemiş olmasına rağmen, ağırlaştırılmış toplantı yetersayıları bakımından da kuralın uygulanması gerekir.[49]

IV. Çağrısız Genel Kurul Toplantılarındaki Özel Durum

A. Çağrısız Genel Kurul

Genel kurul toplantılarının çağrılı (ilanlı ve bildirimli) olarak yapılması kural ise de, toplantıda sermayenin yüzde yüzünün asaleten veya vekâleten temsil edilmesi halinde bu toplantıda çağrıya ilişkin formalitelere uyulması aranmamıştır (TTK 416).[50] Bu şekilde yapılan genel kurul toplantılarına çağrısız genel kurul toplantısı (*universalversammlung*) adı verilmektedir. Çağrısız genel kurul toplantıları, sermayenin yüzde yüzünün asaleten veya vekâleten genel kurul toplantısında hazır bulunduğu ve toplantının çağrısız yapılmasına kimsenin itiraz etmediği toplantılardır. Özellikle küçük ve aile

---

üçüncü ve dördüncü fıkralarının uygulanacağı belirtilmiş, aynı Kanunun 421. maddesinin 3. fıkrasında bu tür kararların sermayenin en az yüzde yetmiş beşini oluşturan pay sahiplerinin veya temsilcilerinin olumlu oylarıyla alınacağı, 4. fıkrasında ise üçüncü fıkralarda öngörülen nisaplara ilk toplantıda ulaşılamadığı takdirde izleyen toplantılarda da aynı nisabın aranacağı, ayrıca nisabın sağlanması bakımından oyda imtiyazın dikkate alınmayacağı düzenlenmiştir. İptali istenen genel kurul kararının 9. maddesinde beş kısımda mütalaa edilen şirket mallarının gerek pazarlık suretiyle gerek toptan veya perakende satılabilmesi için tasfiye yetkilisi ...'in tek başına yetkili kılınmasına karar verilmiştir. Dava konusu genel kurulun %64,68 oranında hissedarın katılımı ile gerçekleştirildiği anlaşıldığından şirket aktifinin toptan satılabilmesi için kanunda aranan ve tasfiyede de uygulanması gerekli nisabın sağlanamadığı, bu durumda anılan maddenin yoklukla malul olduğu nazara alınmaksızın yazılı gerekçe ile davanın reddine karar verilmesi doğru olmamış, bozmayı gerektirmiştir." (Yargıtay 11. Hukuk Dairesi, E. 2015/6357, K. 2016/702, T. 25.1.2016, Kazancı İçtihat). Aksi görüş kabul edilse idi, şirketin önemli miktarda aktiflerinin toptan satışına ilişkin gündem maddesini içeren genel kurul toplantısında bu yetersayının kaybedilmesi halinde toplantının yapılamaması gerekirdi. Kararın, TTK 418 hükmünün diğer ağırlaştırılmış yetersayılara uygulanmasının tartışmalı olması dolayısıyla (ki biz uygulanabileceğini düşünmekteyiz) fikirlerimizi desteklemediği de ileri sürülebilecekse de, en azından gündem maddelerinin birbirinden bağımsız olarak değerlendirileceğini doğrulamaktadır.
[49] Bu görüşte, Çamoğlu (Poroy/Tekinalp), Ortaklıklar I, N. 708; Aksi fikirde, Bahtiyar, Toplantı Yetersayısı, s. 74 vd.
[50] Çamoğlu (Poroy/Tekinalp), Ortaklıklar I, N. 669; Tekinalp, Sermaye Ortaklıkları, s. 260.

tipi anonim ortaklıklarda, çağrıya ilişkin prosedürlere uyulmaksızın tüm pay sahiplerinin bir araya gelmesi ile bu şekilde karar alınabilmektedir. Ancak bu toplantılarda da, çağrı usulüne ilişkin olanlar dışında görüşme, oy kullanma, karar alma, tutanak tutma, gerekiyorsa bakanlık temsilcisi bulundurma gibi hususlarda, uyulması gereken tüm hükümlere uyulması gerekmektedir.[51] Zira tüm pay sahiplerinin bir araya geldiği her türlü gayri resmi toplantı çağrısız bir genel kurul toplantısı olarak kabul edilemez,[52] Aksine çağrıya ilişkin formalitelerinin dışında, yasal hükümler tam olarak karşılanmalıdır.[53]

Çağrısız genel kurula imkân tanıyan hükümler, hukukumuzda TTK 416/1 ve BTY 12/1'deki düzenlemelerde yer almaktadır. Buna göre bütün pay sahipleri ve temsilcileri, aralarından biri itirazda bulunmadığı takdirde, genel kurula katılmaya ve genel kurul toplantılarının yapılmasına ilişkin hükümler saklı kalmak şartıyla, çağrıya ilişkin usule uyulmaksızın, genel kurul olarak toplanabilir ve bu toplantı nisabı var olduğu sürece karar alabilirler (TTK 416/1).

Bu toplantı çeşidinin özelliği, çağrıya ve gündeme ihtiyaç duyulmaksızın tüm pay sahiplerinin huzurunda gerekli görülen tüm konuların görüşülebildiği ve ivedilikle karar alınabildiği bir toplantı türü olmasıdır. Bu sebepledir ki TTK 416/2'de ve BTY 25/1/a'da yer alan gündeme oy birliği ile madde eklenebileceği yönündeki düzenleme doktrinde eleştirilmiştir.[54] Esasen pay sahipleri ancak genel kurul gündemi hakkında bilgi sahibi edilir ise genel kurula gerektiği gibi hazırlanabilecekler ve toplantıya katılmalarının gerekli olup olmadığını da ancak gündemden haberdar edilmeleri ile sağlıklı bir şekilde değerlendirebileceklerdir.[55] Çağrıya ilişkin hükümlerde güdülen asıl amaç da, pay sahiplerini toplantının varlığından ve gündeminden

---

[51] *Çamoğlu (Poroy/Tekinalp), Ortaklıklar I, N. 670; Moroğlu, Hükümsüzlük, s.114; Mehmet Bahtiyar/ Esra Hamamcıoğlu, Anonim Ortaklık Genel Kurul Toplantıları, İstanbul, 2014, s. 51.*

[52] *Meier-Hayoz/Forstmoser, § 16 N 360; s OR 701 N 6; Tanner, s. 695.*

[53] *Forstmoser/Meier Hayoz/ Nobel, § 23, N. 8.*

[54] *Teoman, çağrısız genel kurulda önceden bir gündem olamayacağı (Ömer Teoman, "Çağrısız Genel Kurulun Gündemine Oybirliği ile Madde Eklenmesi (YTTK 416/II)", BATİDER, 2011, C. XXVII, S. 3, s. 5 vd). Moroğlu, Kendigelen ve Bahtiyar da çağrısız genel kurulun özel bir gündem maddesi ile toplanmasının zorunlu olmadığı, bu şekilde bir düzenlemeye gerek bulunmadığı yönünde haklı eleştirilerini ifade etmektedir (Moroğlu, Değerlendirme, s. 113; Moroğlu, Hükümsüzlük, s. 113; Kendigelen, s. 315; Bahtiyar, Ortaklıklar, s. 167).*

[55] *Bürgi, Art. 700 N. 24; Theo Guhl, /Hans Merz/ Max Kummer, Das Schweizerische Obligationenrecht, Zürich, 1972, S. 623; Fritz von Steiger, Das Recht der Schweizerischen Aktiengesellschaft, Zürich 1966, s. 189; Schucany, Art. 700 N. 3; BGE 103 II 141 s. 143; Forstmoser/ Meier Hayoz/ Nobel, § 23, N. 110; Tuğrul Ansay, Anonim Şirketler Hukuku, Ankara, 1975, s. 174; Pulaşlı, Şerh, C. II, s. 936.*

haberdar edilmelerini ve hazırlanabilmelerini sağlamaktır.[56] Ancak tüm pay sahiplerinin hazır bulunması, genel kurula katılma ve oy hakkı, iptal davası açma gibi pay sahipliği haklarını sorunsuzca kullanabilme imkânı, bu tip toplantılarda çağrıya ilişkin olduğu gibi, gündeme ilişkin zorunlulukları da ortadan kaldırmaktadır. Bu bakımdan çağrısız genel kurul toplantılarında gündeme bağlılık kuralı da aranmaz.[57]

B. Pay Sahibinin Çağrısız Genel Kurulda Toplantıdan Ayrılması Halinde Durum

Görüldüğü üzere çağrısız genel kurul toplantısında ortakların tamamının toplantıda hazır bulunmasına önemli sonuç bağlanmış ve kararların geçerliliği toplantı nisabının korunması şartına tabi tutulmuştur. Ancak uygulamada toplantı başladıktan sonra bir yahut birkaç ortağın alınan kararlar üzerine toplantıyı terk ettiği görülmüş ve bu durumda alınan kararların geçerliliği konusunda tereddüt oluşmuş; konuyla ilgili olarak ETK 370'de açık bir düzenleme bulunmadığı için doktrinde farklı görüşler ortaya çıkmıştır.

Bu konuda 6762 s. ETK zamanında doktrinde ve Yargıtay kararlarında dile getirilen hâkim görüş, bir pay sahibinin bir veya birkaç öneri oylanıp karar alındıktan sonra genel kurulu terk etmesi halinde, toplantının o anda sona ereceği, artık hukuken genel kurulun mevcut olmadığı ve buna rağmen alınan kararların da yoklukla malul olacağı, ancak toplantı terk edilmeden önce alınan kararların geçerli olduğu yönündeydi.[58] Aksi görüş ise hükmün gerekçesi göz önünde bulundurulduğunda, amacının çağrı prosedürünü ortadan kaldırmak olup söz konusu şartın yalnız toplantının başında aranacağı; bazı ortaklar toplantıyı terk etmesi halinde toplantı devam ederek görüşülen gündem maddesine göre gerekli toplantı ve karar yeter sayısı sağlandığı sürece geçerli bir genel karar alınabileceği yönündeydi.[59]

TTK 416 hükmü ise tartışmalı olan bu hususta, kaynak İsv. Bk. 701 f. 2 ile aynı doğrultuda olmak üzere, *bu toplantı nisabı var olduğu sürece* karar alınabileceği şeklinde hükme yapılan ilave ile konuyu açıklığa

---

[56] *Moroğlu, Hükümsüzlük, s. 111.*
[57] *Çamoğlu (Poroy/Tekinalp), Ortaklıklar, N. 669.*
[58] *Arslanlı, s. 70-71; Moroğlu, Hükümsüzlük, s. 113 ve bkz dpn. 194'de anılan Yargıtay 11. Hukuk Dairesi'nin 17.05.2011 tarih ve 2009/12744 E, 2011/6060 K. Sayılı kararı; İsviçre Hukukun'da konuyu düzenleyen İsv. Bk. 701 hükmü çerçevesinde aynı yönde Bürgi, Art. 701, N.6; Forstmoser/Meier-Hayoz/Nobel, § 23, N 6.*
[59] *H. Ali Dural, "Çağrısız Toplanan Genel Kurulda Pay Sahiplerinden Birinin Toplantıyı Terk Etmesi Alınan Kararların Geçerliliğini Etkiler mi?", Prof. Dr. Ömer Teoman'a 55. Yaş Günü Armağanı, İstanbul 2004, s. 374.*

kavuşturmuş gözükmektedir.[60] Yapılan düzenleme uyarınca ancak toplantı nisabı var olduğu sürece karar alınabilecek, pay sahibinin toplantıyı terk etmesi ile durumun karar yetersayısını etkileyip etkilemediği fark etmeksizin bu andan itibaren çağrısız genel kurulun karar alabilme yeteneği ortadan kalkacaktır.[61] Şu halde yapılan düzenleme ile alınan kararların geçerliliği bakımından gerekli toplantı yetersayısının sadece toplantının açılışında değil, durumun hususiyeti dolayısıyla toplantı süresince de aranacağı hükme bağlanmıştır.[62] Nitekim madde gerekçesinde de bu husus: "Hükmün yeniliği, toplantıda geçerli karar alınabilme şartının yüzde yüz katılımın devamına bağlı olduğunun açıklığa kavuşturulmuş bulunmasıdır. Uygulamada tartışmalı olan bu nokta, toplantının niteliğine uygun bir şekilde çözüme kavuşturulmuştur. Bir pay sahibinin toplantıyı terk etmesi ile çağrısız genel kurulun karar alabilme yeteneğini ortadan kaldırır. Çünkü çağrısız genel kurulun karar alabilme ehliyeti, sadece toplantının açılışında değil toplantı süresince de aranır" denilmek suretiyle açıkça ifade edilmektedir.

Tekinalp'e göre de, bu toplantı çeşidi ancak yüzde yüzlük toplantı nisabı var olduğu sürece devam eder. Bir payın sahibi veya temsilcisinin toplantıdan ayrılması halinde ise başlangıçta var olan toplantı nisabının toplantı sırasında yitirilmesi durumu ortaya çıkar ve bu halde toplantı o andan itibaren icra edilemez ve icra edilecek olur ise alınacak kararlar geçersiz hale gelir.[63]

Öte yandan pay sahibi toplantıdan ayrılmadan evvel, toplantı nisabı mevcutken alınan kararların akıbetinin ne olacağı sorusu burada da akla gelebilir. Bu hususta görüşüne katıldığımız Çamoğlu'na göre, bazı ortaklar ve temsilcilerinin toplantıyı terk etmeleri halinde toplantı sona ermelidir; bu aşamadan sonra alınan kararlar geçersiz olur. Ancak toplantı nisabı mevcut iken alınan kararlar yukarıda TTK 418 hükmünde ifade ettiğimiz gibi geçerliliğini korur. TTK 416/1 son cümlesindeki "bu toplantı nisabı var olduğu sürece karar alabilir" hükmü bizi bu sonuca götürecektir.[64] Hükmün olumlu anlamı yetersayı mevcut ise karar alınabileceği, olumsuz anlamı ise yetersayı kaybedilirse karar alınamayacağını göstermektedir.

---

[60] *İsv. BK. 701 f. 2 : "Bu toplantıda, Genel Kurul'un faaliyet alanına giren tüm konular, tüm payların sahipleri veya temsilcileri mevcut olduğu sürece geçerli bir şekilde müzakere edilebilir ve kabul edilebilir."*
[61] *Bürgi, Art. 701 N 1; Meier-Hayoz/Forstmoser, § 16 N 359; Tanner, s. 695.*
[62] *Pulaşlı, Şerh C. I, s. 893; Bahtiyar/Hamamcıoğlu, s. 52.*
[63] *Ünal Tekinalp, Sermaye Ortaklıklarının Yeni Hukuku, İstanbul, 2013, s. 260.*
[64] *Çamoğlu (Poroy/Tekinalp), Ortaklıklar, N. 670.*

Pulaşlı da, bu ifadeden toplantıda devamlı olarak yüzde yüz katılım olması şartı getirildiğinin anlaşılması gerektiği, ancak toplantı terk edilmeden önce usulüne uygun olarak alınan kararların geçerli olacağını ifade etmektedir.[65] İsviçre hukukunda da pay sahiplerinin toplantıyı terk etmesinin *ex nunc* ileriye etkili olduğu ve bu ana kadar alınan kararların geçerli olacağı benzer şekilde ifade edilmektedir.[66]

Her ne kadar pay sahibinin toplantıyı terk etmesi halinde doktrinde toplantının sona erdirilmesi gerektiği kabul ediliyorsa da, gerçekleşmesi zor bir ihtimal olmakla birlikte İsviçre Hukuku'nda toplantıyı terk eden pay sahibinin geri dönmesi halinde tekrar toplantı nisabı sağlanıyor ise bu andan itibaren alınan kararların geçerli olacağı fikri de ileri sürülmektedir.[67]

V. Toplantı Nisabının Korunmadığı Halde Karar Alınmasının Yaptırımı

Yukarıda ifade edildiği üzere doktrinde hâkim görüş ve Yargıtay içtihadı, toplantı ve karar yetersayılarına uyulmaksızın karar alınması halinde alınan kararların yoklukla malul olacağı yönündedir.[68] Burada esasen çok taraflı bir hukuki işlem olan genel kurul kararının oluşması için gerekli sayıda irade beyanın mevcut bulunmamasına sebebiyet vermesi hasebiyle, işlemin kurucu unsurlarında eksikliğe yol açan asgari yeter sayılara riayet edilmemesi hali, kurucu unsurların ve dolayısıyla hukuki işlemin (genel kurul kararının) yokluğuna sebebiyet vermektedir. Doktrinde bu yönde görüş bildiren Kırca, yerinde bir benzetme yaparak, hukuki işlemlerin kurucu unsuru olan irade beyanının genel kurul kararlarında bir öneriye ancak kanunda veya esas sözleşmede belirtilen sayıda olumlu oyun verilmesine karşılık geldiğini, bu sayıda oyun verilmesiyle varlık kazandığını ifade etmektedir. Bu yaklaşım kanaatimizce karar yetersayılarına uyulmamasının yokluk yaptırımına sebebiyet vermesi açısından doyurucu bir gerekçe teşkil etmektedir.

İlaveten doktrinde bir genel kurul kararının mevcudiyetinden söz edilebilmesi için, öncelikle genel kurul toplantısı yapılması, ikinci olarak toplantıda karar alınması gerektiği, bu iki unsurun özel olarak genel kurul

---

[65] *Pulaşlı, Şerh C I, s. 893.*

[66] *Bürgi, Art 701 N 6 ve 1; Schucany, Art. 701 N 6; Böckli, § 12 N. 54; Tanner, s. 697; Dubs/ Truffer, Art. 701 N 3a; Frick/ Stäheli, Art. 701 3, N 4.*

[67] *Bürgi, Art. 701 N 1; Tanner, s. 695.*

[68] *Bkz. yukarıda dpn. 1 ve orada anılan yazarlar.*

kararlarının kurucu unsurları olduğu fikri de ifade olunmaktadır.[69] Şu halde asgari toplantı yetersayısına aykırılığın geçerli bir genel kurul toplantısı yapılmadığını, karar yetersayısına aykırılığın ise yeterli sayıda olumlu yönde irade beyanıyla karar alınmadığını göstermekte olduğu ve her iki durumun da işlemin yokluğuna sebebiyet verdiği söylenebilecektir.

Yokluğa yol açan hallerine neler olabileceğine ilişkin olarak doktrinde, genel kurul toplantısı yapılmaksızın yahut oylama yapılmaksızın karar alınması, katılması gereken bir toplantıda bakanlık temsilcisinin bulunmaması, toplantının yetkili olmayan kimselerin çağrısı ile yapılması gibi durumlar, bu gibi hallerde geçerli bir genel kurul toplantısından söz edilemeyeceği gerekçesiyle yokluk yaptırımının uygulanacağı örnekler olarak gösterilmektedir.[70] Çağrılı veya çağrısız genel kurul toplantısında asgari yetersayılara uyulmaması hali de, belirttiğimiz şekilde yokluğa yol açmaktadır. Nihayet doktrinde TTK 416 uyarınca yapılan çağrısız genel kurulda pay sahiplerinin toplantının bu şekilde yapılmasına itiraz etmesi veya toplantıya katılmamasına rağmen toplantı yapılarak karar verilmesi yahut toplantıyı terk etmesinden sonra toplantıya devam edilerek karar alınması hallerinde de yokluk yaptırımının uygulanacağı kabul edilmektedir.[71] Burada toplantıya katılan pay sahibinin toplantıdan ayrılması halinde, artık asgari toplantı nisabının varlığından söz edilemeyeceğinden, yapılan tespitin yerinde olduğu kanaatindeyiz. Yargıtay'ın yerleşik içtihadı da TTK 416'ya aykırılık halinde alınan kararların yokluk yaptırımına tabi olduğu yönündedir:

"Dava, davalı anonim şirketin 28.12.1999 tarihli olağanüstü genel kurul toplantısında alınan kararların iptali istemine ilişkindir. TTK'nin 370. maddesindeki düzenlemeye göre anonim şirketlerde bütün pay sahipleri veya temsilcileri, aralarında biri itirazda bulunmadığı takdirde genel kurul toplantılarına dair olan diğer hükümler saklı kalmak şartıyla, çağrı hakkındaki merasime riayet etmeksizin de genel kurul olarak toplanabilir. Diğer bir anlatımla, anılan yasa hükmünden de anlaşılacağı üzere, kanun koyucu çağrısız bir genel kurulun var sayılmasını, bütün pay sahipleri veya temsilcilerinin hazır bulunmaları ve pay sahiplerinin bu toplantı şekline itiraz etmemiş bulunmaları şartlarının gerçekleşmesi durumunda kabul

---

[69] *Moroğlu, Hükümsüzlük, s. 113; Pulaşlı, Şerh, C. II, s. 1012; Bilgili/Demirkapı, s. 343; Bahtiyar, Ortaklıklar, s. 198.*
[70] *Kırca (Şehirali Çelik/Manavgat), C. II, s. 8 vd; Pulaşlı, Şerh, C. II, s. 1012 vd; Bahtiyar, Ortaklıklar, s. 198.*
[71] *İmregün, s. 152; Bahtiyar, s. 198, Kırca (Şehirali Çelik/Manavgat), C. II, s. 9; Pulaşlı, Şerh, C. I, s. 893.*

etmektedir. Tek bir payın sahibi veya temsilcisi bulunmaz veya toplantıyı terk ederse, ya da katılıp toplantı şekline itiraz ederse, bir genel kurulun gidişini etkileyebilecek durumda olup olmaması da durumu değiştirmez (Prof. Dr. Erdoğan Moroğlu, *TTK'ye Göre Anonim Ortaklıkta Genel Kurul Kararlarının Hükümsüzlüğü*, Ankara, 1993, s. 76). O halde TTK.nun 370. maddesinde öngörülen iki şart gerçekleşmeden yapılan genel kurul hukuken yoktur ve alınan karar da yoklukla maluldür."[72]

İsviçre hukukunda doktrin görüşü ve yargı kararları ise toplantıyı terk halinde alınan kararların İsv BK 706b f.1 (TTK 447/1) anlamında butlanla (*nichtigkeit*) malul olduğu yönündedir.[73] Forstmoser/Meier-Hayoz/Nobel'e göre bütün pay sahiplerinin veya temsilcilerinin bulunmadığı bir zamanda alınan çağrısız genel kurul kararı bakımından şekli butlan sebepleri (*formellen nichtigkeitsgründe*) sözkonusu olup, burada artık şeklen dahi olsa bir genel kurul kararının varlığından bahsedilemez.[74] İsviçre Federal Mahkemesi de bu konuda vermiş olduğu bir kararında durumu şöyle ifade etmiştir:

"Çağrısız genel kurul, tüm pay sahiplerinin veya temsilcilerinin oluşturduğu genel kurulun özel bir şeklidir ve toplantı için öngörülen formalitelere uymaksızın gerçekleştirilebilir. (Art. 701 OR; BGE 120 IV 199 E. 1 S. 201; Urteil 4P.331/2006 vom 5. Juni 2007 E. 4.2) Tek bir pay sahibinin veya temsilcisinin bile yokluğu, bu toplantıda alınan kararların geçersizliğine (butlanına) yol açacak ciddi bir şekli eksiklik oluşturur."[75]

Benzer şekilde Zürih Yüksek Mahkemesi de İsviçre öğretisinde ve Yargı kararlarında sıkça atıf yapılan bir kararında;

"Normal olarak, genel kurul toplantısı İsv. BK 699 ve 700 hükümlerine tabidir. Aksine çağrısız genel kurul, resmi olarak toplanmış ve yönetilen bir genel kuruldur. Tüm pay sahiplerinin katılımı halinde, bu durum toplantıya

---

[72] *Yargıtay 11. Hukuk Dairesi, E. 2000/10968, K. 2001/1616, T. 26.2.2001 (Kazancı İçtihat). Yargıtay yeni tarihli bir kararında, pay sahiplerinden birisinin yokluğunda çağrısız genel kurulda alınan kararın yok hükmünde olduğunu belirtmiştir. "Somut olayda, çağrısız ortaklar kurulunun davacı dışındaki diğer iki ortakla toplanıp karar aldığı anlaşılmakla, kanunun emredici hükümlerine aykırı olarak toplandığından, ortaklar kurulu kararı yok hükmündedir. Bu nedenle davanın kabulüne karar verilmesi gerekirken reddi doğru görülmemiş, hükmün temyiz eden davacı yararına bozulması gerekmiştir." Yargıtay 11. Hukuk Dairesi, E. 2014/4452, K. 2014/9938, T. 28.5.2014 (Kazancı İçtihat).*

[73] *Bürgi, Art. 701, N. 6, Forstmoser/ Meier Hayoz/ Nobel, § 23, N. 6; Dubs/Truffer Art. 706b N 18.*

[74] *Forstmoser/ Meier Hayoz/ Nobel, § 25, N. 117, N. 119.*

[75] *BGE 137 III 460 E. 3.3.2 S. 465.*

ilişkin yasal ve resmi gerekliliklere uyulmasından feragat edilir. (Guhl/Merz/Kummer, Obligationenrecht, S. 624). Bununla birlikte çağrısız genel kurul, sadece tüm pay sahiplerinin katıldığı, yani mevcut oldukları veya yasal olarak temsil edildiği durumlarda karar alabilir. Bir pay sahibinin veya temsilcisinin ayrılması, çağrısız genel kurulu sona erdirir. Eğer kararlar bir pay sahibinin yokluğunda alınırsa, alınan karar batıldır (Bürgi, Kommentar Aktienrecht, N. 6 zu Art. 701 OR; Strub, Die Ungültigkeit von Generalversammlungsbeschlüssen der Aktiengesellschaft, Diss. Zürich 1963, S. 104/5)"[76] demek suretiyle, toplantıya devam edilerek alınan kararların batıl olduğuna hükmetmiştir.[77]

Kararın devamında ise, "Tüm pay sahiplerinin veya temsilcilerinin yokluğunda alınan çağrısız genel kurul kararının geçersizliği, doktrin ve yargı içtihadına dayanmaktadır. Federal Yüksek Mahkeme, içeriği dolayısıyla geçersiz olan genel kurul kararlarıyla uyulması zorunlu şekil şartlarının ihlali dolayısıyla geçersiz olan genel kurul kararları arasında ayrıma gitmektedir (BGE 93-II-30 S. 90). Somut olayda, hukuka aykırılığın ikinci türü mevcuttur. Federal Yüksek Mahkeme, daha önce vermiş olduğu kararlarında, geçerli bir genel kurul kararı alınması için zorunlu olan şartların ihlal edilmesi halinde alınan genel kurul kararlarının butlanına hükmetmiştir" denilmek suretiyle, kanaatimce sebep ve sonuçları itibariyle Türk hukukunda dile getirilen genel kurul kararlarının yokluk ve butlanı sebepleri ayrımına paralellik arz eden ve onun yerine İsviçre hukukunda mevcut bulunan, şekli butlan sebepleri -butlan sebepleri- (şekli aykırılık-kurucu aykırılık) ayrımına işaret edilmektedir.[78]

Nitekim Forstmoser/Meier Hayoz/Nobel de, bu konuda yapmış olduğu izahatta, şekli butlan halleri olarak Türk hukukunda genel kurul kararlarının yokluk sebepleri olarak sayılan, konumuz dahilinde bulunan çağrısız genel kurulda tüm pay sahipleri bulunmadan alınan kararlar, yetkisiz kimselerin çağrısıyla toplanan genel kurulda alınan kararlar gibi halleri göstermekte, bu gibi durumları "olmayan kararlar" (*nichtbeschlüsse*) veya "sözde kararlar" (*scheinbeschlüsse)* olarak nitelendirmektedir.[79]

---

[76] *Zürih Yüksek Mahkemesi Kararı, Tarih 03.02.1981, ZR 81/1982 s. 43 ve 44, N. 17.*

[77] *Aynı yönde, İsviçre Hukuku'nda bu şekilde alınan genel kurul kararlarının batıl kabul edildiği görüşünde, Pulaşlı, Şerh C. I, s. 901;*

[78] *Forstmoser/Meier Hayoz/Nobel, § 25, N. 117 vd; Dubs/Truffer Art. 706b N 17.*

[79] *Bkz. Forstmoser/Meier Hayoz/ Nobel, § 25, N. 117 vd. Pulaşlı da, "bir genel kurul kararının yokluğu (Nicht-oder Scheinbeschlüsse), başlangıçtan itibaren bir genel kurul kararının mevcut olmadığını ifade eder" demek suretiyle duruma işaret etmektedir. Bkz. Hasan Pulaşlı, "Anonim Şirket Genel Kurul Kararlarının Sakatlığı ve Müeyyidesi" İÜHFM C. LXXI, S. 2, 2013, s. 340.*

Şu halde İsviçre hukukunda genel kurul kararlarının hükümsüzlüğü yönünden Türk hukukundan farklı olarak yokluk (nichtexistenz)-butlan (nichtigkeit) ayrımının tercih edilmediği, bunun yerine şekli butlan sebepleri-butlan sebepleri ayrımı söz konusu olduğu söylenebilecektir.[80] İsviçre hukukunda genel kurul kararlarının hükümsüzlüğü için butlan yaptırımından farklı bir kategori yaratılmaması ise, yokluk ve butlanın her ikisinin de ilgili herkes tarafından ileri sürülebilirliği, ileri sürülebilirliğinin bir süre ile sınırlandırılmış olmaması, resen nazara alınabilmesi gibi özellikleri yönünden uygulamada kayda değer bir fark yaratmamasına dayandırılmaktadır.[81] Ancak Türk hukukunda genel kurul kararlarının hükümsüzlük sebepleri yönünden yokluk-butlan ayırımı yapılması, doktrinde zorunlu görülmüş ve yargı kararları da bu görüşe göre şekillenmiştir.[82]

Sonuç

Yukarıda yapmış olduğumuz tespit ve değerlendirmeler doğrultusunda, TTK 418'de yer verilen ve ağırlaştırılmış toplantı yetersayısı gerektiren diğer haller için de uygulanacak olan "toplantı yetersayısının korunması" ilkesi dolayısıyla, toplantı süresince ve fakat her bir gündem maddesi bağlamında ayrı ayrı toplantı yetersayısının korunup korunmadığı gözetilmelidir. Aksi halde toplantı yetersayısına riayet edilmeksizin alınmış olan kararlar yoklukla malul olacaktır. Bir kısım pay sahibinin toplantıdan ayrılması ihtimalinde ise, bu aşamaya kadar toplantı ve karar yetersayılarına uygun olarak alınan kararlar geçerliliğini koruyacaktır. Farklı yetersayıları gerektiren gündem maddelerinin bulunması halinde de, ilgili gündem maddesi uyarınca karar alınmasına kadar toplantı yetersayısının korunması yeterli olacak, farklı toplantı yetersayılarına ilişkim şartlar ayrı ayrı nazara alınacaktır. Çağrısız genel kurul toplantılarını düzenleyen TTK 416/1 maddesi kapsamında ise toplantıda şirket sermayesinin yüzde yüzünün temsil edilmesini gerektiren tek bir toplantı yetersayısı öngörülmüş ve bu yetersayı var olduğu sürece karar alınabileceği düzenlenmiş olduğu içindir ki, bazı pay sahiplerinin toplantıyı terk etmesi halinde, toplantı sona erecek ve karar alınamayacaktır; alınır ise yok hükmündedir. Ancak burada da toplantı yetersayısı mevcutken alınan kararlar geçerliliğini koruyacaktır.

---

[80] Aynı yönde, Moroğlu, Hükümsüzlük, s. 28 vd; Kırca (Şehirali Çelik/Manavgat), C. II, s. 6 vd.
[81] Forstmoser/Meier Hayoz/ Nobel, § 25, N. 117 vd; Dubs/Truffer Art. 706b N 17; Kırca (Şehirali Çelik/Manavgat), C. II, s. 6.
[82] Bu görüşün öncüsü olarak bkz. Moroğlu, Hükümsüzlük, s. 31.

Kaynakça

[1] Ansay, Tuğrul. *Anonim Şirketler Hukuku*. Ankara, 1975.

[2] Arslanlı, Halil. *Anonim Şirketler II-III*, Anonim Şirketlerin Organizasyonu ve Tahviller, İstanbul, 1960.

[3] Bahtiyar, Mehmet. *Ortaklıklar Hukuku*, İstanbul 2018.

[4] Bahtiyar, Mehmet. Anonim Şirket Genel Kurulunda Toplantı Yetersayısının "Toplantı Süresince Korunması" Şartına İlişkin TTK. 418/1 Hükmünün Değerlendirilmesi", Prof. Dr. Hamdi Yasaman'a Armağan, İstanbul 2017, s. 59 vd (Toplantı Yetersayısı).

[5] Bahtiyar, Mehmet; Hamamcıoğlu, Esra. *Anonim Ortaklık Genel Kurul Toplantıları,* İstanbul, 2014.

[6] Biçer, Levent; Hamamcıoğlu, Esra. "Anonim Ortaklıkta Genel Kurulun Devredilemez Yetkileri Kapsamında Önemli Miktarda Şirket Varlığının Toptan Satışı ve Uygulama Alanı", Kadir Has Üniversitesi Hukuk Fakültesi Dergisi, C. I, 2013, s. 15 vd.

[7] Bilgili, Fatih; Demirkapı, Ertan. *Şirketler Hukuku Dersleri,* Bursa, 2018.

[8] Böckli, Peter. Schweizer Aktienrecht, Zürich, 1996.

[9] Bürgi, Wolfhart F. Die Aktiengesellschaft, Zürcher Kommentar Bd. V/5b 2, Art. 698-738, Zürich 1969.

[10] Çamoğlu, Ersin. Yeni Ticaret Kanunu'nda Anonim Ortaklık Genel Kurulunda Nisaplar, Yaklaşım Dergisi, Ocak 2013, s. 244 vd.

[11] Coştan, Hülya. Limited Şirkette Genel Kurul Nisapları, Ticaret ve Fikri Mülkiyet Hukuku Dergisi, 2015 S. 1, s. 65vd (Nisaplar).

[12] Coştan, Hülya. Yeni Türk Ticaret Kanunu'na Göre Birleşme, Bölünme ve Tür Değiştirme Kararları, Ankara, 2012 (Tür Değiştirme).

[13] Dubs, Dieter; Truffer, Roland. Kommentar zum schweizerischen Privatrecht, Obligationenrecht II, Art. 698-706b, Hrsg.: Honsell Heinrich, Vogt Nedim Peter und Watter Rolf, 2. A., Basel und Frankfurt am Main, 2002.

[14] Dural, H. Ali: "Çağrısız Toplanan Genel Kurulda Pay Sahiplerinden Birinin Toplantıyı Terk Etmesi Alınan Kararların Geçerliliğini Etkiler mi?", Prof. Dr. Ömer Teoman'a 55. Yaş Günü Armağanı, İstanbul 2004, s. 369 vd.

[15] Forstmoser, Peter/Meier-Hayoz Arthur/Nobel Peter: Schweizerisches Aktienrecht, Bern 1996.

[16] Frick, Bruno/ Stäheli, Thomas: Aktienrecht Kommentar, Aktiengesellschaft, Rechnungslegungsrecht, VegüV, GeBüV, VASR, Zürich 2016.

[17] Guhl, Theo/Merz, Hans/Kummer, Max: Das Schweizerische Obligationenrecht, Zürich, 1972.

[18] İmregün, Oğuz. *Anonim Ortaklıklar Hukuku*, İstanbul, 1989.

[19] İmregün, Oğuz. Türk Hukukunda Anonim Ortaklıklarda Toplantı ve Karar Yetersayıları, İUHFM 1984, C. 50, S. 1-4, s. 349 vd (Yetersayılar).

[20] Kendigelen, Abuzer. Anonim Şirketlere İlişkin Hükümlerde Benimsenen Bazı Ağırlaştırılmış Nisaplar Bilinçli Bir Tercihin Ürünü mü?, Banka ve Ticaret Hukuku Araştırma Enstitüsü 60. Yıl Armağanı, Ankara 2015, s. 95 vd.

[21] Kendigelen, Abuzer. *Türk Ticaret Kanunu Değişiklikler, Yenilikler ve İlk Tespitler*, İstanbul, 2016.

[22] Kırca, İsmail; Şehirali, Çelik; Feyzan, Hayal; Manavgat, Çağlar. *Anonim Şirketler Hukuku* C. II, Genel Kurul Kararlarının Hükümsüzlüğü, Ankara, 2016.

[23] Kubilay, Huriye. Karar Yetersayısının Hesaplanmasında Salt (Mutlak) Çoğunluğun Belirlenmesi Gereken An, Prof. Dr. Fırat Öztan'a Armağan, C. I, Ankara 2010, s. 1411 vd. Meier-Hayoz, Arthur/ Forstmoser, Peter: Schweizerisches Gesellschaftsrecht, Bern, 2002.

[24] Moroğlu, Erdoğan. 6102 Sayılı Türk Ticaret Kanunu Değerlendirme ve Öneriler, İstanbul, 2016 (Değerlendirme).

[25] Moroğlu, Erdoğan. Türk Ticaret Kanunu'na Göre Anonim Ortaklıkta Genel Kurul Kararlarının Hükümsüzlüğü, İstanbul, 2017 (Hükümsüzlük).

[26] Müller, Christoph: Berner Kommentar, Art. 1-18 OR mit allgemeiner Einleitung in das Schweizerische Obligationenrecht, Obligationenrecht, Allgemeine Bestimmungen, Bern 2018.

[27] Poroy, Reha; Çamoğlu, Ersin;Tekinalp Ünal. *Ortaklıklar Hukuku I*, İstanbul, 2014.

[28] Pulaşlı, Hasan. Anonim Şirket Genel Kurul Kararlarının Sakatlığı ve Müeyyidesi, İÜHFM C. LXXI, S. 2, 2013, s. 335 vd (Genel Kurul).

[29] Pulaşlı, Hasan: *Şirketler Hukuku Genel Esaslar, Ankara,* 2017.

[30] Pulaşlı, Hasan. Şirketler Hukuku Şerhi, C. I, II, III Ankara, 2018 (Şerh).

[31] Schucany, Emil. *Kommentar zum schweizerischen Aktienrecht*, Zürich 1960.

[32] Sommer, Patrick. in Kren Kostkiewicz Jolanta/Wolf Stephan/Amstutz Marc/Fankhauser Roland (Hrsg.), OR Kommentar, Schweizerisches Obligationenrecht, Zürich 2016.

[33] Şener, Oruç Hami. *Teorik ve Uygulamalı Ortaklıklar Hukuku Ders Kitabı,* Ankara, 2017.

[34] Tanner, Brigitte. Handkommentar zum Schweizer Privatrecht, Personengesellschaften und Aktiengesellschaft - Art. 530-771 OR - VegüV, Zürich - Basel - Genf, 2016.

[35] Tanner, Brigitte. Quoren für die Beschlussfassung in der Aktiengesellschaft, Diss. Zürich, 1987.

[36] Tanner, Brigette. Zürcher Kommentar zum Obligationenrecht: Die Generalversammlung: Teilband V 5 b: Kommentierung von Art. 698 - 706b OR. Zürich, 2003.

[37] Tekinalp, Ünal. *Sermaye Ortaklıklarının Yeni Hukuku*, İstanbul, 2015.

[38] Teoman, Ömer. Çağrısız Genel Kurulun Gündemine Oybirliği ile Madde Eklenmesi (YTTK 416/II), BATİDER, 2011, C. XXVII, S. 3, s. 5 vd.

[39] Ulusoy, Erol. Anonim Şirketlerde Tali Yükümler, Mar. Üniv. İktisadi ve İdari Bilimler Dergisi, Cumhuriyetin 75. Kuruluş Yıldönümüne Armağan, 1999 C. XV S. 1, 347 vd.

[40] von Steiger, Fritz. *Das Recht der Schweizerischen Aktiengesellschaft*, Zürich 1966.

SUÇ İŞLEME VE HAYSİYETSİZ HAYAT SÜRME SEBEBİYLE BOŞANMA

Arş. Gör. Oğuz ERSÖZ*

Öz

Evlilik ilişkisine son veren hallerden birisi de boşanmadır. Boşanma, hâkim tarafından verilen kararla ve kanunda sınırlı sayıda düzenlenen sebeplerden birine dayalı olarak gerçekleşebilir. Suç işleme ve haysiyetsiz hayat sürme, 4721 sayılı Türk Medeni Kanunu'nun 173. maddesinde bu sebeplerden bir tanesi olarak düzenlenmektedir. Çalışmamızda, suç işleme ve haysiyetsiz hayat sürme sebebiyle boşanmanın koşulları ve diğer boşanma sebepleriyle ilişkisi, öğretideki görüşler ve yargı kararları ışığında inceleme konusu yapılmaktadır.

Anahtar Kelimeler: *Boşanma, Suç İşleme, Küçük Düşürücü Suç, Haysiyetsiz Hayat Sürme, Kusur, Müşterek Yaşamın Devamının Çekilmez Hale Gelmesi*

Divorce due to Committing Crime and Dishonorable Way of Living

Abstract

One of the cases that end the relationship of marriage is divorce. There are a limited number of reasons for divorce and divorce happens with the decision of the judge. One of the reasons for divorce is committing a crime and having a dishonorable way of life. This reason of divorce is regulated by Article 173 of the Turkish Civil Code Number 4721. Current study investigates, in light of the opinions in doctrine and judicial decisions, the conditions of divorce due to committing crime and pursuing dishonorable life and its relationship with other divorce factors as a research subject.

Keywords: *Divorce, Committing the Crime, Abject a Crime, Dishonorable Take Life, Fault, the Continuance of Common Life Becomes Unbearable*

**Ar. Gör. Tekirdağ Namık Kemal Üniversitesi Hukuk Fakültesi Özel Hukuk Bölümü. e-posta: oersoz@nku.edu.tr*

Giriş

Evlenme ile bir kadın ve bir erkek arasında hukuk düzeni tarafından tanınıp himaye edilen ve toplum vicdanında saygı duyulan bir hayat ortaklığı meydana getirilmektedir.[1] Gerçekten de evlenme ile eşler gerek iyi gerek kötü günde birbirlerine maddi ve manevi destek olmayı üstlendikleri sürekli bir hayat ortaklığına ilişkin iradelerini ortaya koymaktadırlar.[2] Duygu, fikir, amaç ve kader birliğini haiz hayat ortaklığı kuran, evlenme ile hukuk düzenince tanınan, devamlı nitelik taşıyan ve monogam (tek eşli) özellik gösteren evlilik birliği oluşmaktadır.[3] Bu husus 4721 sayılı Türk Medeni Kanunu'nun[4] m. 185/1 hükmünde evlenmeyle eşler arasında evlilik birliğinin kurulmuş olacağı zikredilerek açıkça belirtilmektedir. Tüzel kişiliği haiz olmayan evlilik birliği ile de dar anlamda aile kurulmakta ve ileride çocukların doğumuyla da dar anlamda aile geniş anlamda aileye evirilmektedir.[5] Evlendirme Yönetmeliği'nin[6] 2. maddesinin f bendinde de evlenme, bir kadın ve bir erkeğin usulüne göre yetki verilmiş bir memur önünde bir aile kurmak amacı ile yapmış oldukları medenî hukuk sözleşmesi olarak tanımlanmaktadır.

Evlenme ve aile kurumunun sağlıklı, mutlu ve huzurlu biçimde varlığını idame ettirmesinde gerek eşler ve çocuklar gerekse de kamunun önemli yararları vardır.[7] Evlenme ve aileden beklenen yararların elde edilmesi için öncelikle eşlerin riayet etmeleri gerekli olan birtakım görev ve yükümlülükleri bulunmaktadır. Bu nedenle evlenmeyle beraber eşler bakımından hak ve yetkilerin yanında vazife ve yükümlülükler de geçerlik kazanmaktadır.[8] Ancak evlilik, kendisinden beklenen amaçları meydana getirmemişse ve eşler üzerine düşen yükümlülükleri ifa etmiyor ya da edemiyorlarsa, böyle bir evliliğin ve aile bağının ortadan kaldırılması, devam etmesinden daha isabetli olacaktır. Zira evlilik birliği ve ailenin birlik ve düzeni ile bir ülkenin birlik ve düzeni, nüfusu, eğitimi, ahlaki yapısı, sağlığı ve ekonomisi arasında da yakın bir ilişkinin bulunduğu

---

[1] TEKİNAY, Selahattin Sulhi, *Türk Aile Hukuku*, 7. Baskı, Filiz Kitabevi, İstanbul, 1990, s. 63.

[2] AKINTÜRK, Turgut/ATEŞ, Derya, *Türk Medeni Hukuku, İkinci Cilt Aile Hukuku*, Yenilenmiş 19. Baskı, Beta Yayıncılık, İstanbul, 2016, s. 59.

[3] ÖZTAN, Bilge, *Aile Hukuku*, 6. Bası, Turhan Kitabevi, Ankara, 2015, s. 119-120.

[4] RG. 8.12.2001, 24607.

[5] TANDOĞAN, Haluk, *Aile Hukuku Ders Notları*, Ankara, 1965, s. 1-2.

[6] RG. 7.11.1985, 18921.

[7] ERSÖZ, Oğuz, *Türk Hukukunda Zina Sebebiyle Boşanma*, On İki Levha Yayıncılık, İstanbul, 2018, s. 5-6.

[8] *"…Evlenmeyle, eşler arasında evlilik birliği kurulmuş olur (TMK. md. 185/1) ve evliliğin genel hükümleri eşlere yüklediği hak ve yükümlülükler, evlenmeyle doğar." (Yarg. 2. HD. T. 06.07.2004, E. 6238, K. 9050), Legalbank Elektronik Hukuk Bankası, (Erişim Tarihi: 01.10.2018).*

ifade edilmektedir.[9] Bu nedenle eşler henüz hayattayken evlilik bağının çözülmesi bir gereklilik olarak karşımıza çıkmaktadır. Bu gereklilik ise boşanma denilen hukuki kurumu yaratmıştır.

Boşanma, eşler henüz hayattayken kanunda düzenlenen sebeplerden birine dayalı olarak açılan dava neticesinde verilen mahkeme kararı ile evlilik birliğinin son bulması olarak tanımlanmaktadır.[10] Gerçekten de hukukumuzda da modern hukuk düzenlerinde olduğu üzere, boşanmanın, kanunda yazılı bir sebebe dayalı olarak eşlerden birinin talep etmesi durumunda hâkim tarafından verilen hükümle gerçekleşmesi prensibi benimsenmiştir.[11]

Türk Medeni Kanunu'nda boşanma sebepleri sınırlı sayıda ve emredici nitelikte düzenlenmiştir.[12] Bu nedenle boşanma ancak kanunda yazılı sebebin gerçekleştiği iddiası üzerine açılan dava neticesinde hâkimin verdiği karar ile gerçekleşebilir.[13] TMK'de düzenlenen boşanma sebepleri; zina (m. 161), hayata kast, pek kötü veya onur kırıcı davranış (m. 162), suç işleme ve haysiyetsiz hayat sürme (m. 163), terk (m. 164), akıl hastalığı (m. 165), evlilik birliğinin temelinden sarsılması (m. 166/1-2), anlaşmalı boşanma (m. 166/3) ile fiili ayrılık (m. 166/4) olarak karşımıza çıkmaktadır.

Bu çalışmamızda boşanma sebeplerinden suç işleme ve haysiyetsiz hayat sürme sebebiyle boşanmayı, doktrindeki görüşler ve yargı kararları bağlamında inceleme konusu yapmaktayız.

---

[9] *VELİDEDEOĞLU, Hıfzı Veldet, Türk Medeni Hukuku Cilt II Aile Hukuku Cüz 1, 4. Baskı, Sermet Matbaası, İstanbul, 1960, s. 155.*

[10] *OĞUZMAN, Kemal/DURAL, Mustafa, Aile Hukuku, 3. Bası, Filiz Kitabevi, İstanbul, 2001, s. 112.*

[11] *HELVACI, Serap, İsviçre ve Türk Hukuklarında Boşanma Sebepleri, Prof. Dr. Ömer Teoman'a 55. Yaş Günü Armağanı Cilt II, Beta Yayıncılık, İstanbul 2002, s. 1156; Boşanma kurumunun tarihi gelişimi incelendiğinde üç temel görüş karşımıza çıkmaktadır. Bunlar; evlilik birliğinin eşler arasında ebedi ve ayrılmaz bir bağ yarattığı ve bu nedenle ortadan kaldırılamayacağına dayanan boşanmayı yasaklayan görüş, evliliğin kurulması gibi sona ermesinde de tarafların serbest iradelerinin etkili olması gerektiğini temel alan boşanmanın serbest olması görüşü ile evliliği ortadan kaldıran boşanmanın kanunda yazılı olan bir sebebe dayanılarak hâkim kararı ile gerçekleşmesi görüşüdür. Bu görüşler hakkında ayrıntılı bilgi için bkz. CEYLAN, Ebru, Türk ve İsviçre Hukukunda Boşanmanın Hukuki Sonuçları, İstanbul, 2006, s. 8-9.*

[12] *KAYIHAN, Şaban/ÜNLÜTEPE, Mustafa, Medeni Hukuk Bilgisi, Güncellenmiş 4. Baskı, Seçkin Yayıncılık, Ankara, 2017, s. 292.*

[13] *HELVACI, Serap/ERLÜLE, Fulya, Medeni Hukuk, 4. Bası, Legal Yayıncılık, İstanbul, 2016, s. 165.*

Suç İşleme ve Haysiyetsiz Hayat Sürme Sebebiyle Boşanmaya Genel Bakış

Türk Medeni Kanunu'nun Suç işleme ve haysiyetsiz hayat sürme başlıklı 163. maddesi uyarınca; eşlerden biri küçük düşürücü bir suç işler veya haysiyetsiz bir hayat sürer ve bu sebeplerden ötürü onunla birlikte yaşaması diğer eşten beklenemezse, bu eş her zaman boşanma davası açabilir.

Bu boşanma sebebi, 743 sayılı Türk Kanuni Medenisi'nde[14] Cürüm ve Haysiyetsizlik başlığı altında 131. maddede düzenlenmişti. Sözü edilen hükme göre; karı kocadan her biri, terzil edici bir cürüm işleyen yahut kendisiyle birlikte yaşamağı çekilmez bir hale koyacak derecede haysiyetsiz bir hayat süren diğeri aleyhine her zaman boşanma davası ikame edebilirdi.

4721 sayılı TMK m. 163 hükmü de yine 743 sayılı TMK m. 131 gibi, aynı maddede farklı olgulara dayanan iki ayrı özel boşanma sebebini düzenleme altına almaktadır.[15] Küçük düşürücü suç işleme ile haysiyetsiz hayat sürme biçiminde iki farklı olgunun aynı maddede düzenlenmesinin birtakım gerekçeleri bulunmaktadır. Öncelikle her iki olgu da doğrudan ya da dolaylı olarak diğer eşe yönelmiş değildir. Bununla beraber, her iki olgu, aile birliğini tahrip etmekte ve bu davranışı gerçekleştiren eşe sahip olan kimsede utanç duygusu yaratmaktadır. Son olarak her iki olgu, toplum nezdinde kınandığı ve asgari ahlak prensiplerini ihlal eder nitelik taşımaktadır.[16]

743 sayılı TMK'de suç işleme mutlak, haysiyetsiz hayat sürme ise nispi boşanma sebebi şeklinde düzenlenmişken,[17] 4721 sayılı TMK'de her iki boşanma sebebi de nispi boşanma sebebi olarak yer almaktadır.[18] Ayrıca TMK m. 163 hükmünün gerekçesinde, bu maddeyi karşılayan 743 sayılı TMK'nin 131. maddesinde tercih edilen terzil edici cürüm kavramı yerine

---

[14] RG. 04.04.1926, 339.

[15] YILDIRIM, Abdulkerim, Türk Aile Hukuku, Savaş Yayınevi, Ankara, 2014, s. 75; SAPAN, Oğuzhan, ''Suç İşleme ve Haysiyetsiz Hayat Sürme Sebebiyle Boşanma'', Çankaya Üniversitesi Hukuk Fakültesi Dergisi, Cilt. 1, Sayı. 2, Ekim 2016, s. 367.

[16] YALÇINKAYA, Namık/KALELİ, Şakir, Boşanma Hukuku Cilt I, 3444 sayılı Kanunla Yapılan Değişikliklerle Birlikte İlaveli 2. Baskı, Türk Hava Kurumu Basımevi, Ankara, 1988, s. 723-724.

[17] BİRSEN, Kemaleddin, Medeni Hukuk Dersleri (Genel İlkeler-Şahsın Hukuku-Aile Hukuku), 6. Baskı, İstanbul 1966, s. 322.

[18] AKINTÜRK/ATEŞ, s. 253; ''... Türk Medeni Kanunu, eşlerden birinin küçük düşürücü bir suç işlemesi halinde de onunla birlikte yaşamanın diğer eşten beklenememesi koşulunu getirmiş, bu konu mutlak boşanma nedeni olmaktan çıkarılmıştır. (TMK md.163)... '' (Yarg. 2. HD. T. 24.03.2004, E. 2655, K. 3715), Kazancı İçtihat Bilgi Bankası, (E.T. 07.11.2018).

hem yüz kızartıcı nitelikteki hem de bu nitelikte olmayan diğer suçları kapsayacak genişlikte anlamı haiz olan küçük düşürücü suç kavramının kullanıldığı belirtilmektedir.[19]

TMK m. 163 hükmünde düzenlenen gerek küçük düşürücü suç işleme gerekse haysiyetsiz hayat sürme sebebiyle boşanma, nispi boşanma sebebinin yanında kusura dayalı ve özel boşanma sebebi teşkil etmektedir.[20]

I-Suç İşleme ve Haysiyetsiz Hayat Sürme Sebebiyle Boşanmanın Şartları

TMK m. 163 temelinde *boşanma davası eşlerden birinin küçük düşürücü bir suç işlemesi ya da haysiyetsiz bir hayat sürmesi halinde açılabilir.* Bu yönüyle TMK m. 163 hükmüne dayalı boşanma davası açılabilmesi, bu iki alternatif şarttan birinin ve bu şartların her ikisinde de geçerli olan birtakım ortak şartların gerçekleşmesine bağlıdır.

A-Alternatif Şartlar

Suç işleme veya haysiyetsiz hayat sürme sebebiyle boşanma davası açılabilmesi için iki alternatif şart öngörülmüştür. Diğer bir deyişle TMK m. 163 temelinde bir boşanma davası açılabilmesi için eşlerden biri ya küçük düşürücü bir suç işlemeli ya da haysiyetsiz bir hayat sürdürmelidir. Şimdi sırasıyla bu şartları ele almaya çalışalım.

1.Suç İşlenmesi

TMK m. 163 temelinde boşanma davası açılması mümkün olan ilk ihtimal, eşlerden birinin suç işlemesidir. Suç işleme sebebiyle boşanma davası açılabilmesi için eşlerden biri suç işlemeli, bu suç küçük düşürücü nitelik taşımalı ve evliliğin devam ettiği bir safhada işlenmelidir.

a)Suç Kavramı

Suç, 5237 sayılı Türk Ceza Kanunu'nda[21] tanımlanmıştır. Toplum tarafından tasvip edilmeyen birtakım fiillerin kanun tarafından düzenlenip yaptırıma bağlanması, suç olgusunu tarif etmektedir.[22] Bu yönüyle suç;

---

[19] *Hükmün gerekçesi için bkz. ANTALYA, O. Gökhan, Gerekçeli ve Açıklamalı 4721 sayılı Türk Medeni Kanunu, 3. Baskı, Legal Yayıncılık, İstanbul, 2015, s. 166.*

[20] *DURAL, Mustafa/ÖĞÜZ, Tufan/GÜMÜŞ, Mustafa Alper, Türk Özel Hukuku Cilt III Aile Hukuku, 13. Bası, Filiz Kitabevi, İstanbul, 2018, s. 111.*

[21] *RG. 12.10.2004, 25611.*

[22] *DEMİRBAŞ, Timur, Ceza Hukuku Genel Hükümler, Seçkin Yayıncılık, Güncellenmiş 13. Baskı, Ankara, 2018, s. 202.*

ceza kanununun olumlu ya da olumsuz bir emrinin ihlal edilmesini anlatmaktadır.[23] Suç teşkil eden fiiller de hukukun egemen olduğu toplumda sosyal düzenin sürdürülmesi için kabul edilen manevi ve soyut değerleri ifade eden bir hukuki değerin ihlali niteliği taşımakta olup, bu ihlal niteliği taşıyan fiillerin suç olarak düzenlenmesi ve yaptırım altına alınmasıyla bir ya da daha fazla hukuki değerin korunması hedeflenmektedir.[24] İlke olarak haksız fiiller, güvenlik tedbiri gerektiren fiiller ile idari yaptırım gerektiren fiiller hukuka aykırı olmalarına karşın suç teşkil etmemektedir.[25]

Bir davranışın suç oluşturduğundan bahsedilebilmesi için tüm suçlar bakımından aranan unsurlar olduğu gibi benzer suçları birbirinden ayırt etmeyi sağlayan veya suçun basit biçimini nitelikli hale getiren yalnızca belirli bazı suçlarda aranan unsurlar da vardır.[26] Bu bağlamda suçun unsurlarını genel unsurlar ve özel unsurlar olarak belirtmek mümkündür. Suçun kurucu unsurları da denilen genel unsurlar, bütün suçlar bakımından aranan ve gerçekleşmediği takdirde suçun gerçekleşmesine mani olan unsurları tarif ederken, özel unsurlar ise ceza kanununun özel kısmında yer alan suçların birbirinden ayırt edilmesini sağlayan unsurları anlatmaktadır.[27] Ceza hukuku doktrininde suçun genel unsurları; ikili, üçlü ya da dörtlü bir ayrımla incelenmektedir. Bu dörtlü sınıflandırma uyarınca suçun unsurlarını, kanun tarafından hangi davranışların yasaklanarak suç olarak yaptırıma bağlandığını ifade eden kanuni unsur, dış dünyada gerçekleşen bir insan davranışının bulunması gereğini ifade eden maddi unsur, fiil şeklinde yansıyan bu davranışın hukuk düzenine uyar nitelik taşımamasını tarif eden hukuka aykırılık unsuru ile failin kusur yeteneği ile fiili işlerken kusurlu olup olmadığını inceleyen manevi unsur olarak ifade edebiliriz.[28]

---

[23] *ZAFER, Hamide, Ceza Hukuku Genel Hükümler TCK m. 1-75, 5. Bası, Beta Yayıncılık, İstanbul, 2015, s. 127.*
[24] *ÖZGENÇ, İzzet, Türk Ceza Hukuku Genel Hükümler, 14. Bası, Seçkin Yayıncılık, Ankara, 2018, s. 170-171.*
[13] *Suç ile bu fiiller arasındaki farklar için bkz. ÖZEN, Mustafa, Ceza Hukuku Genel Hükümler Dersleri, Adalet Yayınevi, Ankara, 2017, s. 147-149.*
[26] *ZAFER, s. 171.*
[27] *DEMİRBAŞ, s. 210.*
[28] *Sözü edilen ayrımlar hakkında bkz. DEMİRBAŞ, s. 210-211; Suçun unsurları hakkında ayrıntılı bilgi için bkz. ÖZGENÇ, s. 173 vd.; ZAFER, s. 172 vd.*

b)Suçun Küçük Düşürücü Nitelik Taşıması

Suç işleme sebebiyle boşanma davası açılabilmesi için suçun küçük düşürücü nitelik taşıması gerekir. Bu başlık altında küçük düşürücü nitelik taşıyan suçlar, bir suçun küçük düşürücü nitelik taşıyıp taşımadığının tespiti ile bu suçun kasten işlenmesi gerektiği konuları üzerinde duracağız.

b1.Küçük Düşürücü Nitelik Taşıyan Suçlar

Suç işleme sebebiyle boşanma davası açabilmek için eşlerden birinin suç işlemesi gereklidir, fakat yeterli değildir. Bu suçun, küçük düşürücü bir suç olması gereklidir.[29] Nitekim TMK m. 163 hükmünde, eşlerden birinin küçük düşürücü bir suç işlemesinin boşanma sebebi oluşturacağı vurgulanmaktadır. Ancak hükümde hangi suçların küçük düşürücü nitelik taşıdığı belirtilmemiş ve örnek olarak olsa dahi bir sayımda bulunulmamıştır.

Anayasamızın milletvekilliği seçilme yeterliliği başlığını taşıyan 76. maddesinin ikinci fıkrasında belirtilen suçların, bu konuya ışık tuttuğu ifade edilmektedir.[30] Sözü geçen hükümde; zimmet, ihtilas, irtikâp, rüşvet, hırsızlık, dolandırıcılık, sahtecilik, inancı kötüye kullanma, dolanlı iflas gibi suçlar, yüz kızartıcı suçlar olarak zikredilmektedir. Bu suçların TMK m. 163 anlamında boşanma davası açılmasına yol açan küçük düşürücü suçlar arasında da olduğu öğretide kabul edilmektedir.[31] Nitekim yargı kararları da bu yöndedir.[32]

---

[29] KILIÇOĞLU, Ahmet M., Aile Hukuku, Genişletilmiş 2. Bası, Turhan Kitabevi, Ankara, 2016, s. 123; SAPAN, s. 368.

[30] TEKİNAY, s. 211; KÖPRÜLÜ, Bülent/KANETİ, Selim, Aile Hukuku, Özdem Kardeşler Matbaası, İstanbul, 1985/1986, s. 163.

[31] ÖZTAN, s. 662.

[32] "Davacı Türk Medeni Kanununun 166/1. maddesine dayanan şiddetli geçimsizlik yanında Türk Medeni Kanununun 163. maddesinde öngörülen suç işleme nedenine dayanarak da boşanma isteminde bulunmuştur. Toplanan delillerden davalının hırsızlık suçu işlediği ve bu suçtan mahkûm olduğu, işlenen suçun küçük düşürücü suçlardan olduğu anlaşılmaktadır. Bu sebeple birlikte yaşanması diğer eşten beklenemez hale gelmiştir. Davacının Türk Medeni Kanununun 163. maddesine dayalı davasının kabulüne karar vermek gerekirken..." (Yarg. 2. HD. T. 14.03.2013, E. 2012/19722, K. 2013/6974); Zimmet suçunun da küçük düşürücü bir suç kabul edildiği karar için bkz. Yarg. 2. HD. T. 09.01.1995, E. 1994/13056, K. 1995/68, https://emsal.yargitay.gov.tr, (Erişim Tarihi: 03.10.2018).

Anayasa m. 76/2 hükmünde belirtilen suçlar, sınırlı sayıda değildir.[33] Bu nedenle Anayasa'nın m. 76/2 hükmünde belirtilenler dışındaki bazı suçlar da gerekli şartların varlığı halinde TMK m. 163 anlamında küçük düşürücü suç olarak kabul edilebilir. Hükümde geçen, *gibi* ifadesi de bu olguya işaret eder niteliktedir. Bu bağlamda kasten adam öldürme,[34] cinsel saldırı, cinsel taciz,[35] adam öldürmeye teşebbüs etmek,[36] uyuşturucu ticareti yapmak[37] ve

---

[33] *KÖPRÜLÜ/KANETİ, s. 163; ÖZTAN, s. 662; Anayasa m. 76/2 hükmünde sayılan suçların sınırlı sayıda düzenlendiğinin kabul edilmesi gerektiği yönünde bkz. GÖZLER, Kemal, Türk Anayasa Hukuku Dersleri, 22. Baskı, Ekin Yayınevi, 2018, s. 172.*

[34] *"Davalının kasten adam öldürmek suçundan 20 yıl 10 ay ağır hapis cezası ile mahkûm olduğu incelenen vesayet dosyası kapsamından anlaşılmaktadır. Adam öldürme suçunun niteliği itibariyle, Medeni Kanunun 131. Maddesi uyarınca boşanmaya karar verilmemesi usul ve kanuna aykırıdır." (Yarg. 2. HD. T. 09.05.1985, E. 4284, K. 4520), ŞENER, Esat, Uygulama ve Teoride Her Yönü İle Boşanma, 2. Baskı, Seçkin Yayıncılık, Ankara 1997, s. 78; ''Türk Medeni Kanununun 163. maddesine göre "eşlerden biri küçük düşürücü bir suç işler veya haysiyetsiz bir hayat sürer ve bu sebeplerden ötürü onunla birlikte yaşaması diğer eşten beklenemezse, bu eş her zaman boşanma davası açabilir." Davacı kadın, kocasının adam öldürme nedeniyle mahkûm olduğunu, 25 yıl hapis cezası aldığını, bu sebeple Türk Medeni Kanununun 163.maddesi uyarınca boşanmalarına karar verilmesini talep etmiştir. Toplanan delillerden; davalı kocanın, 17.02.2007 tarihinde kasten adam öldürdüğü, 27.02.2007 tarihinde tutuklandığı, tutuklu şekilde yargılanarak Giresun Ağır Ceza Mahkemesinin 2007/252 esas, 2008/142 sayılı kararı ile 25 yıl ağır hapis cezasıyla cezalandırıldığı, eşlerin, suç işlendiği tarihten itibaren de ayrı yaşamaya başladıkları ve evlilik birliğinin bir daha kurulmadığı anlaşılmaktadır. Türk Medeni Kanununun 163. maddesi uyarınca kocanın adam öldürmesinin, davacı kadını küçük düşürücü bir suç olduğu, 25 yıl hapis cezasına mahkûm edilip, cezanın da infazına başlandığı, bu haliyle işlenen suçun davacı kadın yönünden birlikte yaşamayı çekilmez hale getirdiği sabit olup, davanın kabulüne karar verilecek yerde, yazılı şekilde reddine karar verilmesi doğru bulunmamıştır" (Yarg. 2. HD. T. 21.04.2014, E. 2013/25910, K. 2014/9380), Legalbank Elektronik Hukuk Bankası, (E.T. 03.10.2018); ''Davalının 05.07.2009 tarihinde işlediği kasten adam öldürmek suçundan Aydın 1. Ağır Ceza Mahkemesinin 14.01.2010 tarihli 170-5 sayılı kararı ile on beş sene hapis cezasına mahkûm olduğu dosyaya alınan ceza mahkemesi kararından anlaşılmaktadır. Maddi vakıanın davalının ikrarı ve diğer delillerle sabit olması karşısında ceza mahkemesi kararının kesinleşmemiş olması sonuca etkili görülmemiştir. Kasten adam öldürmek eylemi "küçük düşürücü" niteliktedir olup, bu niteliği gereği birlikte yaşamayı davacı eş bakımından çekilmez kılar ve bu suçu işleyen biriyle birlikte yaşaması davacıdan beklenemez. Türk Medeni Kanununun 163. maddesinde yer alan boşanma sebebi gerçekleşmiştir. Boşanmaya karar verilecek yerde isteğin reddi doğru bulunmamıştır." (Yarg. 2. HD. T. 05.06.2012, E. 2011/21093, K. 2012/15178), Lexpera Hukuk Bilgi Sistemi, (E.T.04.10.2018).*

[35] *"Davalının, on iki yaşında bir kız çocuğuna cinsel tacizde bulunduğu, suçu sabit görülerek bundan dolayı ceza aldığı yapılan soruşturma ve toplanan delillerden anlaşılmaktadır. Mahkemece, "... davalının bu suçu bir kere işlemiş olmasının tek başına davaya neden olmayacağı vicdani kanaatine varıldığı, bu durumun evliliği diğer eş bakımından çekilmez hale getirdiğinin ispatlanması gerektiği, bu yolda delil getirilmediği...", gerekçesiyle dava reddedilmiştir. Dava Türk Medeni Kanununun 163. maddesinde yer alan "küçük düşürücü suç işleme" sebebine dayanılarak açılmıştır, işlenen suçun niteliğine göre davacının dava açması karşısında onunla birlikte yaşaması kendisinden beklenemeyeceği açık ve tartışmasızdır. Boşanma sebebi gerçekleşmiştir. Davanın kabulü gerekirken, isteğin reddi doğru görülmemiştir." (Yarg. 2. HD. T. 19.03.2015, E. 2014/20560, K. 2015/4947), Kazancı İçtihat Bilgi Bankası, (E.T. 03.10.2018).*

[36] *"Yüz kızartıcı suç deyimi, herhalde yüz kızartıcı ve benzeri gibi belli suçlara münhasır değildir. Ahlaki redaet ve kötü bir karakter ürünü olan bütün eylemler, bu deyimin içine girer. Onun için bu davalarda suçun nev'i sebebi ve saiki, işlendiği şartlar da göz önünde tutulmalıdır. Davalı, başkasını öldürmeye tam teşebbüs etmek suçundan 16 yıl ağır hapse mahkûm edilmiş olup, az önce açıklanan ilkeler karşısında yüz kızartıcı (terzil edici) suç olarak kabulü zorunludur. Öyle ise boşanmaya karar verilmesi gerekirken davanın reddedilmesi Usul ve Kanun'a aykırıdır." (Yarg. 2. HD. T. 31.05.1983, E. 4692, K. 4961), Kazancı İçtihat Bilgi Bankası, (E.T. 04.10.2018).*

[37] *"Türk Medeni Kanununun 163. maddesine göre "eşlerden biri küçük düşürücü bir suç işler veya haysiyetsiz bir hayat sürer ve bu sebeplerden ötürü onunla birlikte yaşaması diğer eşten beklenemezse bu eş her zaman boşanma davası açabilir." Toplanan delillerden davalı kocanın 1984 yılından beri suç işleyip, belli aralıklarla hapishaneye girip çıktığı, son olarak 5.7.2005 tarihinde uyuşturucu ticareti yapmak suçundan 12 yıl hapis cezasına mahkûm edilip, cezanın da infazına başlandığı, bu haliyle işlenen suçun davacı kadın yönünden birlikte yaşamayı çekilmez hale getirdiği sabit olup, davanın kabulüne karar verilecek yerde, yazılı şekilde karar verilmesi doğru bulunmamıştır." (Yarg. 2. HD. T. 23.02.2010, E. 2009/1300, K. 2010/3299), Legalbank Elektronik Hukuk Bankası, (E.T. 03.10.2018).*

gasp[38] gibi suçlar da küçük düşürücü suç olarak kabul edilmelidir. Netice itibariyle cinsel taciz, cinsel saldırı, teşhircilik gibi başkalarının namusuna yönelen suçlar ile hırsızlık, evrakta sahtecilik, dolandırıcılık gibi bazı fiillerle başkalarının malvarlığına yönelen birtakım suçlar küçük düşürücü nitelik taşımaktadır.[39]

b2.Suçun Küçük Düşürücü Niteliğinin Belirlenmesi

Küçük düşürücü suçların, bayağı bir zihniyeti ve adi bir karakteri ifşa ettiği belirtilmektedir.[40] Gerçekten de bu suçlar, ahlak düzeninin şiddetle reddettiği ve ortaya çıktığında doğal olarak insanın yüzünü kızartan suçları tarif etmektedir.[41]

Bir suçun küçük düşürücü nitelik taşıyıp taşımadığı, hâkim tarafından toplumda egemen olan ahlak anlayışı ile failin toplum nezdinde düşeceği güç durum dikkate alınmak suretiyle belirlenmelidir.[42] Ayrıca eşlerden birinin toplumda egemen olan bakış açısına göre ahlak dışı olarak görülen bir suçu işlemesi, diğer eşin de toplumsal kınama ve dışlamayla karşılaşmasına veya toplum içerisine çıkamamasına neden oluyorsa, küçük düşürücü suçun varlığından bahsedilebilir.[43] Kısaca bireyin, toplum içerisindeki konumunu sarsan ve ahlaki bakımdan kınanmasına yol açan suçların küçük düşürücü nitelik taşıdığı söylenebilir.[44]

Küçük düşürücü suç işlenmesinin TMK m. 163 hükmüne dayalı olarak boşanma davası açılmasını sağlaması için bu suçun kasten işlenmiş olması gerekli ve yeterlidir. Dolayısıyla taksirle işlenen, meşru savunma gibi

---

[38] *"Dava, 4721 sayılı Türk Medeni Kanununun 163. maddesinde yer alan "... davalı eşin küçük düşürücü bir suç işlemesi" sebebine dayanan boşanma isteğine ilişkindir. Davalı koca hakkında 10.12.2001 tarihinde işlediği suçtan ötürü (gasp suçundan) Türk Ceza Kanununun 499. maddesi gereğince cezalandırılması istemiyle kamu davası açılmış, koca, bu suçtan 28.12.2001 tarihinde tutuklanmış, 11.3.2002 tarihinde nakti kefaletle bırakılmış, yapılan yargılaması sonucu Çorum Ağır Ceza Mahkemesince; sanığın eylemi, Türk Ceza Kanununun 192. maddesinde yer alan kimsenin namusunu veya şeref ve haysiyetini ihlal edecek, isnadlarda bulunmak tehdidiyle menfaat istihsal etmek olarak vasıflandırılarak bu madde uyarınca hapis cezasına mahkûm olmuştur. Mahkûmiyet kararı 20.6.2002 tarihinde kesinleşmiştir. Kocanın işlediği suç, ahlaki redaet ve kötü hiçbir karakter ürünü olan bir eylem olup, küçük düşürücü niteliktedir." (Yarg. 2. HD. T. 26.12.2002, E. 12731, K. 14899), Legalbank Elektronik Hukuk Bankası, (E.T. 04.10.2018).*

[39] KILIÇOĞLU, s. 123.

[40] EGGER, A., *İsviçre Medeni Kanunu Şerhi II. Cilt: Aile Hukuku Birinci Kısım: Evlenme Hukuku*, (Çeviren: Tahir Çağa), İstanbul 1943, s. 166.

[41] TEKİNAY, s. 211.

[42] EVKLİLER, Aydın/ACABEY, M. Beşir/GÖKYAYLA, K. Emre, *Medeni Hukuk*, (Giriş-Başlangıç Hükümleri-Kişiler Hukuku-Aile Hukuku), 6. Baskı, Seçkin Yayıncılık, Ankara 1999, s. 986; SAPAN, s. 368-369.

[43] ERDEM, Mehmet, *Aile Hukuku*, Seçkin Yayıncılık, İstanbul 2018, s. 107.

[44] KARABULUT, Ayşe Kübra, ''*Türk Medeni Kanunu'nun 162. ve 163. Maddelerine Dayanılarak Açılan Boşanma Davaları*'', (Yayınlanmamış Yüksek Lisans Tezi, Atatürk Üniversitesi Sosyal Bilimler Enstitüsü, 2018), s. 35.

hukuka uygunluk nedenlerinin bulunduğu ya da ilke olarak haksız tahrik, cebir, tehdit gibi kusurluluğu ortadan kaldıran hallerde işlenen suçlar bakımından failin küçük düştüğünden söz edilemeyeceği için TMK m. 163 temelinde boşanma da söz konusu olmaz.[45] Ayrıca ilke olarak siyasi suçlar da küçük düşürücü nitelik taşımazlar.[46]

Bir suçun küçük düşürücü nitelik taşımasında suçu işleyenin güttüğü amaç önem arz etmektedir.[47] Bu yönüyle bir suçun küçük düşürücü olup olmadığının tayininde cezanın ağırlığı değil, fiilin niteliği ve işleniş biçimi rol oynamaktadır.[48] Dolayısıyla suç işleyen eşin amacı, suç teşkil eden fiilin niteliği ve fiili işleyiş biçimi göz önüne alınarak suçun küçük düşürücü olup olmadığı saptanmalıdır. Örneğin, borçlusunun borcunu ödememesi nedeniyle büyük bir ekonomik sıkıntıya düşen alacaklının, onun mücevherini çalması durumunda bu suç küçük düşürücü sayılmayabilir[49]. Başka bir örnek olarak, meşru müdafaa halinde birinin öldürülmesi ya da dikkatsizlik sonucunda bir otomobil kazasıyla birinin ölümüne neden olma halinde de küçük düşürücü suç vasfının bulunmadığı ifade edilebilir.[50] Benzer şekilde namusuna yönelik saldırıdan kurtulmak için bu saldırıyı gerçekleştiren kişiyi öldüren kadının ya da yoksulluk veya açlık sebebiyle yiyecek çalarak hırsızlık yapan kimsenin de küçük düşürücü suç işlediği kabul edilmemelidir.[51]

Doktrinde, zina eden eşin ve ilişkiye girdiği kimsenin öldürülmesi halinde de küçük düşürücü suç vasfının kabul edilmemesi gerektiği ileri sürmektedir.[52] Bu görüşe katılma olanağı bulunmamaktadır. Öncelikle zina eden eşin öldürülmesi halinde evlilik ölüm ile sona ermiştir. Nitekim bu halde boşanma ile ortadan kaldırılacak bir evlilik ilişkisi kalmamıştır. Zina eden eşin ilişki yaşadığı kişinin öldürülmesi halinde ise titiz bir değerlendirme yapılması gerekir. Bu halde zina eden eşin, ilişki yaşadığı kimsenin öldürülmesi sebebiyle bu suçu işleyen eşine karşı küçük düşürücü suç işleme sebebiyle boşanma davası açması halinde bu talebin,

---

[45] *SAPAN, s. 370.*

[46] *SAYMEN, Ferit H./ ELBİR, Halid K,. Türk Medeni Hukuku Cilt III Aile Hukuku, 2. Baskı, İstanbul: İsmail Akgün Matbaası, İstanbul, 1960, s.248; TANDOĞAN, s. 81.*

[47] *TEKİNAY, s. 211.*

[48] *FEYZİOĞLU, Feyzi Necmeddin, Aile Hukuku, (Bu baskıyı hazırlayanlar: Cumhur Özakman ve Enis Sarıal), Yeniden Gözden Geçirilmiş Genişletilmiş 3. Baskı, Filiz Kitabevi, İstanbul, 1986, s. 274; BİRSEN, s. 322.*

[49] *TEKİNAY, s. 212.*

[50] *FEYZİOĞLU, s. 274.*

[51] *YALÇINKAYA/KALELİ, s. 736; GENÇCAN, s. 226-227.*

[52] *YALÇINKAYA/KALELİ, s. 736.*

hakkın kötüye kullanılması yasağı çerçevesinde reddedilmesi gerektiğini düşünüyoruz. Ancak eşin, sırf intikam alma amacıyla işlediği ya da malına, canına yönelik bir saldırı olmaksızın veya açlık, yoksulluk gibi onu zorda ve çaresiz bırakan durumlar olmadığı takdirde işlediği suçların, toplum tarafından kınanmasa, hatta tasvip edilse dahi küçük düşürücü nitelik taşıyabileceğinin kabul edilebilmesi mümkün görülmelidir. Dolayısıyla bir suçun, küçük düşürücü nitelik taşıyıp taşımadığının saptanmasında toplumda egemen olan ahlak anlayışı ve failin suçu işleme saiki esas alınmakla beraber, bunların küçük düşürücü nitelikte görmediği suçların, yöneldiği hukuki değerlere verdiği zararların niteliği ve yoğunluğu gibi hususların da dikkate alınması yararlı olabilir.

Küçük düşürücü bir suç işleyen eşin ceza kovuşturmasına uğraması ve bu suçtan dolayı mahkûm olması ise boşanma davası açılması için aranan bir şart değildir[53]. Bu nedenle aile mahkemesi hâkimi, böyle bir suçun işlenip işlenmediğini kendisi incelemek durumundadır.[54]

TCK m. 65 uyarınca, kamu davasını düşüren ve hükmedilen cezaların bütün neticeleriyle ortadan kalkmasını sağlayan genel affın dahi küçük düşürücü suç işleme sebebiyle boşanmada, suçun bu vasfının yitirilmesine yol açmayacağı benimsenmelidir.[55] Ayrıca soruşturulması ve kovuşturulması şikâyete bağlı suçlarda, şikâyette bulunulmaması da TMK m. 163 anlamında boşanma davasının önüne geçebilen bir olgu niteliği taşımaz.[56]

Suç işleyen eşin ceza mahkemesinde beraat etmiş olması da TMK m. 163 hükmüne dayalı olarak boşanma kararı verilmesine engel oluşturmaz. Zira 6098 sayılı Türk Borçlar Kanunu'nun[57] 74. maddesi gereğince; hukuk hâkimi, zarar verenin kusurunun olup olmadığı, ayırt etme gücünün bulunup bulunmadığı hakkında karar verirken, ceza hukukunun sorumlulukla ilgili hükümleriyle bağlı olmadığı gibi ceza hâkimi tarafından verilen beraat kararıyla da bağlı değildir. Aynı şekilde ceza hâkiminin kusurun değerlendirilmesine ve zararın saptanmasına ilişkin kararıyla da hukuk

---

[53] *TANDOĞAN, s. 80; KESKİN, Alper, Boşanma Davaları 1. Cilt, Seçkin Yayıncılık, Ankara 2017, s. 53; ''Dava, Medeni Kanunun 131. maddesine uygun açılmıştır. Davalı zimmet suçu işlediğini belge ile doğrulamış, tanıkta aynı şekilde beyanda bulunmuştur. Cezai takibat yapılmaması eylemin cürüm vasfını değiştirmez... Madde koşulları gerçekleştiğinden davanın kabulü ve boşanmaya karar verilmesi gerekir.'' (Yarg. 2. HD. T. 09.01.1995, E. 1994/13056, K. 1995/68), Legalbank Elektronik Hukuk Bankası, (E.T. 04.10.2018).*
[54] *TEKİNAY, s. 213.*
[55] *YALÇINKAYA/KALELİ, s. 737.*
[56] *GÖKTÜRK, Hüseyin Avni, Medeni Hukuk II Aile Hukuku, Ankara, 1943, s. 41.*
[57] *RG. 4.2.2011, 27836.*

hâkimi bağlı değildir. Bununla beraber TBK m. 74 hükmü ile düzenleme altına alınan hukuk hâkiminin, ceza yargılaması ile bu yargılama sonucunda verilen kararlarla ilke olarak bağlı olmamasını anlatan bağımsızlık ilkesinin de bazı istisnalarının bulunduğu belirtilmektedir. Bu bağlamda ceza hâkiminin maddi olguların varlığına ya da yokluğuna ilişkin kararları, failin kimliğini saptayan kararı ile fiilin hukuka aykırılığını tespit eden kararı hukuk hâkimi için de bağlayıcıdır.[58] Dolayısıyla ceza hâkiminin kararında eşin işlediği ileri sürülen suçun gerçekleşmediği ya da bu eş tarafından işlenmediği veya suçu işlemesinde hukuka uygunluk sebebinin bulunduğuna ilişkin kararı, hukuk hâkimini de bağlayacak ve bu durum ise TMK m. 163 temelinde bir boşanma davası açılmasının önüne geçecektir. Dolayısıyla boşanma davası ile birlikte devam eden bir ceza davasının varlığı halinde bu ceza mahkemesinin kararının boşanma davasında bekletici mesele yapılması isabet arz etmektedir.[59] Ayrıca eşin herhangi bir iftiraya uğrayıp uğramadığının saptanması bakımından da ceza davasının sonucunu beklemenin yerinde olacağı vurgulanmaktadır.[60] Yargıtay'a göre boşanma davasında, ceza mahkemesi kararının bekletici mesele yapılması suretiyle adalete olan güvenin sağlanması ile çelişkili hükümlerin ortaya çıkması ve kesin hükmün toplum vicdanındaki haklılığının sarsılmasının önüne geçilmesi amaçlanmaktadır.[61]

Son olarak ifade edelim ki küçük düşürücü suç işlemeye dayalı boşanma davası açılabilmesi için suçun bir ya da birkaç defa işlenmesi arasında fark bulunmaz. Diğer bir deyişle küçük düşürücü nitelik taşıyan bir suçun tek bir kez işlenmiş olması dahi boşanma davası açılabilmesi için gerekli ve yeterlidir.[62]

---

[58] *ANTALYA, O. Gökhan, Borçlar Hukuku Genel Hükümler Cilt II, Birinci Baskıya Ek Tıpkı Basım, Legal Yayıncılık, İstanbul 2017, s. 520-522.*

[59] *GENÇCAN, s. 230; SAPAN, s. 371; '' Ceza Mahkemesinin boşanma davasına konu olan eylem hakkında maddi olayı tespit eden karar hukuk hâkimini bağlar. (BK. md. 53). O halde Bakırköy 9. Asliye Ceza Mahkemesinin 2001/1261 esas sayılı dava dosyasının sonucu beklenerek deliller birlikte değerlendirilerek bir hüküm kurulması gerekirken eksik inceleme ile yazılı şekilde hüküm kurulması doğru bulunmamıştır.'' (Yarg. 2. HD. T. 19.06.2006, E. 9056, K. 9742), Legalbank Elektronik Hukuk Bankası, (E.T. 08.11.2018).*

[60] *VELİDEDEOĞLU, s. 175.*

[61] *Yarg. 2. HD. T. 30.06.1986, E. 6295, K. 6584, Legalbank Elektronik Hukuk Bankası, (E.T. 08.11.2018).*

[62] *"Yapılan soruşturma, toplanan delillerle kadının hırsızlık suçunu işlediği anlaşılmaktadır. Bu halde taraflar arasında müşterek hayatı temelinden sarsacak derecede ve birliğin devamına imkân vermeyecek nitelikte bir geçimsizlik mevcut ve sabittir. Olayların akışına göre davacı dava açmakta haklıdır. Bu şartlar altında eşleri birlikte yaşamaya zorlamanın artık kanunen mümkün görülmemesine göre, boşanmaya karar verilmesi gerekir. Fiilin bir defa işlenmiş olması ve ceza soruşturmasının ön ödeme ile ortadan kaldırılması sebebiyle isteğin reddedilmesi doğru görülmemiştir." (Yarg. 2. HD. T. 23.01.2001, E. 15378, K. 1057), KARABULUT, s. 38.*

c)Suçun Evlenmeden Sonraki Bir Safhada İşlenmesi

TMK m. 163 temelinde küçük düşürücü suç işleme sebebiyle boşanma davası açılabilmesi için eşin bu suçu evliliğin devam ettiği bir safhada işlemesi gereklidir. Diğer bir deyişle evlenmeden önce eşin küçük düşürücü bir suç işlemesi TMK m. 163 hükmüne dayalı olarak boşanma davası açılmasına yetişmez.[63]

Doktrindeki bir görüşe göre evlenmeden önce işlenen küçük düşürücü bir suç, eşten gizlenmişse bu halde de TMK m. 163 temelinde boşanma davası açılabilir. Bu görüşe göre evlenmeden önce işlenen suç da evliliği temelinden sarsabilir ve küçük düşürücü suç işleme sebebiyle boşanmanın altında yatan neden de böyle bir suç işlemiş eşe karşı, diğerinin saygı duymasının pek de olanaklı olmamasıdır.[64] Doktrinde diğer görüşe göre evlenmeden önce eşin uğradığı bir mahkûmiyetin bilinerek onunla evlenilmesi halinde bu suça dayalı olarak boşanma davası açılamayacaktır.[65] Yargıtay da çeşitli kararlarında eşin, diğerinin evlenmeden önce suç işlediğini bilmesine rağmen onunla evlenmesi halinde TMK m. 163 hükmüne dayalı olarak boşanma davası açamayacağını ifade etmiştir.[66] Ancak yalnızca eşin,

---

[63] *AKINTÜRK/ATEŞ, s. 253; '' Davacı kadın Türk Medeni Kanununun 163. maddesi uyarınca, "suç işleme" hukuki sebebine dayalı olarak boşanma talebinde bulunmuş, mahkemece davanın kabulü ile unsurları oluştuğundan Türk Medeni Kanununun 163. maddesi uyarınca tarafların boşanmalarına karar verilmiştir. Yapılan yargılama ve toplanan delillerden davalı erkeğin işlediği iddia edilen suçların tarihlerinin evlenme tarihinden önceki döneme ait olduğu anlaşılmaktadır. Anılan madde koşulları oluşmamıştır. O halde, mahkemece davanın reddine karar verilmesi gerekirken yazılı şekilde kabulüne karar verilmesi doğru olmayıp bozmayı gerektirmiştir." (Yarg. 2. HD. T. 20.12.2017, E. 2624, K. 14983); '' Dosyadaki yazılara, kararın dayandığı delillerle kanuni gerektirici sebeplere ve özellikle davanın Türk Medeni Kanununun 163. maddesi uyarınca, açılan "küçük düşürücü suç işleme" nedenine dayalı bir boşanma davası olduğu, davalı kocanın işlediği iddia edilen suçların suç tarihlerinin boşanma dava tarihinden önceki tarihlere ait olduğu, Türk Medeni Kanununun 166/1-2. maddesi yönünden de davacı tarafından her hangi bir delil sunulmadığı ve iddiasının kanıtlanamadığının anlaşılmasına göre, yerinde bulunmayan temyiz itirazlarının reddiyle usul ve kanuna uygun olan hükmün ONANMASINA..." (Yarg. 2. HD. T. 11.03.2014, E. 3704, K. 5431), Lexpera Hukuk Bilgi Sistemi, (E.T.01.11.2018).*

[64] *ÖZTAN, s. 663.*

[65] *KÖPRÜLÜ/KANETİ, s. 164.*

[66] *"...Yapılan soruşturma ve delillerden davacının davalının evlenmeden önce işlediği suçu bilerek davalı ile evlendiği anlaşılmaktadır. Bu halde; Türk Medeni Kanununun 163. maddesindeki boşanma kararı verilebilmesi için gerekli, işlenen suç nedeniyle diğer eş için birlikte yaşamanın beklenemez hale gelmesi koşulu gerçekleşmediğinden mahkemece davacının Türk Medeni Kanununun 163. maddesine dayalı boşanma davasının reddine karar vermek gerekirken..." (Yarg. 2. HD. T. 20.11.2012, E. 7802, K. 27583), GENÇCAN, Ömer Uğur, 6100 Sayılı HMK Hükümlerine Göre Boşanma Tazminat ve Nafaka Hukuku, Yetkin Yayınları, Ankara 2013, s. 225; ''Dava, eşin işlediği cürüm sebebiyle boşanma isteminden kaynaklanmaktadır. Tarafların evlilik öncesi beraber yaşadığı sırada davacı kadına laf atılması yönünden cinayet işlenmiş, davalı bu eylemden dolayı cezaevinde bulunduğu sırada taraflar evlenmişlerdir. Davacı bu durumu bildiği halde evlenmiştir. Şu durumda boşanma istemi haksız ve yersiz olduğuna göre..." (Yarg. 2. HD. T. 16.10.1984, E. 1983/7991, K. 1984/7899); '' Evvelce, eşinin yüz kızartıcı suç işlediğini bilerek evlenen kişi, bu sebebe dayanıp boşanma davası açamaz. Taraflar davalının gasp suçundan mahkûm olmasından sonra evlenmiş bulunduklarına göre, davacının Medeni Kanunun 131. maddesine dayanarak boşanma davası açmaya hakkı yoktur. Öyle ise evlilik birliği devam ederken davalının terzil edici cürüm işlemediği gerçekleşmiş olmasına rağmen kanun hükmünün*

---

diğerinin evlenmeden önceki bir zamanda küçük düşürücü suç işlediğini bildiği hallerde değil, bilmediği hallerde de TMK m. 163 hükmüne dayalı olarak boşanma davası açılamaz.[67] Dolayısıyla ancak evlendikten sonra işlenen suçlar TMK m. 163 hükmüne dayalı olarak boşanma talep edilebilmesini sağlamaktadır.[68]

Yargıtay bazı kararlarında, eşlerin suç teşkil eden eylemin meydana gelmesinden sonra evlendiklerini ve bu halde işlenen suç nedeniyle diğer eş bakımından birlikte yaşamanın beklenemez hale gelmesi koşulunun gerçekleşmemesi nedeniyle boşanma kararı verilemeyeceğini ifade etmiştir.[69] Ancak şu noktayı önemle belirtelim ki evlilikten önce işlenen bir suç, eşler bakımından müşterek yaşamın devamını çekilmez hale getirse dahi TMK m. 163 hükmüne dayalı olarak boşanma davası açılamayacağı kanaatindeyiz. Suç işleyen eşle evlenen bir kimsenin bu durumu bilmesi de bilmemesi de sonuca tesir etmez. Zira ancak evlilik devam ederken işlenen ve müşterek yaşamın devamını diğer eş bakımından çekilmez hale getiren suçların TMK m. 163 temelinde boşanma konusu yapılabileceği kanaatini taşımaktayız.

---

yorumunda yanlışa düşülerek tarafların boşanmalarına karar verilmesi usul ve kanuna aykırıdır." (Yarg. 2. HD. T. 21.06.1983, E. 5507, K. 5611), Kazancı İçtihat Bilgi Bankası, (E.T. 04.10.2018).

[67] GENÇCAN, s. 225.

[68] "... Küçük düşürücü suç işlemenin Türk Medeni Kanununun 163. maddesi hükmüne göre boşanma sebebi olabilmesi için suç teşkil eden eylemin evlendikten sonra işlenmiş olması gerekir. Yapılan soruşturma ve toplanan delillerden tarafların, davalının işlediği suç tarihinden sonra evlendikleri anlaşılmaktadır. Bu halde; Türk Medeni Kanununun 163. maddesindeki boşanma kararı verilebilmesi için gerekli "işlenen suç nedeniyle diğer eş için birlikte yaşamanın beklenemez hale gelmesi" koşulu gerçekleşmediğinden mahkemece davacının davasının reddine karar vermek gerekirken; kabulüne karar verilmesi doğru görülmemiş, bozmayı gerektirmiştir..." (Yarg. 2. HD. T. 23.02.2016, E. 2015/13025, K. 2016/3369), Legalbank Elektronik Hukuk Bankası, (E.T. 03.10.2018).

[69] "Dava, Türk Medeni Kanununun 163. maddesinde yer alan suç işleme ve haysiyetsiz hayat sürme hukuksal sebebine dayalı boşanma istemine ilişkindir. Türk Medeni Kanununun 163. maddesi hükmüne göre boşanma kararı verebilmek için suç teşkil eden eylemin evlendikten sonra işlenmiş olması gerekir. Yapılan yargılama ve toplanan delillerden tarafların davalının işlediği suç tarihinden sonra evlendikleri anlaşılmaktadır. Bu halde Türk Medeni Kanununun 163. maddesine dayalı boşanma kararı verilebilmesi için gerekli olan "işlenen suç nedeniyle diğer eş için birlikte yaşamanın beklenemez hale gelmesi" koşulu gerçekleşmediğinden davacının davasının reddine karar vermek gerekirken kabulüne karar verilmesi doğru görülmemiş, bozmayı gerektirmiştir." (Yarg. 2. HD. T. 27.06.2018, E. 2016/20524, K. 2018/8173); Aynı yönde bkz. Yarg. 2. HD. T. 23.02.2016, E. 2015/13025, K. 2016/3369, emsal.yargitay.gov.tr, (E.T. 07.11.2018).

Evlilikten önceki bir zamanda işlenen suç, gerekli koşulların varlığı halinde, aldatma[70] ya da yanılma[71] sebebiyle evlenmenin iptalinin talep edilmesini[72] ya da evlilik birliğinin temelinden sarsılmasına dayalı olarak boşanma davası[73] açılabilmesini sağlayabilir[74].

Son olarak belirtelim ki küçük düşürücü suç işleme sebebiyle boşanma davası açan eşin, kendisinin de böyle bir suç işlemiş olması, davanın reddine neden olmaz.[75]

2.Haysiyetsiz Bir Hayat Biçiminin Varlığı

TMK m. 163 temelinde boşanma davası açılmasına imkân veren ikinci ve son ihtimal, eşlerden birinin haysiyetsiz bir hayat sürmesidir. Haysiyetsiz hayat sürme sebebiyle boşanma davası açılabilmesi için, eşlerden birinin haysiyetsiz olarak nitelendirilen bir hayat biçimi olmalı, bu hayat biçimi belirli bir süre devam etmeli ve evliliğin devamı sırasında böyle bir hayat biçimi var olmalıdır.

---

[70] *TMK m.150 b.1 uyarınca; eşinin namus ve onuru hakkında doğrudan doğruya onun tarafından veya onun bilgisi altında bir başkası tarafından aldatılarak evlenmeye razı olan kimse, evlenmenin iptalini dava edebilir. Aldatma, evlenmeye ilişkin bir nispi butlan sebebi oluşturur. Aldatma, aktif bir davranışla gerçekleştirilebileceği gibi pasif bir davranışla yani susmayla da gerçekleştirilebilir. Örneğin; eşlerden birinin küçük düşürücü niteliği haiz bir suç işlediğini açıklamaması aldatma olarak kabul edilmesi gerektiğine ilişkin bkz. İKİZLER, Metin, Evlenmenin Hükümsüzlüğü, Seçkin Yayıncılık, Ankara, 2018, s. 205-207.*

[71] *TMK m. 149 b.2'e göre; eşlerden birinin, diğerinin bizzat kendisine ait olan bir niteliğinde yanılmaya düşmesi ve bu yanılmanın önemli olması bir nispi butlan sebebidir. Yanılmanın önemli olması ise yanılan eş bakımından ortak hayatın devamının çekilmez hale gelmesini anlatmakta olup, bunun takdiri ise her somut olayda hâkime aittir. DURAL/ÖĞÜZ/GÜMÜŞ, s. 12; Bu bağlamda eşlerden birinin küçük düşürücü bir suç işlemesi eşin niteliğinde yanılma oluşturabilir. İKİZLER, s. 202.*

[72] *"Tarafların davalı cezaevinde iken 24.02.2011 tarihinde evlendikleri, davanın ise 13.12.2011 tarihinde açıldığı anlaşılmaktadır. Davacı dava dilekçesinde ve yargılama aşamalarında boşanma sebebi olarak, davalının yaralamaktan ceza evinde yattığına yönelik söylemine güvenerek evlendiğini, ancak suçunun yüz kızartıcı suç olduğunu sonradan öğrendiğini belirterek boşanma talep etmiştir. Davacının boşanma sebebi olarak gösterdiği bu husus, nispi butlan davasının konusunu teşkil eden bir sebep olup davacı kadının nisbi butlan nedeniyle evliliğin iptalini talep etmesi gerekirken, boşanma davası açması usul ve yasaya aykırı olup bozmayı gerektirmiştir." (Yarg. 2. HD. T. 03.06.2013, E. 3238, K. 15239), Legalbank Elektronik Hukuk Bankası, (E.T. 04.11.2018).*

[73] *"Yapılan soruşturma, toplanan delillerle tarafların 8.8.2005 tarihinde evlendikleri, davalının 3.8.2005 tarihinde işlediği iddia edilen yüz kızartıcı suçtan dolayı evlenmelerinden 14 gün sonra tutuklandığı ve halen bu suçtan hükmen tutuklu olduğu anlaşılmaktadır. Bu halde taraflar arasında ortak hayatı temelinden sarsacak derecede ve birliğin devamına imkân vermeyecek nitelikte bir geçimsizlik mevcut ve sabittir. Olayların akışı karşısında davacı dava açmakta haklıdır. Bu şartlar altında eşleri birlikte yaşamaya zorlamanın artık kanunen mümkün görülmemesine göre, boşanmaya (TMK md. 166/1)karar verilecek yerde, yetersiz gerekçe ile davanın reddi doğru bulunmamıştır." (Yarg. 2. HD. T. 06.03.2008, E. 2007/5368, K. 2008/2887), Legalbank Elektronik Hukuk Bankası, (E.T. 04.11.2018).*

[74] *"OĞUZMAN/DURAL, s. 118; DURAL/ÖĞÜZ/GÜMÜŞ, s. 111; OĞUZMAN, Kemal, Aile Hukuku Dersleri I (Giriş-Nişanlanma-Evlenme-Boşanma), Filiz Kitabevi, İstanbul, 1990, s. 134.*

[75] *VELİDEDEOĞLU, s. 174.*

a)Haysiyet ve Haysiyetsiz Hayat Sürme Kavramları

TMK m. 162 hükmünde onur kavramı kullanılmasına karşın, TMK m. 163 hükmünde haysiyet kavramına yer verilmiştir. Arapça kökenli haysiyet kelimesi sözlükte değer, saygınlık, itibar olarak tanımlanmaktadır.[76] Onur kelimesi ise sözlükte insanın kendine karşı duyduğu saygı, şeref, özsaygı, haysiyet, izzetinefis olarak yer almaktadır.[77] Ancak TMK'de boşanma sebeplerinde tercih edilen onur ve haysiyetin aynı anlama sahip kavramlar olduğu vurgulanmaktadır.[78]

Haysiyetsiz hayat sürme ise toplumun ahlak anlayışına ve değer yargılarına göre değişen bir özellik göstermektedir.[79] Bu nedenle haysiyetsiz hayat sürmenin kesin bir tanımının ve çerçevesinin ortaya konulması güçtür. Böylece boşanma davası konusu yapılan olayda, davalı eş tarafından sürdürülen hayatın haysiyetsiz olup olmadığını hâkimin takdir etmesi gerekir.[80] Ancak genel olarak haysiyetsiz hayat sürme, toplumun değerleri ile ahlak, şeref ve namus anlayışına aykırı yaşam tarzının benimsenmesi ve bu yaşam tarzının devamlılık arz edecek şekilde sürdürülmesi biçiminde tanımlanabilir.[81] Kısa bir deyişle, devamlılık gösteren ahlak dışı tutum ve davranışlar haysiyetsiz hayat sürmeyi tarif etmektedir.[82] Haysiyet hayat sürme, eşin tek başına sürdürdüğü yaşam biçiminden ileri gelebileceği gibi başkalarıyla paylaştığı birtakım yaşam biçimlerinden de ileri gelebilir.[83]

b)Belirli Bir Süre Devam Etmesi

Haysiyetsiz hayat süren davranışların belirli bir süre devam etmesi gerekir. Zira tek bir (münferit) haysiyetsiz davranış TMK m. 163 hükmüne dayalı boşanma davası açılmasını sağlamaz.[84] Örneğin eşlerden birinin, bir defa

---

[76] *http://www.tdk.gov.tr, (E.T. 04.10.2018).*

[77] *http://www.tdk.gov.tr, (E.T. 04.10.2018).*

[78] *KILIÇOĞLU, s. 123.*

[79] *Yarg. HGK. T. 05.10.1984, E. 2-814, K. 791, Legalbank Elektronik Hukuk Bankası, (E.T. 04.10.2018).*

[80] *HATEMİ, Hüseyin/SEROZAN, Rona, Aile Hukuku, Filiz Kitabevi, İstanbul, 1993, s. 224.*

[81] *ÖZTAN, s. 665; ''... Haysiyetsiz hayatın varlığından söz edilebilmesi için; yaşanılan toplumun değer yargılarına ters düşen namus, şeref ve haysiyet gibi kavramlarla bağdaşmayan bir hayat biçimini benimsememek ve devamlılık arz edecek şekilde yaşamış olmak gerekir. Öğretide haysiyetsiz hayata örnek olarak ve "genel ev çalıştırmak, muhabbet tellallığı yapmak, ayyaşlık, kumarbazlık, esrarkeşlik, doğal olmayan cinsel ilişki, evli bir kadının bir başkasıyla aşk hayatı yaşaması vs. gibi" gösterilmektedir. Bu itibarla haysiyetsizce hayatın bir unsuru toplumun değer yargılarıyla bağdaşmayan, toplumca hoş görülmeyen ve ayıplanan davranış, diğer unsur ise bu davranışların devamlılık arz etmesi, bu şekilde davranışın bir hayat biçimi olarak benimsenmiş olmasıdır." (Yarg. 2. HD. T. 05.10.1992, E. 8579, K. 9036), Legalbank Elektronik Hukuk Bankası, (E.T. 04.10.2018)*

[82] *Yarg. 2. HD. 08.04.1982, E. 3993, K. 4122, ŞENER, s. 85-86.*

[83] *KILIÇOĞLU, s. 124.*

[84] *"Haysiyetsiz hayat sürmenin varlığından söz edilebilmesi ve bu sebeple boşanma kararı verilebilmesi için; eşin, sosyal hayatta toplumun genel değer yargılarıyla çatışan, olumsuz nitelikte kabul edilen davranışının süreklilik göstermesi ve bu davranışın diğer eş için birlikte yaşamayı ondan beklenemez hale getirmesi gereklidir. Süreklilik göstermeyen bir defalık bir davranış; Türk Medeni Kanunu'nun 166. maddesindeki evlilik*

gerçekleşen zina fiili haysiyetsiz hayat sürme sebebiyle boşanma konusu olamaz. Ancak tek bir haysiyetsiz nitelik taşıyan davranış, haysiyetsiz hayat sürme sebebiyle boşanma davası açılabilmesine yetişemese de koşulları varsa evlilik birliğinin temelinden sarsılmasına dayalı boşanma konusu yapılabilir.[85]

c)Evlilik Sırasında Devam Etmesi

Haysiyetsiz hayat sürmeye dayalı boşanma davası açılabilmesi için böyle bir hayat tarzının evliliğin devamı sırasında devam etmesi gereklidir.[86] Evliliğin devamı esnasında devam eden böyle yaşam tarzının evlilikten önce başlaması da fark yaratmaz. Ancak evlilikten önce başlayan bir haysiyetsiz yaşam biçimi, evlendikten sonra da bir süre için dahi olsa devam etmişse TMK m. 163 temelinde boşanma davasına yol açabilir.[87] Dolayısıyla gerek evlilikten önce gerekse de evlilikten sonra başlayan eşlerden birinin haysiyetsiz bir yaşam tarzı, TMK m. 163 temelinde boşanma davasına konu olabilir. Yeter ki eşlerden birinin evlenmeden sonra bir süre de olsa devam eden haysiyetsiz hayat sürdürmesi, müşterek hayatın devamını çekilmez kılmış olsun. Doktrinde evlenirken eşin bu durumu bilmesinin de önemli olmadığı belirtilmektedir.[88] Kanaatimizce eşlerden birinin, evlenmeden önce diğerinin haysiyetsiz bir hayat sürdüğünü bildiği hallerde bu olguyu müşterek hayatın kurulması ile sürdürülmesi bakımından çekilmez kılan bir olgu olarak görmediği kabul edilmeli ve bu nedenle de TMK m. 163 hükmüne dayalı olarak boşanma davası açmasını mümkün görmemek gerekir.

Evlilik öncesinde gerçekleşmiş ve sona ermiş haysiyetsiz bir hayat biçimi ise yanılma ya da aldatma sebebiyle evlenmenin iptali talebine dayanak oluşturabilir.[89] Bu halde koşullar oluşuysa evlilik birliğinin temelinden sarsılmasına dayalı boşanma davası açılabilmesi de kanaatimizce mümkündür.

---

birliğinin temelinden sarsılması durumu için yeterli olabilirse de, haysiyetsiz hayat sürme sebebine dayalı boşanma kararı için yeterli değildir. Davalı kadının bir başka erkekle cep telefonu ile konuştuğu ve mesajlaştığı toplanan delillerle anlaşılmaktadır. Davalı kadının gerçekleşen bu davranışı, davacı koca bakımından birlikte yaşamayı ondan beklenemez duruma getirmiş ise de; sürekliliği olmadığı anlaşıldığından; haysiyetsiz hayat sürme ile Türk Medeni Kanunu'nun 163. maddesindeki boşanma sebebi sabit kabul edilerek yazılı şekilde hüküm kurulması doğru bulunmamıştır." (Yarg. 2. HD. T. 26.06.2012, E. 2011/22536, K. 2012/17686), Legalbank Elektronik Hukuk Bankası, (E.T. 04.10.2018).

[85] *Yarg. 2. HD. T. 26.06.2012, E. 2011/22536, K. 2012/17686), Legalbank Elektronik Hukuk Bankası, (E.T. 04.10.2018).*

[86] *DURAL/ÖĞÜZ/GÜMÜŞ, s. 112.*

[87] *TANDOĞAN, s. 81; FEYZİOĞLU, s. 276; OĞUZMAN, s. 135; OĞUZMAN/DURAL, s. 118.*

[88] *ÖZTAN, s. 665.*

[89] *DURAL/ÖĞÜZ/GÜMÜŞ, s. 112.*

d)Haysiyetsiz Hayat Sürme Olgusunu Gösteren Davranışlar

Haysiyetsiz hayat sürme olgusunu gösteren davranışlara örnek olarak eşlerden birinin üçüncü bir kimse(lerle) bir süre evlilik dışı ilişki yaşaması,[90] eşcinsel ilişkiler,[91] uyuşturucu madde ticareti yapmak, randevu evi işletmek, alkol ve kumar bağımlılığı,[92] hayat kadını olarak çalışma,[93] insan ticareti yapmak, teşhircilik yapmak ile ekonomik durumu iyi olmasına rağmen dilenmek[94] verilebilir.

Haysiyetsiz olarak nitelendirilen davranışların kanuna uygun olup olmadığı ise önem arz etmez. Örneğin kanuna uygun olarak genelev işletmek, kumarhane çalıştırmak, pavyonda çalışmak gibi hallerde de haysiyetsiz hayat sürmeden bahsedilmesi mümkündür.[95]

Eşler arasında geçerli olan sadakat yükümlülüğünü ihlal eden, ancak zina boyutuna da varmayan davranışların somut olayın özelliklerine göre haysiyetsiz bir hayat sürme olarak değerlendirilip değerlendirilemeyeceğinin titizlikle incelenmesi gerekir. Örneğin eşlerden birinin üçüncü kimselerle internet ortamında ya da telefonda sıklıkla görüşmeler yapması halinde haysiyetsiz hayat sürmeden bahsedilemez. Ancak bu halde TMK m. 166 temelinde boşanma davası açılabileceği doğal karşılanmalıdır.[96] Bununla

---

[90] *"Davalının Erdemli 2. Asliye Ceza Mahkemesinin 14.11.2007 tarihinde kesinleşen ilamıyla resmi belgede sahtecilik suçundan mahkûm olduğu anlaşılmaktadır. Ceza dava dosyasının incelemesinde; Davalının E. U. kimliğini kullandığı, G. U. ve F. P.'la bir müddet evlilik dışı birlikte yaşadığı, bu nedenle haysiyetsiz yaşam sürmenin koşullarının gerçekleştiği ve onunla birlikte yaşaması davacıdan beklenemeyecek hale geldiği sabit olduğu halde, yazılı gerekçeyle davanın reddi doğru görülmemiştir." (Yarg. 2. HD. T. 09.11.2009, E. 16450, K. 19112); ''Davanın konusu haysiyetsiz hayat sürme nedeniyle boşanma isteğinden ibarettir. Haysiyetsiz hayat sürme nisbi boşanma sebeplerinden biri olup toplumun değer yargılarına göre değişen bir nitelik taşır. Olayda toplanan delillerin birlikte değerlendirilmesinden evli olan davalı kadının başka bir erkekle sürekli ilişki kurduğu ve bundan dolayı davacı koca için birlikte yaşamanın çekilmez hal aldığı anlaşılmaktadır. O halde boşanmaya karar verilmekle ve bu nedenlerde de Özel Daire bozma ilamına uyulmak gerekirken direnilmesi usul ve yasaya aykırıdır." (Yarg. HGK. T. 05.10.1984, E. 1982/2-814, K. 1984/791), Kazancı İçtihat Bilgi Bankası, (E.T. 04.10.2018); ''Dosya kapsamına, mevcut delillere ve özellikle davacı tanıklarının birbirini tamamlayan anlatımlarına göre, davalının çeşitli tarihlerde farklı erkeklerle ilişki içinde bulunduğu ve bu suretle haysiyetsiz yaşam sürdüğü gerçekleşmiş bulunmasına göre boşanmaya karar verilmesi gerekirken..." (Yarg. 2. HD. T. 21.03.1991, E. 2387, K. 5164), ŞENER, s. 84.*

[91] *FEYZİOĞLU, s. 275; HATEMİ/SEROZAN, s. 224.*

[92] *TEKİNAY, s. 214; OĞUZMAN/DURAL, s. 118; OĞUZMAN, s. 134; ZEVKLİLER/ACABEY/GÖKYAYLA, s. 987.*

[93] *DURAL/ÖĞÜZ/GÜMÜŞ, s. 112.*

[94] *KILIÇOĞLU, s. 124.*

[95] *ERDEM, s. 108-109.*

[96] *"... Davacı-davalı kocanın dava dilekçesindeki açıklamalarından boşanma talebinin haysiyetsiz hayat sürme (MK 163 md.) yanında Türk Medeni Kanunu'nun 166/1. maddesinde düzenlenen evlilik birliğinin temelinden sarsılması sebebine de dayandığı anlaşılmaktadır. Haysiyetsiz hayattan söz edilebilmesi ve bu sebeple boşanma kararı verilebilmesi için, başkalarıyla ilişkinin bir yaşam tarzı olarak benimsenmiş olması ve bu şekilde yaşamanın az veya çok devamlılık göstermesi gerekir. Davalı-davacının başka erkeklerle cep telefonu ve sanal ortamda çok sayıda görüşmeler yaptığı, yapılan soruşturma ve toplanan delillerden anlaşılmaktadır.*

beraber eşlerden birinin, çeşitli zamanlarda karşı cinsten bir kimseyi eşi evden ayrıldıktan sonra evine alması ya da kamuya aleni yerlerde bu kimseyle samimi davranışlar sergilemesi toplum bakımından hoş kabul edilemeyecek nitelik taşıdığından dolayı haysiyetsiz bir hayat sürme olarak kabul edilmelidir. Eşin belirttiğimiz bu ilişkilerinin yalnızca bir kişiyle yaşaması da sözü edilen ilişki ve davranışların haysiyetsiz hayat sürme olarak nitelendirilmesine engel görülmemelidir.[97]

B-Ortak Şartlar

1.Kusur

Gerek küçük düşürücü suç işleme gerekse de haysiyetsiz hayat sürme sebebiyle boşanma davası açılabilmesi için davalı eşin kusurlu olması gerekir. Zira TMK m. 163 hükmünde düzenlenen boşanma sebebinin, kusura dayalı bir boşanma sebebi niteliği taşımaktadır.

TMK m. 163 temelinde açılan bir boşanma davasında, davacı eşin de kusurlu olması boşanma hükmü kurulmasına engel görülmemesi gerektiği, zira müşterek yaşamın devamının çekilmez hale geldiği durumlarda küçük düşürücü suç işleyen ya da haysiyetsiz bir hayat süren kimseyle yaşamak zorunda bırakılmanın yerinde olmadığı ifade edilmektedir.[98]

2.Müşterek Yaşamın Devamının Çekilmez Hale Gelmesi

Gerek küçük düşürücü suç işleme gerekse de haysiyetsiz hayat sürme sebebiyle boşanma davası açılabilmesi için müşterek yaşamın devamının çekilmez hale gelmesi gerekir.[99] Diğer bir deyişle eşlerden birinin salt küçük

---

Davalı-davacının gerçekleşen bu davranışları ve toplanan deliller haysiyetsiz hayat sürdüğünü kabule yeterli görülmemiştir. Davada Türk Medeni Kanununun 163. maddesi koşulları oluşmamış ise de, davalı-davacının bu davranışlarının Türk Medeni Kanununun 185. maddesinde yer alan evlilik birliğinin mutluluğunu sağlama ve eşine sadık kalmak yükümlülüğünü ihlal ettiği ve evlilik birliğini ve ortak hayatı sürdürmesi diğer eşten beklenmeyecek derecede temelinden sarstığı da açık ve tartışmasızdır. O halde Türk Medeni Kanununun 166/1. maddesi koşulları davacı-davalı koca lehine oluşmuştur..." (Yarg. 2. HD. T. 03.07.2014, E. 3225, K. 15341), Kazancı İçtihat Bilgi Bankası, (E.T. 01.11.2018).

[97] "Davalının dört yıldır (C) isimli bir şahısla ilişki içinde bulunduğu onunla seviştiği, kocası evden ayrıldığında, onunla buluşup sokaklarda öpüştüğü görgüye dayalı tanık beyanları ile belirlenmiştir. Haysiyetsizlik sebebiyle boşanma davasında kusurlu tarafın birden çok kişi ile onur kırıcı davranışlarda bulunması şart değildir. Davalının boşanmaya sebep olan eylemlerinin, onur kırıcı ve görenler üzerinde menfi etki yapacak ve herkesçe hoş kabul edilemeyecek nitelikte olmasıdır. Davacı yönünden, müşterek hayatı sürdürmesi kendisinden beklenmeyecek hal almıştır. Bu itibarla davanın kabulü gerekir." (Yarg. 2. HD. T. 16.02.1995, E. 772, K. 1889), ŞENER, s. 76-77.

[98] SAPAN, s. 377.

[99] DURAL/ÖĞÜZ/GÜMÜŞ, s. 112; HELVACI, s. 1162; "Türk Medeni Kanununun 163. maddesi gereğince ister küçük düşürücü suç işlenmiş olsun, ister haysiyetsiz hayat sürülmüş olsun boşanmaya hükmolunması için bu durumların diğer eş için birlikte yaşamayı çekilmez hale getirmesi zorunlu olacak bu hususun kanıtlanması gerekecektir."

düşürücü bir suç işlemesi ya da haysiyetsiz bir yaşam biçimi benimsemesi, TMK m. 163 temelinde boşanma davası açılmasında gerekli ise de yeterli değildir. Bu eylemlerin yanı sıra, diğer eş için müşterek yaşamın devamı çekilmez hale gelmelidir.[100] Bu husus TMK m. 163 hükmünde, eşlerden birinin küçük düşürücü bir suç işlemesi veya haysiyetsiz bir hayat sürmesi durumunda bu sebeplerden ötürü onunla birlikte yaşamasının diğer eşten beklenememesi biçiminde ifade edildiği görülmektedir.[101] Bu yönüyle TMK m. 163 hükmünde düzenlenen boşanma sebebi, nispi bir boşanma sebebi niteliği taşımaktadır.[102] Evlilik birliğinin davacı eş bakımından çekilmez hale gelip gelmediği ise hâkim tarafından takdir edilir.

Hâkim, küçük düşürücü bir suç işleyen ya da haysiyetsiz bir hayat süren eş ile birlikte yaşanmasının diğer eşten beklenebilip beklenemeyeceğini; tarafların psikolojik, sosyal ve ekonomik durumları, çocuk sayısı, eylemlerin niteliği, yeri ve zamanı gibi hususları dikkate almak suretiyle belirlemelidir.[103]

Örneğin boşanma davası açan eşin de suça iştirak etmesi ya da suçun sonuçlarından faydalanması durumunda artık müşterek yaşamının çekilmez hale geldiği ileri sürülemeyecektir.[104] Benzer şekilde eşlerden birinin, diğerinin haysiyetsiz hayat biçimini hoşgörüyle karşılaması, hatta böyle bir hayat biçimine teşvik etmesi veya yardımda bulunması halinde de boşanma davası açamaması gerekir.[105] Bu bağlamda eşini bir genel evde çalışmaya zorlayan bir kimsenin, haysiyetsiz hayat sürmeye dayalı boşanma davası açması mümkün değildir.[106]

Son olarak önemle belirtelim ki küçük düşürücü bir suç işleyen eşe karşı boşanma davası açılmaması halinde dahi aile hukukuna ilişkin birtakım sonuçlar ortaya çıkabilmektedir. Gerçekten de küçük düşürücü suç işleyen bir eş, TCK m. 53/1-c uyarınca, kasten işlemiş olduğu suçtan

---

(Yarg. 2. HD. T. 13.03.2003, E. 2300, K. 3448), Legalbank Elektronik Hukuk Bankası, (E.T. 01.11.2018).
[100] *KILIÇOĞLU, s. 124.*
[101] *"Medeni Kanunun 131. maddesi, kendisi ile birlikte yaşamayı çekilmez hale koyacak derecede haysiyetsiz bir hayat süren eş hakkında diğer eşin her zaman boşanma davası açabileceğini öngörmüştür. Dava, münhasıran kadının haysiyetsiz hayat sürdüğü iddiasıyla açılmıştır. Kanunda öngörülen haysiyetsizlik, bir yaşam tarzını ifade eder. Boşanmaya karar verilebilmesi için, bu yaşam tarzının ortak hayatı çekilmez hale getirecek boyuta ulaşması gerekmektedir... "(Yarg. 2. HD. T. 17.06.1993, E. 3521, K. 6216), ŞENER, s. 84.*
[102] *YILDIRIM, s. 75.*
[103] *KILIÇOĞLU, s. 124; SAPAN, s. 375.*
[104] *ÖZTAN, s. 664.*
[105] *SAYMEN/ELBİR, s. 249.*
[106] *ŞENER, s. 76.*

dolayı hapis cezasına mahkûmiyetinin kanuni sonucu olarak velayet hakkından, vesayet veya kayyımlığa ait bir hizmette bulunmaktan yoksun bırakılır. Ancak mahkûm olduğu hapis cezası ertelenen veya koşullu salıverilen hükümlünün kendi altsoyu üzerindeki velayet, vesayet ve kayyımlık yetkileri bundan etkilenmez (TCK m. 53/3). Bununla beraber küçük düşürücü suç işleyen eş, bir yıl veya daha uzun süreli özgürlüğü bağlayıcı bir cezaya çarptırılması durumunda kısıtlanır (TMK m. 407/1) ve bu sebepten kaynaklanan vesayet hali, hapis hâlinin sona ermesiyle kendiliğinden ortadan kalkar (TMK m. 471).

II-Suç İşleme ve Haysiyetsiz Hayat Sürmeye Dayalı Boşanma Davası Açma Hakkının Ortadan Kalkması

A-Af

İlke olarak hukuk; kişilerin kin, nefret, sevgi, saygı, hayranlık vb. duyguları ile ilgilenmez ve bunlara herhangi bir sonuç da bağlamaz. Ancak istisnai olarak sınırlı birtakım hallerde hukuk düzeni tarafından kişilerin duygu açıklamalarına sonuç bağlaması söz konusu olabilir.[107] Bu bağlamda örnek olarak TMK m. 161/3 hükmünde aldatılan eşin ve TMK m. 162/3 hükmünde ise hayatına kastedilen veya kendisine pek kötü davranılan ya da ağır derecede onur kırıcı bir davranışta bulunulan eşin, diğerini affetmesi halinde boşanma davası açma hakkının ortadan kalkması belirtilebilir.

Ancak küçük düşürücü suç işleme veya haysiyetsiz biçimde hayat sürme sebebiyle boşanmayı düzenleme altına alan TMK m. 163 hükmünde ise affin, boşanma davasını ortadan kaldırabileceğine dair bir düzenleme, TMK m. 161 ile m. 162'de yer almamaktadır. Ancak doktrinde, bu halde küçük düşürücü bir suç işleyen ya da haysiyetsiz bir hayat süren eşin affedilmesi halinde, müşterek yaşamın devamının çekilmez hale geldiğinden söz edilemeyeceği için boşanma davası açılamayacağı ifade edilmektedir.[108]

B-Belirli Bir Sürenin Geçmesi

Zina bakımından TMK m. 161 hükmünde hayata kast, pek kötü veya onur kırıcı davranış bakımından ise TMK m. 162 hükmünde dava açma hakkını haiz olan eşin, dava açması için muhtelif başlangıç olgularına dayanan altı aylık ve beş yıllık hak düşürücü nitelik taşıyan süreler öngörülmüştür.

---

[107] ANTALYA, O. Gökhan/TOPUZ, Murat, *Medeni Hukuk*, 2. Baskıya Ek 2. Tıpkı Baskı, Legal Yayıncılık, İstanbul, 2018, s. 176.
[108] SAPAN, s. 377.

Davacı eş, bu süreler içerisinde dava açmadığı takdirde, hâkim tarafından taraflar ileri sürmeseler dahi resen boşanma davası reddedilir. *Küçük düşürücü suç işleme veya haysiyetsiz hayat sürme boşanmada ise herhangi bir hak düşürücü süre öngörülmemiştir*. Bu nedenle TMK m. 163 temeline dayanan bir boşanma davası ilke olarak her zaman açılabilir.[109] Nitekim sözü edilen hükümde, bu sebeplere dayalı bir boşanma davasının her zaman açılabileceği açıkça düzenleme altına alınmıştır. Dolayısıyla boşanma davası açma hakkını haiz olan eşin, küçük düşürücü suç teşkil eden fiilden ya da haysiyetsiz hayat sürmeyi ortaya koyan davranışlardan belirli bir süre geçtikten sonra boşanma davası açması ve hatta eşlerin bir müddet birlikte yaşamaları davanın reddedilmesini peşinen gerektirmez.[110]

Doktrinde haysiyetsiz hayat biçimi sona erdikten ya da küçük düşürücü bir suç işlendiği öğrenildikten yıllar sonra bu sebeplere dayalı açılan boşanma davasında, ortak hayatın devamının davacı eş bakımından çekilmez hale gelmediğinin kabul edilmesi gerektiği vurgulanmaktadır.[111] Dolayısıyla uzun bir süre geçtikten sonra açılan boşanma davalarının reddedilmesi TMK m. 163'e dayalı boşanma talebinin hak düşürücü süreye bağlı olmasından değil, bu istemin ileri sürülebilmesi için gerekli bir unsurun (müşterek yaşamın çekilmezliği) eksikliği nedeniyle söz konusu olabilir.[112]

---

[109] *"Dava, eşin işlediği cürüm sebebiyle boşanma isteminden kaynaklanmaktadır. Tarafların evlilik öncesi beraber yaşadığı sırasında davacı kadına laf atılması yüzünden cinayet işlenmiş, davalı bu eyleminden dolayı cezaevinde bulunduğu sırada taraflar evlenmişlerdir. Davalının, erkeklerle ilişki kurduğu, gayri ahlaki davranışları yüzünden baskına uğradığı ve mahalleden uzaklaştırıldığı toplanan delillerden anlaşılmış, mahkemece de bu husus kabul edilmiştir. Davalının açıklanan tutum ve davranışı haysiyetsiz hayat sürme niteliğinde olup, bu nevi davalar için hak düşürücü süre yoktur. Buna rağmen, olaylar zinciri parçalanarak her fiilin başlı başına bir zina şeklinde tasvifi ve hak düşürücü süre geçtiğinden bahisle davanın reddedilmesi isabetsizdir."* (Yarg. 2. HD. T. 21.04.1972, E. 2539, K. 2507), ŞENER, s. 79.

[110] *"Kanun koyucu, zina ve pek fena muamelede davayı, hak düşürücü süreye tabi tuttuğu gibi af halinde de dava hakkının yitirileceğini öngörmüş iken terzil edici cürüm (yüz kızartıcı suç) işlenmesi halinde her zaman dava açılabileceği ilkesini kabul etmiştir. Davalı kadının 1971 yılında Almanya'da bir mağazada hırsızlık yapıp bu eyleminden dolayı cezalandırıldığı dosyadan anlaşılmıştır. Yukarıda açıklandığı üzere kadın, yüz kızartıcı suç işlediği için, koca yararına doğan boşanma hakkının geç kullanılması, hatta bir süre eşlerin birlikte yaşamış olmaları davanın reddi için sebep sayılmaz."* (Yarg. 2. HD. T. 06.11.1975, E. 6652, K. 8464), ŞENER, s. 80.

[111] DURAL/ÖĞÜZ/GÜMÜŞ, s. 112; GENÇCAN, s. 245.

[112] SAPAN, s. 379.

III-Suç İşleme ve Haysiyetsiz Hayat Sürmeye Dayalı Boşanma Davasının Diğer Boşanma Sebepleriyle İlişkisi

A-Evlilik Birliğinin Temelinden Sarsılması ile İlişkisi

TMK m.166/1 uyarınca evlilik birliği, ortak hayatı sürdürmeleri kendilerinden beklenmeyecek derecede temelinden sarsılmış olursa, eşlerden her biri boşanma davası açabilir. Hükümde evlilik birliğini temelinden sarsacak olaylar tahdidi biçimde ortaya konulmamış ve bu konudaki takdir yetkisi hâkime bırakılmıştır.[113]

Evlilik birliğinin temelinden sarsılması genel ve nispi bir boşanma sebebi iken küçük düşürücü suç işleme veya haysiyetsiz hayat sürme sebebiyle boşanma nispi fakat özel bir boşanma sebebidir.

TMK m. 163 temelinde bir boşanma davası açılabilmesi için, küçük düşürücü bir suç işleyen ya da haysiyetsiz bir hayat süren eşin kusurlu olması gerektiğini ifade etmiştik. Evlilik birliğinin temelinden sarsılmasına dayalı olarak boşanma davası ise eşlerin her ikisi de kusursuz olsa dahi açılabilir.[114] Ancak TMK m. 166/2'ye göre davacının kusuru daha ağır ise, davalının açılan davaya itiraz hakkı vardır. Bunula beraber bu itiraz, hakkın kötüye kullanılması niteliğinde ise ve evlilik birliğinin devamında davalı ve çocuklar bakımından korunmaya değer bir yarar kalmamışsa, boşanmaya karar verilebilir.

Eşlerden birinin küçük düşürücü bir suç işlemesi ya da haysiyetsiz bir hayat sürmesi durumunda diğer eş, TMK m. 163 temelinde boşanma davası açabileceği gibi, evlilik birliğinin temelinden sarsılması genel boşanma sebebine dayalı olarak da boşanma davası açabilir. Bu eşin; münhasıran TMK m. 163 ya da TMK m. 166/1 hükümlerinden birine dayanması mümkün olduğu gibi, her iki sebebe dayalı olarak da dava açmasına bir engel yoktur. Her iki sebebe dayalı boşanma davası açıldığı takdirde hâkim her iki sebebe ilişkin olumlu ya da olumsuz bir karar vermelidir.[115] Ancak münhasıran bu sebeplerden birine dayalı olarak boşanma davası açıldığı

---

[113] *HATEMİ/KALKAN OĞUZTÜRK, s. 119.*

[114] *VELİDEDEOĞLU, s. 185; TEKİNAY, s. 182; KÖPRÜLÜ/KANETİ, s. 176; ÖZTAN, s. 721.*

[115] *"Boşanma davasının Türk Medeni Kanununun 163 ve 166/1. maddelerine dayanılarak birlikte açılması mümkündür. Davacının Türk Medeni Kanununun 166/1. maddesine dayanan davasından usulüne uygun olarak vazgeçmesi yoktur. Toplanan delillere göre Türk Medeni Kanununun 166/1. maddesi çerçevesinde de bir karar verilmesi gerekirken yazılı şekilde hüküm tesisi bozmayı gerektirmiştir." (Yarg. 2. HD. T. 17.02.2009, E. 2007/21010, K. 2009/2434), Legalbank Elektronik Hukuk Bankası, (E.T. 08.11.2018).*

takdirde, bu sebebe ilişkin istem haklı bulunmazsa, koşulları gerçekleşse dahi diğer sebebe dayalı boşanma kararı verilemez.[116] Örneğin eşlerden birinin küçük düşürücü suç işlediği ya haysiyetsiz bir hayat sürdüğü ileri sürülerek yalnızca TMK m. 163 temelinde açılan bir boşanma davası, belirtilen fiilin ya da hayat tarzının gerçekleştiğinin ispatlanamaması vb. herhangi bir gerekçeyle reddedildiği takdirde, müşterek yaşamın temelinden sarsıldığı gerekçesiyle TMK m. 166/1'e dayalı olarak boşanma kararı verilemez. Zira 6100 sayılı Hukuk Muhakemeleri Kanunu[117] m. 26/1 hükmünde düzenleme altına alınan taleple bağlılık ilkesi gereğince *hâkim, tarafların talep sonuçlarıyla bağlı olup, talepten fazlasına ya da talepten başka bir şeye hükmedemez.*

Ayrıca TMK m. 163 ile m. 166/1 hükümlerine terditli olarak da dayanılabilir. Örneğin davacı eş, öncelikle küçük düşürücü suç işleme ya da haysiyetsiz hayat sürme nedeniyle boşanmaya hükmedilmesini, bu mümkün olmadığı takdirde evlilik birliğinin temelinden sarsılmasına dayalı biçimde boşanmaya karar verilmesini isteyebilir. Bu durumda öncelikli talebe göre boşanma kararı verildiği takdirde, feri talebin incelenmesine gerek kalmaz. Şayet öncelikli talep reddedilirse, feri talebin incelenmesi zorunluluğu doğar.[118]

Bununla beraber davacı, TMK m. 163 temelinde açtığı boşanma davasından feragat etmişse, dava konusu eyleme dayalı olarak evlilik birliğinin temelinden sarsılması genel boşanma sebebi ile boşanma davası da açamaz.[119]

---

[116] *"Davacı kadın dava dilekçesinde evlilik birliğinin temelinden sarsılması sebebi ile boşanma talep etmiş, mahkemece Türk Medeni Kanununun 163. maddesi uyarınca suç işleme sebebi ile tarafların boşanmalarına karar verilmiştir. Davacının Türk Medeni Kanunun 163. maddesi uyarınca açılmış bir boşanma davası bulunmamaktadır. O halde delillerin Türk Medeni Kanunun 166/1. maddesi uyarınca değerlendirilerek sonucu uyarınca bir karar verilmesi gerekirken, yazılı şekilde hüküm tesisi doğru olmayıp bozmayı gerektirmiştir."* (Yarg. 2. HD. T. 23.11.2015, E. 5259, K. 22026), https://emsal.yargitay.gov.tr, (E.T. 07.11.2018).

[117] RG. 4.2.2011, 27836.

[118] *"Davacı kadın dava dilekçesinde suç işleme ve haysiyetsiz hayat sürme sebebi (TMK m. 163), olmadığı takdirde evlilik birliğinin sarsılması (TMK m. 166/1) hukuki sebebine dayalı olarak boşanmaya karar verilmesini talep ederek, terditli dava açmıştır. Mahkemece davanın öncelikle Türk Medeni Kanununun 163. maddesi çerçevesinde incelenmesi, bu istemin kabul edilmemesi halinde Türk Medeni Kanununun 166/1. maddesi çerçevesinde delillerin değerlendirilmesi gerekirken, evlilik birliğinin sarsılması hukuki sebebi ile (TMK m. 166/1) açılan davanın reddine karar verilmiş, suç işleme ve haysiyetsiz hayat sürme sebebine (TMK m. 163) dayalı istem hakkında hükümde bir açıklama yapılmamıştır. Dava terditli olarak açıldığına göre, davacı kadının özel boşanma sebebine dayalı istemi hakkında olumlu ya da olumsuz bir karar verilmemesi doğru olmayıp bozmayı gerektirmiştir."* (Yarg. 2. HD. T. 12.09.2018, E. 2016/21384, K. 2018/9114), https://emsal.yargitay.gov.tr, (E.T. 07.11.2018).

[119] GENÇCAN, s. 232, 247.

B-Zina ile İlişkisi

TMK m. 161 uyarınca eşlerden biri zina ederse, diğer eş boşanma davası açabilir. Zina sebebiyle boşanma davası açılabilmesi için eşlerin karşı cinsten bir kimseyle cinsel ilişkide bulunması, bu ilişkinin evlilik birliği devam ederken gerçekleşmesi ile zina eden eşin kusurlu olması gerekir.[120]

Zina; mutlak, kusura dayalı ve özel bir boşanma sebebidir.[121] TMK m. 163'te düzenlenen boşanma sebebi ise nispi, kusura dayalı ve özel bir boşanma sebebidir. Bu bağlamda TMK m. 163'ün aksinde, TMK m. 161'e dayalı olarak zina sebebiyle açılan boşanma davasında, zina fiilinin müşterek yaşamın devamını çekilmez hale getirip getirmediği inceleme konusu yapılmaz.

TMK m. 161/2 uyarınca davaya hakkı olan eşin boşanma sebebini öğrenmesinden başlayarak altı ay ve her halde zina eyleminin üzerinden beş yıl geçmekle dava hakkı düşer. TMK m. 161/3 uyarınca da affeden eşin dava açma hakkı bulunmaz. TMK m. 163 temelinde bir boşanma davası açılmasında ise hak düşürücü bir süre ya da af hali düzenleme altına alınmamıştır. Ancak bu halde de küçük düşürücü bir suç işleyen ya da haysiyetsiz bir yaşam süren eşin affedilmesi ya da bu fiil ya da yaşam tarzının üzerinden uzun bir zaman geçtikten sonra boşanma davası açılamayacağını ifade etmiştik.

Zina sebebiyle boşanmada, zina eden eşin diğerine karşı bir maddi eylemi bulunmamakta olup, üzerine düşen sadakat yükümlülüğünün (TMK m. 185/3) cinsel boyutunu ihlali söz konusudur. Suç işlemede ise eşin, üçüncü bir kişiye karşı suç oluşturan bir fiili işlediğini ifade etmiştik.

Zinadan bahsedebilmek için gerek zina eden eşin gerekse de ilişki yaşadığı üçüncü kimsenin bu ilişkiyi isteyerek gerçekleştirmesi gerekir. Bu nedenle eşlerden birinin üçüncü bir kişiye cinsel taciz ya da cinsel istismarda bulunması halinde zina değil, suç işleme sebebiyle boşanma davası açılabilir.[122]

---

[120] *Zina sebebiyle boşanmanın koşulları hakkında ayrıntılı bilgi için bkz. ERSÖZ, s. 66 vd.*
[121] *ERSÖZ, s. 18 vd.*
[122] *ERSÖZ, s. 78.*

Haysiyetsiz hayat sürme konusunu incelerken eşlerden birinin üçüncü bir kimseyle gerçekleştirdiği bir defalık cinsel ilişkinin haysiyetsiz hayat sürme sayılamayacağını, ancak üçüncü kimse ya da kimselerle birden fazla tekrarlanan cinsel ilişkisinin haysiyetsiz hayat sürme sebebiyle boşanmaya onu edilebileceğini açıklamıştık. Ayrıca zina sayılmayan bazı davranışlar haysiyetsiz hayat sürmeye dayalı olarak TMK m. 163 temelinde boşanma konusu yapılabilir. Örneğin eşlerden birinin aynı cinsten birisiyle birden fazla tekrarlanan cinsel ilişkileri[123] ile hayvanlar ya da ölüler ile birden fazla gerçekleşen cinsel ilişkiler bu bağlamda ifade edilebilir.[124]

C-Hayata Kast, Pek Kötü Davranış ya da Onur Kırıcı Davranış ile İlişkisi

TMK m. 162 uyarınca eşlerden her biri diğeri tarafından hayatına kastedilmesi veya kendisine pek kötü davranılması ya da ağır derecede onur kırıcı bir davranışta bulunulması sebebiyle boşanma davası açabilir.

TMK m. 162 hükmünde düzenlenen boşanma sebepleri mutlak, kusura dayalı ve özel boşanma sebepleridir.[125] TMK m. 163 hükmünde düzenlenen boşanma sebepleri de kusura dayalı ve özel sebeplerdir, ancak nispi sebeplerdir.

TMK m. 162 ile TMK m. 163 hükmü arasında temel bir fark vardır. TMK m. 163 hükmünde düzenlenen küçük düşürücü bir suç işleme ile haysiyetsiz hayat sürme eşlerden birinin diğerine yönelik fiillerini kapsamazken, TMK m. 162 hükmünde düzenlenen hayata kast, pek kötü davranış ile ağır derecede onur kırıcı davranışta eşlerden birinin diğerine karşı gerçekleştirdiği fiiller söz konusudur.[126]

Hayata kast, eşin öldürülmesine ilişkin kasten gerçekleştirilen faaliyetleri ifade etmektedir.[127] Eşin öldürülmesine teşebbüs etmenin TMK m. 163 temelinde boşanma davası açılabilmesine imkân vermeyeceği kanaatindeyiz. Zira TMK m. 163 hükmünde düzenlenen suç işlemenin, eşlerden birinin üçüncü kişilere karşı gerçekleştirdiği fiillere ilişkin olduğunu yukarıda belirtmiştik. Bu nedenle hayatına kast edilen eş ya

---

[123] *FEYZİOĞLU, s. 275; HATEMİ, Hüseyin/KALKAN OĞUZTÜRK, Burcu, Aile Hukuku, 5. Bası, Vedat Kitapçılık, İstanbul, 2016, s. 115.*
[124] *ERSÖZ, s. 78-79.*
[125] *DURAL/ÖĞÜZ/GÜMÜŞ, s. 109.*
[126] *KILIÇOĞLU, s. 122; GENÇCAN, s. 219.*
[127] *HATEMİ/KALKAN OĞUZTÜRK, s. 116; DURAL/ÖĞÜZ/GÜMÜŞ, s. 109.*

TMK m. 162 hükmüne ya da TMK m. 166/1 hükmüne dayalı olarak boşanma davası açabilir.

Pek kötü davranış ise eşlerden birinin diğerine yönelik her türlü sağlığı bozucu ve tehlikeye düşürücü nitelikteki davranışlarıdır.[128] Pek kötü davranışın suç teşkil eden bir eylem niteliğini haiz olması halinde de küçük düşürücü suç işleme sebebiyle boşanma davası açılamayacağını düşünmekteyiz. Zira yukarıda da belirttiğimiz üzere *küçük düşürücü suç işleme üçüncü kişiye, pek kötü davranış ise eşe yönelik davranışı* tarif eder. Bu bağlamda örneğin eşin diğerine tecavüz etmesi, küçük düşürücü suç işleme sebebine değil, pek kötü davranış sebebiyle boşanma sebebi oluşturabilir. Eşin diğerine cinsel saldırısı, soruşturulması ve kovuşturulması şikâyete bağlı bir suç oluşturmasının[129] da bu sonucu değiştirmeyeceğini düşünmekteyiz. Zira pek kötü ya da onur kırıcı davranışlar eşe yönelik iken, küçük düşürücü suç işleme fiili eşe yönelik değildir. Diğer bir söyleyişle suç işlemede eş, üçüncü bir kişiye karşı suç niteliği haiz bir davranışta bulunurken, pek kötü davranış ya da onur kırıcı davranışı eşine karşı gerçekleştirmektedir.[130] Ayrıca eşlerden birinin suç işlemesinin, evlilik birliği bakımından kötü bir davranış olsa da, TMK m. 162 anlamında pek kötü kötü davranış oluşturmayacağı, özel boşanma sebebi oluşturan bir olgunun aynı zamanda başkaca bir özel boşanma sebebini karşılayamayacak olması ile de gerekçelendirilmektedir.[131] Biz ise bu son görüşe katılamıyoruz. Zira bir davada birden fazla özel boşanma sebebine dayanılmasına pozitif hukukumuz bağlamında bir engel olmadığı inancındayız.[132] Kanaatimizce küçük düşürücü suç işleme

---

[128] *KÖPRÜLÜ/KANETİ, s. 161.*

[129] *Eşe karşı işlenen cinsel saldırı da 5237 sayılı Türk Ceza Kanunu'nun 102. madde uyarınca cinsel saldırı suçunun kapsamında yer almaktadır. Ancak anılan hükmün ikinci fıkrasına göre, eşe karşı gerçekleştirilen bu suçun soruşturulması ve kovuşturulması eşin şikâyette bulunmasına bağlıdır.*

[130] *KILIÇOĞLU, s. 122.*

[131] *ERSOY, Arzu, ''Aile Hukukumuzda Boşanma Sebebi Olarak Pek Kötü veya Ağır Derecede Onur Kırıcı Davranış'', (Yayınlanmamış Yüksek Lisans Tezi, Marmara Üniversitesi SBE, 2010), s. 59; Aynı olgunun çeşitli özel boşanma sebeplerinin birlikte gerçekleştiremeyeceğine ilişkin bkz. HATEMİ/SEROZAN, s. 236.*

[132] *''Davalı-karşı davacı kadın dava dilekçesinde zina, pek kötü muamele, onur kırıcı davranış ve evlilik birliğinin sarsılması sebeplerine dayalı boşanma davası açmış, mahkemece davalı-karşı davacı kadının davası tarafların evlilik birliğinin sarsılması sebebi ile kabul edilerek boşanmalarına karar verilmiştir. Davalı-karşı davacı kadının dava dilekçesinde yer alan zina, pek kötü muamele ve onur kırıcı davranış nedenine dayalı talepleri hakkında karar gerekçesinde bir açıklama yapılmadığı gibi, bu hususta olumlu veya olumsuz bir hüküm kurulmamıştır. Davalı-karşı davacının açıklanan özel boşanma sebeplerine dayalı talepleri hakkında olumlu ya da olumsuz karar verilmemesi doğru olmayıp, bozmayı gerektirmiştir.'' (Yarg. 2. HD. T. 12.01.2016, E. 2015/8484, K. 2016/255); ''...terk dışındaki 161 ve 162. maddede yer alan ilk ikisi, aynı zamanda Türk Medeni Kanununun 166. maddesinde düzenlenen genel boşanma sebebini de oluşturur. Başka bir ifade ile zina, hayata kast, pek kötü davranma veya ağır derecede onur kırıcı davranışla karşılaşan eş, dilerse bu özel sebeplerden birine ya da bir kaçına, dilerse genel boşanma sebebine dayanarak boşanma davası açabileceği gibi, özel ve genel nitelikte sebeplerinden ikisine birlikte dayanak da boşanma talep edebilir.'' (Yarg. 2. HD. T. 16.09.2014, E. 1592, K. 17457), Kazancı İçtihat Bilgi Bankası, (E.T. 08.11.2018).*

sebebiyle boşanma ile pek kötü davranış sebeplerinin her ikisinin aynı davada ileri sürülememesinin nedeni pek kötü davranışın eşlerden birinin diğerine, suç işleme sebebinin ise eşlerden birinin üçüncü kişiye karşı gerçekleştirmesidir.

Onur kırıcı davranış ise eşlerden birinin onurunun kırılması ve küçük düşürülmesi maksadıyla yapılan saldırıları anlatmaktadır.[133] Bu davranışın sözlü veya yazılı olarak herhangi bir araçla işlenmesi olanaklıdır.[134] Onur kırıcı nitelikteki her davranış TMK m. 162 kapsamında boşanma davası açılmasına yetişmez. Ancak ağır derece onur kırıcı davranış, bu sebebe dayalı olarak boşanma konusu yapılabilir.[135] Eşlerden birinin, diğerinin kişiliğine ilişkin ağır derecede onur kırıcı söz ya da davranışların, o eşin sosyal konumunu zedeleyici nitelik taşıması ve tecavüz kastı ile yapılması halinde TMK m. 162 temelinde boşanma davası açılabilir.[136]

Onur kırıcı davranış ile küçük düşürücü suç işleme sebebiyle boşanmanın yukarıda belirtiğimiz üzere farklı kimselere karşı işlenebilmesi sebebiyle aynı dava konusu yapılamayacağını kısaca ifade edelim. Haysiyetsiz hayat sürme oluşturan istisnai bazı olguların ise aynı zamanda diğer eş için onur kırıcı olabileceğini düşünmekteyiz. Örneğin eşlerden birinin karşı cinsten birisiyle uzun süredir devam ilişkisi haysiyetsiz hayat sürme ve zina sebeplerinin yanında aldatılan eş bakımından onur kırıcı davranış da sayılmalıdır. Nitekim Yargıtay da bir kararında eşlerden birinin diğerini aldatmasını ve bu ilişkisini sürdürmesini diğer eş bakımından onur kırıcı davranış sebebiyle boşanma konusu yapılabileceğini belirtmiştir.[137]

D-Terk ile İlişkisi

Terk, TMK m. 164 hükmünde bir boşanma sebebi olarak düzenlenmektedir. Hükme göre eşlerden biri, evlilik birliğinden doğan yükümlülüklerini yerine getirmemek maksadıyla diğerini terk ettiği veya haklı bir sebep

---

[133] DURAL/ÖĞÜZ/GÜMÜŞ, s. 110.

[134] GENÇCAN, s. 205.

[135] *"Onur kırıcı davranış sebebiyle boşanmaya karar verilebilmesi için (T.M.K. madde 162) her türlü onur kırıcı davranış değil, ağır derecede onur kırıcı bir davranışın gerçekleşmesi gerekir."* (Yarg. 2. HD. T. 08.07.2010, E. 10334, K. 13767), Kazancı İçtihat Bilgi Bankası, (E.T. 28.08.2018).

[136] HELVACI, s. 1160.

[137] *"Yapılan soruşturma ve toplanan delillerden davacı-davalı kadının ayrılık süresi içinde kocasını bir başka erkekle aldattığı ve bu ilişkisinin devam ettiği anlaşılmaktadır. Bu durumda Türk Medeni Kanununun 162. maddesindeki "onur kırıcı davranış" sebebi gerçekleşmiştir. Öyleyse davalı-davacı kocanın bu sebebe dayalı boşanma davasının da kabulü gerekir. Bu yön dikkate alınmadan birleşen boşanma davasının reddi usul ve yasaya aykırıdır."* (Yarg. 2. HD. T. 19.01.2012, E. 2011/22356, K. 2012/752), Legalbank Elektronik Hukuk Bankası, (E.T. 09.11.2018).

olmadan ortak konuta dönmediği takdirde ayrılık, en az altı ay sürmüş ve bu durum devam etmekte ve istem üzerine hâkim veya noter tarafından yapılan ihtar sonuçsuz kalmış ise, terk edilen eş, boşanma davası açabilir. Diğerini ortak konutu terk etmeye zorlayan veya haklı bir sebep olmaksızın ortak konuta dönmesini engelleyen eş de terk etmiş sayılır. Davaya hakkı olan eşin istemi üzerine hâkim veya noter, esası incelemeden yapacağı ihtarda terk eden eşe iki ay içinde ortak konuta dönmesi gerektiği ve dönmemesi halinde doğacak sonuçlar hakkında uyarıda bulunur. Bu ihtar gerektiğinde ilan yoluyla yapılır. Ancak boşanma davası açmak için belirli sürenin dördüncü ayı bitmedikçe ihtar isteminde bulunulamaz ve ihtardan sonra iki ay geçmedikçe dava açılamaz.

Terk, kusura dayalı, özel ve mutlak bir boşanma sebebi teşkil eder.[138] Küçük düşürücü ve haysiyetsiz hayat sürme da kusura dayalı ve özel, ancak nispi bir boşanma sebebidir.

Terk ile küçük düşürücü suç işleme ya da haysiyetsiz hayat sürme sebebiyle boşanmanın aynı davada ileri sürebilmesine olanak bulunmaz. Zira terke dayalı açılan bir boşanma davasında, terk edilen eşe ihtar gönderilmesi, o zamana kadarki bütün olayların unutulduğu ve terk eden eşin kusurlu davranışlarının bağışlandığı anlamına gelmektedir.[139] Bu nedenle ihtardan önceki olay ve olguların boşanma davası konusu yapılması mümkün olmaz.[140] Her ne kadar TMK m. 163 hükmünde açıkça af düzenlenmese de küçük düşürücü bir suç işleyen ya da haysiyetsiz bir hayat süren eşin affedilmesinin de boşanma davası açma hakkını ortadan kaldıracağını ve bu halde müşterek yaşamının devamının çekilmez hale gelme koşulunun gerçekleşmeyeceğini ilgili konuda belirtmiştik.

E-Anlaşmalı Boşanma ile İlişkisi

TMK m. 166/3 hükmü uyarınca evlilik en az bir yıl sürmüş ise, eşlerin birlikte başvurması ya da bir eşin diğerinin davasını kabul etmesi halinde, evlilik birliği temelinden sarsılmış sayılmaktadır. Bu halde boşanma kararı verilebilmesi için, hâkimin tarafları bizzat dinleyerek iradelerinin serbestçe açıklandığına kanaat getirmesi ve boşanmanın mali sonuçları

---

[138] *DURAL/ÖĞÜZ/GÜMÜŞ, s. 113; KAYIHAN/ÜNLÜTEPE, s. 300.*
[139] *Yarg. 2. HD. T. 22.06.2017, E. 2761, K. 8043; 2. HD. T. 09.01.2017, E. 2015/21712, K. 2017/11; 2. HD. T. 08.06.2016, E. 2015/15905, K. 2016/11303; 2. HD. T. 25.02.2014, E. 2013/21098, K. 2014/3826, Kazancı İçtihat Bilgi Bankası, (E.T. 08.11.2018).*
[140] *Yarg. HGK. T. 13.05.1977, E. 1976/2-1912, K. 1977/473; 2. HD. T. 21.03.2006, E. 3111, K. 3816, Kazancı İçtihat Bilgi Bankası, (E.T. 08.11.2018).*

ile çocukların durumu hususunda taraflarca kabul edilecek düzenlemeyi uygun bulması şarttır. Hâkim, tarafların ve çocukların menfaatlerini göz önünde tutarak bu anlaşmada gerekli gördüğü değişiklikleri yapabilir.

Konumuz bakımından önem arz eden husus şudur: Acaba küçük düşürücü suç işleme ya da haysiyetsiz hayat sürme sebebiyle boşanma davasında, eşlerden birinin açılan davayı kabul etmesi halinde anlaşmalı boşanma hükmü uygulanabilir mi? Nitekim doktrinde, eşlerden biri tarafından açılan ve diğer eşin kabul ederek evlilik birliğinin temelinden sarsılması karinesinin oluştuğu ve anlaşmalı boşanmaya karar verilecek davanın münhasıran evlilik birliğinin sarsılması genel boşanma sebebine (TMK m.166) dayalı olarak mı açılması gerektiği, yoksa bu davanın özel boşanma sebeplerinden biriyle de açılabilip açılamayacağı hususu tartışma içermektedir. Doktrinde bir görüşe göre anlaşmalı boşanma hükmü (TMK m.166/3), evlilik birliğinin temelinden sarsılmasına dayalı olarak açılan davada (TMK m.166/1-2) uygulanabilir.[141] Yargıtay'ın da kararları bu yöndedir.[142] Bu görüşe göre küçük düşürücü suç işleme ya da haysiyetsiz hayat sürme sebebiyle açılan bir boşanma davasında ıslah yapılmadığı takdirde davalının davayı kabulü halinde anlaşmalı boşanma söz konusu olmaz.[143] Bizim de katıldığımız doktrindeki diğer görüşe göre yalnızca evlilik birliğinin temelinden sarsılmasına dayalı boşanma davasında değil, özel boşanma sebeplerinden biriyle açılan boşanma davasında da gerekli koşullar varsa, anlaşmalı boşanma hükmü uygulanabilir.[144] Yalnızca akıl hastalığına dayalı boşanma davasında ise tam ehliyetsiz eşin ayırt etme gücü yokluğu nedeniyle anlaşma iradesinin bulunmaması ve hâkimin anlaşma iradesini açıklayan eşleri bizzat dinlemesi zorunluluğu nedeniyle temsilci marifetiyle de anlaşma iradesinin açıklanamaması nedeniyle bu sebebe dayalı boşanma davasında, anlaşmalı boşanma hükmü uygulama kabiliyetini haiz bulunmaz.[145] Dolayısıyla TMK m. 163 temelinde açılan bir boşanma davasında da anlaşmalı boşanmanın mümkün olduğu kanaatindeyiz.

---

[141] *HATEMİ/SEROZAN, s. 260; GENÇCAN, s. 692-693; YILMAZ BİLGİN, Esra Pınar, Türk Hukukunda Anlaşmalı Boşanma, On İki Levha Yayıncılık, İstanbul, 2016, s. 52.*
[142] *Yarg. 2. HD. T. 08.06.2009, E. 2008/8710, K. 2009/10983; . 2. HD. T. 02.04.2007, E. 2006/16638, K. 2007/5405, Legalbank Elektronik Hukuk Bankası, (E.T. 08.11.2018).*
[143] *GENÇCAN, s. 235, 250.*
[144] *OĞUZMAN/ DURAL, s. 129; OĞUZMAN, s. 145.*
[145] *YILMAZ BİLGİN, s. 51.*

F-Akıl Hastalığı ile İlişkisi

TMK m. 165 uyarınca eşlerden biri akıl hastası olup da bu yüzden ortak hayat diğer eş için çekilmez hale gelirse, hastalığın geçmesine olanak bulunmadığı resmî sağlık kurulu raporuyla tespit edilmek koşuluyla, bu eş boşanma davası açabilir.

Akıl hastalığı özel, nispi ve kusura dayalı olmayan bir boşanma sebebidir.[146] Küçük düşürücü suç işleme ile haysiyetsiz hayat sürme de özel ve nispi, ancak kusura dayanan bir boşanma sebebidir.

Akıl hastası eşin davranışlarının ayırt etme gücünü haiz bulunmadığından dolayı kusurlu sayılamayacağı için bu eşe karşı suç işleme ya da haysiyetsiz hayat sürme sebebiyle boşanma davası açılması mümkün olmaz.[147]

Sonuç

Türk hukukunda boşanma, kanunda sayılan sınırlı sayıdaki sebeplerden birine dayalı olarak gerçekleşebilir. Bu sebeplerden arasında TMK m. 163 hükmünde düzenlenen küçük düşürücü suç işleme ile haysiyetsiz hayat sürme de yer almaktadır.

TMK m. 163 hükmünde düzenlenen gerek küçük düşürücü suç işleme gerekse haysiyetsiz hayat sürme sebebiyle boşanma; nispi, özel ve kusura dayalı boşanma sebebidir.

TMK m. 163 temelinde boşanma davası eşlerden birinin küçük düşürücü bir suç işlemesi ya da haysiyetsiz bir hayat sürmesi halinde açılabilir.

Suç işleme sebebiyle boşanma davası açılabilmesi için eşlerden biri bir suç işlemeli, bu suç küçük düşürücü nitelik taşımalı ve evliliğin devam ettiği bir safhada işlenmelidir.

Cinsel taciz, cinsel saldırı, teşhircilik gibi başkalarının namusuna yönelen suçlar ile hırsızlık, evrakta sahtecilik, dolandırıcılık gibi bazı fiillerle başkalarının malvarlığına yönelen birtakım suçlar, ahlak düzeninin şiddetle reddettiği ve ortaya çıktığında insanın yüzünü kızartan nitelik taşıdıklarından dolayı küçük düşürücüdür. Bu suçların kasten işlenmesi de gerekir.

---

146 *DURAL/ÖĞÜZ/GÜMÜŞ, s. 116; YILDIRIM, s. 77.*
147 *GENÇCAN, s. 227, 240-241.*

Suç işleyen eşin amacı, suç teşkil eden fiilin niteliği ve fiili işleyiş biçimi göz önüne alınarak suçun küçük düşürücü olup olmadığı saptanmalıdır. Soruşturulması ve kovuşturulması şikâyete bağlı suçlarda, şikâyette bulunulmaması, ceza kovuşturmasına uğramaması, beraat etmiş olma veya bu suçtan dolayı mahkûm olmama da boşanma davası açılmasının önüne geçmez. Suçun bir ya da birkaç defa işlenmesi arasında, boşanma davası açılmasında fark yoktur. Ancak bu suç evlilik devam ederken işlenmelidir.

Haysiyetsiz hayat sürme sebebiyle boşanma davası açılabilmesi için eşlerden birinin haysiyetsiz olarak nitelendirilen bir hayat biçimi olmalı, bu hayat biçimi belirli bir süre devam etmeli ve evliliğin devamı sırasında böyle bir hayat biçimi var olmalıdır.

Haysiyetsiz hayat sürme, toplumun değerleri ile ahlak, şeref ve namus anlayışına aykırı yaşam tarzının benimsenmesi ve bu yaşam tarzının devamlılık arz edecek şekilde sürdürülmesidir. Evliliğin devamı esnasında devam eden böyle yaşam tarzının evlilikten önce başlaması da fark yaratmaz. Ayrıca haysiyetsiz olarak nitelendirilen davranışların kanuna uygun olup olmadığı ise önem arz etmez.

Evlilikten önceki bir zamanda işlenen suç ile evlenmeden öncc gerçekleşip sona ermiş haysiyetsiz bir yaşam biçimi, gerekli koşulların varlığı halinde, aldatma ya da yanılma sebebiyle evlenmenin iptalinin talep edilmesini ya da evlilik birliğinin temelinden sarsılmasına dayalı olarak boşanma davası açılabilmesini sağlayabilir.

Gerek küçük düşürücü suç işleme gerekse de haysiyetsiz hayat sürme sebebiyle boşanma davası açılabilmesi için davalı eşin kusurlu olması ve davacı eş bakımından müşterek yaşamın devamının çekilmez hale gelmesi gerekir. Küçük düşürücü suç işleyen ya da haysiyetsiz bir hayat süren eşin, bu fiillerinden uzun zaman geçmesi ya da affedilmesi halinde müşterek yaşamın devamının çekilmez hale geldiğinden söz edilemeyeceği için boşanma davası açılması söz konusu olamaz.

Eşlerden birinin küçük düşürücü bir suç işlemesi ya da haysiyetsiz bir hayat sürmesi durumunda diğer eş TMK m. 163 temelinde boşanma davası açabileceği gibi, evlilik birliğinin temelinden sarsılması genel boşanma sebebine dayalı olarak da boşanma davası açabilir. Bu eş, bu hükümlerin her ikisine ya da yalnızca birisine dayanabileceği gibi bunları terditli biçimde de ileri sürebilir.

Zinadan bahsedebilmek için gerek zina eden eşin gerekse de ilişki yaşadığı üçüncü kimsenin bu ilişkiyi isteyerek gerçekleştirmesi gerekir. Bu nedenle eşlerden birinin üçüncü bir kişiye cinsel taciz ya da cinsel istismarda bulunması halinde zina değil, suç işleme sebebiyle boşanma davası açılabilir. Eşlerden birinin üçüncü kimse ya da kimselerle birden fazla tekrarlanan cinsel ilişkisi ile zina niteliği taşımayan birden fazla gerçekleşen aynı cinsle, ölüyle ya da hayvanla gerçekleşen cinsel ilişki, haysiyetsiz hayat sürme sebebiyle boşanma konusu yapılabilir.

TMK m. 163 hükmünde düzenlenen küçük düşürücü bir suç işleme ile haysiyetsiz hayat sürme eşlerden birinin diğerine yönelik fiillerini kapsamazken, TMK m. 162 hükmünde düzenlenen hayata kast, pek kötü davranış ile ağır derecede onur kırıcı davranış da eşlerden birinin diğerine karşı gerçekleştirdiği fiilleri bünyesinde barındırmaktadır.

Haysiyetsiz hayat sürme oluşturan istisnai bazı olguların ise aynı zamanda diğer eş için onur kırıcı olabileceğini düşünmekteyiz. Örneğin eşlerden birinin karşı cinsten birisiyle uzun süredir devam ilişkisi bu niteliktedir.

Terk ile küçük düşürücü suç işleme ya da haysiyetsiz hayat sürme sebebiyle boşanmanın aynı davada ileri sürebilmesine olanak bulunmaz. Zira terke dayalı açılan bir boşanma davasında, terk edilen eşe ihtar gönderilmesi, o zamana kadarki bütün olayların unutulduğu ve terk eden eşin kusurlu davranışlarının bağışlandığı anlamına gelmektedir.

TMK m. 163 temelinde açılan bir boşanma davasında da gerekli koşullar sağlandığı takdirde anlaşmalı boşanma mümkündür.

Akıl hastası eşin davranışlarının ayırt etme gücünü haiz bulunmadığından dolayı kusurlu sayılamayacağı için, bu eşe karşı suç işleme ya da haysiyetsiz hayat sürme sebebiyle boşanma davası açılması mümkün değildir.

Kaynakça

[1] AKINTÜRK, Turgut/ATEŞ, Derya, *Türk Medeni Hukuku* İkinci Cilt Aile Hukuku, Yenilenmiş 19. Baskı, Beta Yayıncılık, İstanbul, 2016.

[2] ANTALYA, O. Gökhan, *Borçlar Hukuku Genel Hükümler* Cilt II, Birinci Baskıya Ek Tıpkı Basım, Legal Yayıncılık, İstanbul, 2017.

[3] ANTALYA, O. Gökhan, *Gerekçeli ve Açıklamalı 4721 sayılı Türk Medeni Kanunu*, 3. Baskı, Legal Yayıncılık, İstanbul, 2015.

[4] ANTALYA, O. Gökhan/TOPUZ, Murat, *Medeni Hukuk*, 2. Baskıya Ek 2. Tıpkı Baskı, Legal Yayıncılık, İstanbul, 2018.

[5] BİRSEN, Kemaleddin, *Medeni Hukuk Dersleri* (Genel İlkeler-Şahsın Hukuku-Aile Hukuku), 6. Baskı, İstanbul, 1966.

[6] CEYLAN, Ebru, Türk ve İsviçre Hukukunda Boşanmanın Hukuki Sonuçları, İstanbul, 2006.

[7] DEMİRBAŞ, Timur, *Ceza Hukuku Genel Hükümler*, Seçkin Yayıncılık, Güncellenmiş 13. Baskı, Ankara, 2018.

[8] DURAL, Mustafa/ÖĞÜZ, Tufan/GÜMÜŞ, Mustafa Alper, *Türk Özel Hukuku* Cilt III Aile Hukuku, 13. Baskı, Filiz Kitabevi, İstanbul, 2018.

[9] EGGER, A., *İsviçre Medeni Kanunu Şerhi* II. Cilt: Aile Hukuku Birinci Kısım: Evlenme Hukuku, (Çeviren: Tahir Çağa), İstanbul, 1943.

[10] ERDEM, Mehmet, Aile Hukuku, Seçkin Yayıncılık, İstanbul, 2018.

[11] ERSOY, Arzu, ''Aile Hukukumuzda Boşanma Sebebi Olarak Pek Kötü veya Ağır Derecede Onur Kırıcı Davranış'', Yayınlanmamış Yüksek Lisans Tezi, Marmara Üniversitesi Sosyal Bilimler Enstitüsü, 2010.

[12] ERSÖZ, Oğuz, *Türk Hukukunda Zina Sebebiyle Boşanma*, On İki Levha Yayıncılık, İstanbul, 2018.

[13] FEYZİOĞLU, Feyzi Necmeddin, *Aile Hukuku*, (Bu baskıyı hazırlayanlar: Cumhur Özakman ve Enis Sarıal), Yeniden Gözden Geçirilmiş Genişletilmiş 3. Baskı, Filiz Kitabevi, İstanbul, 1986.

[14] GENÇCAN, Ömer Uğur, 6100 Sayılı HMK Hükümlerine Göre *Boşanma Tazminat ve Nafaka Hukuku,* Yetkin Yayınları, Ankara, 2013.

[15] GÖKTÜRK, Hüseyin Avni, Medeni Hukuk II Aile Hukuku, Ankara, 1943.

[16] GÖZLER, Kemal, *Türk Anayasa Hukuku Dersleri*, 22. Baskı, Ekin Yayınevi, 2018.

[17] HATEMİ, Hüseyin/KALKAN OĞUZTÜRK, Burcu, *Aile Hukuku*, 5. Bası, Vedat Kitapçılık, İstanbul, 2016.

[18] HATEMİ, Hüseyin/SEROZAN, Rona, *Aile Hukuku, Filiz Kitabevi,* İstanbul, 1993.

[19] HELVACI, Serap, *İsviçre ve Türk Hukuklarında Boşanma Sebepleri,* Prof. Dr. Ömer Teoman'a 55. Yaş Günü Armağanı Cilt II, Beta Yayıncılık, İstanbul, 2002, ss. 1151-1169.

[20] HELVACI, Serap/ERLÜLE, Fulya, *Medeni Hukuk*, 4. Baskı, Legal Yayıncılık, İstanbul, 2016.

[21] İKİZLER, Metin, *Evlenmenin Hükümsüzlüğü,* Seçkin Yayıncılık, Ankara, 2018.

[22] KARABULUT, Ayşe Kübra, "Türk Medeni Kanunu'nun 162. ve 163. Maddelerine Dayanılarak Açılan Boşanma Davaları", Yayınlanmamış Yüksek Lisans Tezi, Atatürk Üniversitesi Sosyal Bilimler Enstitüsü, 2018.

[23] KAYIHAN, Şaban/ÜNLÜTEPE, Mustafa, *Medeni Hukuk Bilgisi*, Güncellenmiş 4. Baskı, Seçkin Yayıncılık, Ankara, 2017.

[24] KESKİN, Alper, *Boşanma Davaları* 1. Cilt, Seçkin Yayıncılık, Ankara, 2017.

[25] KILIÇOĞLU, Ahmet M., *Aile Hukuku*, Genişletilmiş 2. Baskı, Turhan Kitabevi, Ankara, 2016.

[26] KÖPRÜLÜ, Bülent/KANETİ, Selim, *Aile Hukuku*, Özdem Kardeşler Matbaası, İstanbul, 1985/1986.

[27] OĞUZMAN, Kemal, *Aile Hukuku Dersleri I* (Giriş-Nişanlanma-Evlenme-Boşanma), Filiz Kitabevi, İstanbul, 1990.

[28] OĞUZMAN, Kemal/DURAL, Mustafa, *Aile Hukuku*, 3. Baskı, Filiz Kitabevi, İstanbul, 2001.

[29] ÖZTAN, Bilge, *Aile Hukuku*, 6. Bası, Turhan Kitabevi, Ankara, 2015.

[30] SAPAN, Oğuzhan, "Suç İşleme ve Haysiyetsiz Hayat Sürme Sebebiyle Boşanma", Çankaya Üniversitesi Hukuk Fakültesi Dergisi, Cilt. 1, Sayı. 2, Ekim 2016, ss. 365-388.

[31] SAYMEN, Ferit H./ ELBİR, Halid K,. *Türk Medeni Hukuku* Cilt III Aile Hukuku, 2. Baskı, İstanbul: İsmail Akgün Matbaası, İstanbul, 1960.

[32] ŞENER, Esat, *Uygulama ve Teoride Her Yönü İle Boşanma*, 2. Baskı, Seçkin Yayıncılık, Ankara, 1997.

[33] TANDOĞAN, Haluk, Aile Hukuku Ders Notları, Ankara, 1965.

[34] TEKİNAY, Selahattin Sulhi, *Türk Aile Hukuku*, 7. Baskı, Filiz Kitabevi, İstanbul, 1990.

[35] VELİDEDEOĞLU, Hıfzı Veldet, *Türk Medeni Hukuku* Cilt II Aile Hukuku Cüz 1, 4. Baskı, Sermet Matbaası, İstanbul, 1960.

[36] YALÇINKAYA, Namık/KALELİ, Şakir, *Boşanma Hukuku* Cilt I, 3444 sayılı Kanunla Yapılan Değişikliklerle Birlikte İlaveli 2. Baskı, Türk Hava Kurumu Basımevi, Ankara, 1988.

[37] YILDIRIM, Abdulkerim, *Türk Aile Hukuku*, Savaş Yayınevi, Ankara, 2014.

[38] YILMAZ BİLGİN, Esra Pınar, *Türk Hukukunda Anlaşmalı Boşanma*, On İki Levha Yayıncılık, İstanbul, 2016.

[39] ZEVKLİLER, Aydın/ACABEY, M. Beşir/GÖKYAYLA, K. Emre, *Medeni Hukuk*, (Giriş-Başlangıç Hükümleri-Kişiler Hukuku-Aile Hukuku), 6. Baskı, Seçkin Yayıncılık, Ankara, 1999.

Yazar Kılavuzu

Aşağıda belirtilen yayın ilkeleri ve yazım kurallarına uygun olarak hazırlanmış yazılar, "makale sunum formu" ile birlikte e-posta yoluyla aşağıdaki adreslere gönderilebilir.

Çevirisi yapılmış makalelerin değerlendirmeye alınabilmesi için özgün metinlerin ve makale sahibinden (asıl yazar veya hak sahibi yayınevi) alınan izin yazılarının da gönderilmesi zorunludur.

Ön inceleme ve hakem değerlendirmesi doğrultusunda geliştirilmek ve/veya düzeltilmek üzere yazarlarına geri gönderilen yazılar, gerekli düzeltmeler yapılarak en geç bir ay içinde tekrar dergiye ulaştırılır.

Yapılan ön incelemede işbu yazım kurallarına uygun olmadığı tespit edilen makaleler, düzeltilmesi için yazarına iade edilir ve yayım programına alınmaz.

Yayın İlkeleri

1.Hukuk Fakültesi Dergisi altı ayda bir (Haziran- Aralık) yayımlanan hakemli bir dergidir.

2.Yazarlar tarafından gönderilen makaleler, karar incelemeleri, çeviriler başka bir yerde yayımlanmamış veya yayımlanmak üzere gönderilmemiş olmalıdır. Bilimsel bir toplantıda sunulmuş ancak basılmamış bildirilerden üretilmiş çalışmalar, bu durum dipnotta açıkça belirtilmek koşuluyla kabul edilebilir.

3.Yayımlanması istenen yazıların Haziran sayısı için 1 Nisan, Aralık sayısı için 1 Ekim tarihine kadar aşağıda gösterilen iletişim adresine gönderilmesi gerekir. Bu tarihlerden sonra gönderilen yazılar bir sonraki sayı için değerlendirilir.

4. Gönderilen yazıların ilk değerlendirmesi Yayın Kurulunca yapılır. Yayın Kurulunca ilk değerlendirilmesi yapılan ve yayın ilkelerine uygun bulunan yazılar iki ayrı hakeme gönderilir, hakemler, yazının yayımlanmasına, düzeltme istenmesine ya da yazının geri çevrilmesine karar verir ve yazar durumdan haberdar edilir.

5. Hakem raporunda düzeltme istenmesi halinde, yazar ancak belirtilen düzeltmeler çerçevesinde değişiklik yapabilir. Yayımlanması için düzeltilmesine karar verilen yazıların, yazarları tarafından 30 gün içinde yeniden Yayın Kurulu'na gönderilmesi gerekir. Bu süre içinde gönderilen yazılar bir sonraki dönemde yayımlanmak üzere sıraya konulur. Yazı değişiklikleri isteyen hakemler, yazının tekrar incelenmesine karar verebilir.

6.Hakem raporunda yazının geri çevrilmesine karar verilmişse, ikinci bir hakem incelemesi yapılır. Süresi içerisinde hakem incelemesinden dönmeyen yazılar, yazarı tarafından aksi yönde bir talepte bulunulmadıkça derginin bir sonraki sayısında değerlendirilir.

7.Yayın Kurulu, ilgili sayıda yayımlanacak yazı yoğunluğunu dikkate alarak, hakem değerlendirmesinden olumlu sonuç almış yazıları derginin daha sonraki sayılarında yayımlama hakkını saklı tutar.

8.Yazılar elektronik ortamda CD'ye kaydedilmiş olarak ve ayrıca iki kopyasında yazar adı görünmeyecek şekilde toplamda üç kopya A4 boyutunda çıktısı alınarak İstanbul Aydın Üniversitesi Hukuk Fakültesi Dekanlığı adresine gönderilmelidir. Yazarlar unvanlarını, görev yaptıkları kurumları, açık adreslerini, telefon numaralarını ve elektronik posta adreslerini bildirmelidirler.

9.Derginin bir kopyası, yazıları yayımlanan yazarlara ücretsiz olarak gönderilir.

Yazım Kuralları

I. Ana Başlık
İçerikle uyumlu, onu en iyi ifade eden bir başlık olmalı ve koyu harflerle, sözcüklerin ilk harfi büyük olacak biçimde yazılmalıdır.

II. Yazar ad(lar)ı ve adres(ler)i
Yazar(lar)ın ad(lar)ı ve soyad(lar)ı koyu, adresler ise normal ve eğik karakterde harflerle yazılmalı; yazar(lar)ın varsa görev yaptığı kurum(lar), haberleşme ve e-posta adres(ler)i ilk sayfada dipnot olarak belirtilmelidir.

III. Özet

Makalenin başında, konuyu kısa ve öz biçimde ifade eden ve en az 100, en fazla 150 sözcükten oluşan Türkçe "özet" ve İngilizce "abstract" bulunmalıdır. Özet içinde, yararlanılan kaynaklara, şekil ve çizelge numaralarına değinilmemeli; dipnot kullanılmamalıdır. Türkçe ve İngilizce özetleri altında bir satır boşluk bırakılarak, en az 3, en çok 5 sözcükten oluşan anahtar sözcüklere (keywords) yer verilmelidir. Yazılan İngilizce özetin (abstract) üzerinde yazının İngilizce başlığı da verilmelidir.

IV. Ana Metin

A4 sayfa boyutunda, MS Word programı, Times New Roman yazı karakteri ile 12 punto ve 1,5 satır aralığıyla yazılmalıdır. Sayfa kenarlarında üst 3 cm., alt 3 cm., sol 3 cm., sağ 3 cm. boşluk bırakılmalı ve sayfalar numaralandırılmalıdır. Yazılar Türkçe ve İngilizce özet, şekil ve tablo yazıları da dahil 6.000 (altıbin) sözcüğü geçmemelidir.

V. Bölüm Başlıkları

Yazıda, sistematik bir bilgi akışı sağlamak üzere ara ve alt başlıklar kullanılabilir. Yazıdaki tüm ara (normal) ve alt başlıklar (yatık) 12 punto ile sözcüklerin yalnız ilk harfleri büyük, koyu karakterde yazılmalı; alt başlıkların sonunda iki nokta üst üste konulmamalı ve bir satır sonra devam edilmelidir.

VI. Kaynakça

Yazının sonunda, yazarların soyadına göre alfabetik sırayla yazılmalıdır.

İLETİŞİM BİLGİLERİ:

İstanbul Aydın Üniversitesi Hukuk Fakültesi Dekanlığı

Beşyol Mah. İnönü Cad. No:38 Sefaköy-Küçükçekmece/İstanbul
PK:34295
Tel: 444 1 428 / **Dahili:** 23410
Faks: 0212 425 57 59
E-Posta: hukukdergi@aydin.edu.tr

Author's Guide

Author's may send their articles which are prepared in accordance with the below stated publishing and editorial principles, together with the "article presentation form" via e-mail to the provided addresses.

Providing the permissions of the authors (the main author or the rightful publishing house) is obligatory for the translated texts and articles as well.

The articles which are sent to their authors for further improvement and/or proofreading following the preliminary reviews and referee evaluations, must be edited accordingly and delivered back to the journal in one month at the latest.

On the other hand, the articles which are found to be conflicting with this guideline, will be returned to their authors for further proofreading and will not be issued.

Publishing Principles

1. Hukuk Fakültesi is a peer-reviewed journal which is prepared and printed by Istanbul Aydin University, the Faculty of Law twice a year (June and December).

2.The journal only accepts articles, reviews of judgement and translations, which are not published or accepted to be published previously. Articles which are created from the reports that are not published but presented in a scientific gathering can be accepted provided that the case is clearly stated in the footnote.

3.The manuscripts that are to be published in the June issue of the journal must be delivered till the 1st of April and till the 1st of October for the December issue. The manuscripts received after these dates will be evaluated for the next issue of the journal.

4.The preliminary evaluation of the manuscripts to be published are done by the Editorial Board. Those manuscripts that are evaluated by the Editorial Board and found to conform with publishing principles of the journal are sent to two different referees. Referees decide whether to publish, revise or reject the manuscripts and in each case the authors are informed.

5. In case the referee demands a revision in his report, the author is expected to change the text only within the limits given by the referee. The manuscripts that are expected to be revised must be completed and resend to the Editorial Board within 30 days. Manuscripts that are sent within the specified period will be queued to be published in the next issue. The referees who demanded the changes may also evaluate manuscript revision.

6. In case referee decides to reject the manuscript in his report, a second referee review is conducted. The manuscripts that are not returned from referee reviews within the specified period are evaluated for the next issue of the journal unless the authors demand otherwise.

7. Editorial Board reserves the right to publish manuscripts which have positive referee reports, in the upcoming issues of the journal depending on the intensity of the related issue.

8. The manuscripts must be delivered to Istanbul Aydin University, Law Faculty Deanship prepared as a CD in addition to three other hard copies in A4 paper size, on the two of which the name of the author is not specified. The authors are expected to specify their titles, the institutions they work in, their open address, contact number and e-mail addresses.

9. A copy of the journal will be sent to the authors free of charge.

Editorial Principles

I. Main Title
Written in **bold** letters, the main title must be congruent with the text content expressing the treated subject in the best way. The main title must not exceed 10-12 words of which initials must be capitalized.

II. Author's Name(s) and Address(es)
The name(s) and surname(s) of the authors must be typed in **bold** whereas the addresses must be typed in *italic* letters. If there are any, the title(s) and the workplace(s) of the authors as well as their contact information must be indicated on the first page with a footnote.

III.   Abstract

The article must include an abstract in both English and Turkish (özet) languages, which briefly and clearly summarizes the subject of the text and consists of at least 100 and at most 150 words. The abstract must not refer to the cited sources, figures and graphic numbers used in the text or contain footnotes. Authors must provide *keywords* consisting of at least 3 and at most 5 words leaving an empty line under the English and Turkish abstracts. The Turkish abstract must also have its title in Turkish.

IV. Main Text

The text must be written with Times New Roman font-type, 12-point font size leaving 1,5 space between lines and 3 cm margins on top, bottom and both sides of an A4-sized MS Word page. The pages must be numbered. The text must not exceed 6000 (six thousand) words including its Turkish and English abstracts, figures and table contents.

V.   Sub-titles

The section and sub-titles may be preferred for delivering the information in an orderly way. All the section (regular) and sub (*italics*) titles must be written in 12- point size, **bold** characters, capitalizing only the initial letters of each word in the title. Sub-titles must not be followed by a colon (:) and the text must begin after an empty line.

VI.   Bibliography

The bibliography must be given at the end of the text in an alphabetical order.

CONTACT INFORMATION:

Istanbul Aydin University, Faculty of Law

Beşyol Mah. İnönü Cad. Nu:38 Sefaköy-Küçükçekmece/İstanbul
Postal Code: 34295
Tel: 444 1 428 / 23410
Fax: 0212 425 57 59
E-mail: hukukdergi@aydin.edu.tr

CPSIA information can be obtained
at www.ICGtesting.com
Printed in the USA
BVHW011420110419
545274BV00007B/53/P